Serge Braun

ON PEUT CHANGER LE MONDE

en vendant des crêpes et des ballons

EYROLLES

Groupe Eyrolles
61, bd Saint-Germain – 75240 Paris Cedex 05
www.editions-eyrolles.com

PEFC
10-31-2541
Certifié PEFC
Ce produit est issu de forêts gérées durablement et de sources contrôlées.
pefc-france.org

Imprimé en France par Normandie Roto Impression s.a.s.
N° d'imprimeur : 1404444
N° d'éditeur : 9413
Dépôt légal : novembre 2014

Cet ouvrage est imprimé sur du papier offset Amber Graphic 90 g, papier issu de forêts gérées durablement.

Ce livre est dédié aux 200000 bénévoles de l'association et aux nombreux partenaires privés et associatifs, qui imaginent, préparent et organisent les 20000 manifestations Téléthon à travers le pays, et en font un événement unique au monde. Sans leurs crêpes et leurs ballons, rien de qui est décrit ici n'aurait été possible.

Il est dédié aux 2000 bénévoles organisateurs et coordinateurs départementaux, chevilles ouvrières essentielles du Téléthon, sacrifiant jusqu'à leur vie privée et qui ne se rémunèrent dans ce véritable deuxième métier que par la seule fierté de l'acte solidaire altruiste.

Il est dédié aux salariés de l'association. Leur dévouement inspire triplement le respect. Ils ont choisi à la fois de : 1° quitter leur univers professionnel pour mettre leurs compétences au service des malades ; 2° consacrer beaucoup de leur temps libre dans des actions bénévoles pour le compte du Téléthon et de son organisation tout au long de l'année ; 3° être eux-mêmes des donateurs du 3637, du telethon.fr ou à l'occasion de manifestations de terrain.

Il est dédié aux 18 secrétaires et chercheurs de la direction scientifique de l'AFM-Téléthon, scientifiques de formation, issus du monde universitaire ou de l'industrie pharmaceutique. Leur rôle ingrat d'interface entre malades, chercheurs, administrateurs et grand public, dont le travail de l'ombre ne reçoit aucune gratification de leurs pairs, car perçus trop souvent comme un simple portefeuille ou comme des censeurs trop vigilants. Leur travail de fond dans la détection et l'accompagnement des projets scientifiques est une richesse inestimable et insoupçonnée.

Il est dédié aux pionniers de l'association qui ont eu la vision et l'énergie de son accomplissement, et à ceux qui ont poursuivi leur œuvre avec la même rage aux tripes, la même énergie et le même génie.

Il est dédié aux chercheurs, médecins, vétérinaires, personnels paramédicaux, qui avec les moyens mis à leur disposition transforment le plomb en souffle de vie.

Il est dédié à Cyrille Cohas-Bogey, Raymond Zakhia, Bernard Barataud, Emmanuelle Guiraud, Marc Tadié, François Gros, Jean-Louis Mandel et Christian Girard, qui ont bien voulu se prêter au difficile exercice d'une lecture amicale (et donc sans concession) du manuscrit pour l'aider à maturer.

Il est dédié avant tout aux malades et à leur famille, à ceux partis beaucoup trop vite, fauchés par la mort aux trousses, et dont la noblesse du combat face à la maladie est une leçon pour les bien-portants. Pardon à tous ceux que j'ai perdus et que je pleure. J'aurais tellement voulu que la recherche puisse progresser encore plus vite.

À Guillaume, Clément et Françoise.

Préface

Donner ici un aperçu, ne fût-ce que synthétique, du livre de Serge Braun, relève de la gageure, tant l'ouvrage est riche d'information et tranche sur ce que l'on a pu écrire sur le sujet : la naissance et le rôle contemporain de l'AFM, l'association de lutte contre les myopathies (de fait contre l'ensemble des maladies rares), mais aussi l'engagement des femmes et des hommes, qui n'a cessé de l'accompagner.

Dans sa forme d'abord ! Celle-ci représente en effet un équilibre très remarquable entre l'écriture narrative, les commentaires personnels de l'auteur, les attendus scientifiques les plus détaillés, mais aussi les portraits, combien vivants, de nombreux « acteurs clés », responsables du vaste mouvement associatif, ainsi que des chercheurs. On est loin ici du pur récit chronologique, ce à quoi nous prépare, il est vrai, le titre même du livre !

Quant au fond, au message sans doute le plus marquant, c'est celui du combat incessant que livrent, depuis des décennies, les patients et leurs familles contre la fatalité et l'indifférence avec la rage de vaincre. Le lecteur y ressentira à travers les descriptions qui nous sont livrées, tout le potentiel de courage, de solidarité, voire d'entêtement, que peut déployer la nature humaine quand il faut « changer le monde » ! Belle illustration et belle leçon de surpassement individuel !

Parlant des malades et de leurs familles, Laurence Tiennot-Herment, l'actuelle présidente de l'AFM, a eu cette très belle phrase : *« Ce sont des gens ordinaires qui font parfois des choses extraordinaires, car beaucoup d'entre eux ont la mort aux trousses. »*

Au départ, vers la fin des années 1950, on peut à peine parler d'association ! Il s'agit du frêle regroupement de neuf parents d'enfants atteints de myopathies, principalement, il est vrai, de la forme la plus sévère, celle dite, « de Duchenne », dont l'issue était fatale. Le groupe est alors animé par une femme énergique, Yolaine de Kepper, mère de sept enfants, dont quatre garçons myopathes ! Un physiologiste, le Dr Jean Demos lance les premières études scientifiques, ayant comme principal objectif d'établir des corrélats entre la maladie et les manifestations biologiques. Elles mettent principalement en lumière des altérations dans la synthèse de la créatine phospho-kinase. Par la suite, le groupe s'agrandit, mais on demeure encore loin de cette « institution phare » dans la lutte contre les myopathies et les maladies rares, telle que se présente l'AFM aujourd'hui !

Plus tard, dans le début des années 1980, c'est un ancien contremaître détaché de l'EDF, Bernard Barataud, homme doué d'une force de caractère et d'une faculté d'intuition peu commune, qui imposera sa volonté et saura assurer, en tant que président, la montée en puissance de l'association. Ce sera notamment sous sa présidence, avec l'appui efficace de Pierre Birambeau, que sera lancé le Téléthon puis créé le Généthon, « bras armé » de l'association, deux événements décisifs, pour l'essor de l'AFM, certes, mais aussi pour l'essor de la génomique française appliquée à la biomédecine, puis plus tard, pour les nombreuses avancées en thérapies géniques et cellulaires...

Mais ce qui découle enfin de l'histoire des associations caritatives, et de celle de l'AFM en particulier, c'est, comme l'avait déjà souligné Michel Callon, le rapprochement étroit des malades et des scientifiques, même lorsqu'il est question chez ces derniers d'entreprendre des recherches à caractère fondamental, qu'il s'agisse de génétique, de biologie du développement ou d'immunologie... De tous les biologistes qui ont été conduits à établir des relations d'échanges, souvent de longue haleine, avec les malades et leurs familles, j'en connais peu – et le livre de Serge Braun en atteste – qui n'en aient profondément ressenti l'impact humain et n'en aient dégagé une vision nouvelle quant au sens même de leur propre recherche. Cette empathie si particulière est d'autant plus remarquable du côté des malades que les résultats, dans le domaine thérapeutique, s'inscrivent souvent dans le très long terme.

Il est vrai que, *« là où on n'avait rien »*, des progrès souvent immenses ont été réalisés au cours des dernières décennies dans la connaissance des mécanismes génétiques impliqués et, dès lors, dans la typologie, le diagnostic et parfois le traitement de nombreuses maladies rares, parmi lesquelles figurent les maladies neuromusculaires (dont près de 300 types distincts sont aujourd'hui décrits). Cela, grâce à la thérapie génique ou cellulaire, à la technique du « saut d'exon » ou de la translecture des codons Stop. De son côté, l'industrie pharmaceutique commence à s'intéresser sérieusement aux biothérapies. Généthon, créé par l'AFM après les succès du Téléthon et avec l'appui des pouvoirs publics (plus précisément, son dérivé direct « Généthon-Bioprod »), a même obtenu le statut d'Établissement pharmaceutique à but non lucratif. I-Stem, le laboratoire des cellules-souches, qu'anime le biologiste Marc Peschanski, et dont les liens avec l'AFM sont anciens, s'oriente de même.

Le présent ouvrage revient également, de façon détaillée, sur les conséquences souvent très directes, de l'action menée par l'AFM dans l'accroissement des connaissances scientifiques intéressant le domaine du vivant. Tel fut le cas de l'établissement des toutes premières cartes physiques, mais aussi génétiques du génome humain (Daniel Cohen, Jean Weissenbach, Charles Auffray). D'une manière générale, la biologie, au plan national, a beaucoup bénéficié de l'aide directe de l'association et de son effet d'entraînement, sans parler du mouvement qui s'est soldé par la création des diverses Genopoles en France. Pour autant, le parcours de l'AFM, ne s'est pas, ou pas toujours, déroulé *«comme un long fleuve tranquille»*. Serge Braun reprend ici systématiquement, en les analysant de façon détaillée, les principales critiques dont l'AFM a pu être l'objet. On sait sans doute qu'elles se sont adressées, par exemple, au principe même du Téléthon, jugé par certains, trop «médiatique», par d'autres... trop efficace! Dans d'autres cas, des réserves à caractère bioéthique ont parfois été exprimées au regard de l'utilisation des cellules-souches embryonnaires humaines, sans oublier les polémiques concernant l'expérimentation animale. L'auteur manifeste ici un sens aigu de l'objectivité, ne négligeant aucun argument.

Le temps est loin où, à la suggestion de mon ami Michel Fardeau, grand médecin biologiste, précurseur reconnu des recherches modernes sur les maladies neuromusculaires, l'AFM se dotait, pour la première fois, d'un conseil scientifique. J'ai eu moi-même l'honneur de le présider après lui, pendant près d'une dizaine d'années cédant après coup la place à notre admirable et regrettée collègue, Ketty Schwartz laquelle fut, un temps, directrice de la recherche au plan national.

Outre Michel Fardeau et Ketty Schwartz déjà nommés, j'ai eu, au cours de ces années, la chance d'exercer mon mandat avec des scientifiques de très grand talent que, pour éviter toute omission même involontaire, je prends le parti de ne point nommer, mais auxquels je tiens à exprimer toute ma reconnaissance.

Aujourd'hui, en tant que président honoraire du comité permanent du conseil scientifique de l'AFM, aux côtés de mon confrère et ami Michel Fardeau, j'assiste encore quelques fois aux réunions que préside avec talent, Naomi Taylor.

J'ai vu se succéder aussi trois présidences : celle de Barataud d'abord, retraité depuis quelques années et qui longtemps porta l'AFM à bout de bras – aidé il est vrai de Claire Hamon, René Cadoret, Michel Pignolet, Pierre Birambeau –, celle d'Éric Molinié ensuite, homme d'une grande sagesse, connu pour ses nombreux engagements dans la lutte contre la précarité. Avec son collègue et ami, le regretté Robert Manaranche, il mit un accent très important sur la recherche en Biologie fondamentale. Aujourd'hui, l'AFM a, à sa tête, Laurence Tiennot-Herment, femme exceptionnelle dont la volonté et la justesse de vue font l'admiration. Elle maintient l'AFM à son plus haut niveau. Il y a encore tant à faire...

Grand merci à Serge Braun.

François Gros
Professeur honoraire au Collège de France et à l'Institut Pasteur

Introduction

Ces mots ont commencé à s'inscrire sur l'écran de mon ordinateur un peu plus de 8 ans après mon entrée effective à l'AFM. « Effective » car, en réalité, le bout de chemin que nous faisons ensemble est bien plus considérable. Je me retourne et observe fugitivement l'étendue parcourue et dont je peine à distinguer les détails, tant la distance couverte est grande et la mémoire imparfaite. Avant que trop de fragments ne s'évanouissent définitivement, peut-être est-il temps de les figer. Apporter une parcelle de témoignage d'années vécues en marge, puis de plus en plus étroitement, et enfin au cœur même de ce vaisseau magnifique qu'est l'AFM. Aussi frêle que majestueux, tantôt paquebot, tantôt chaloupe, tantôt caravelle, tantôt galère. Ai-je été un simple passager ? Un membre d'équipage ? Un des architectes bâtisseurs d'un esquif qui se construit tout en avançant ? Peu importe. Si ce récit évoque des éléments personnels, c'est non par vanité ou par exhibitionnisme. L'histoire que je retrace me dépasse et me transcende. Elle me conduit à m'effacer devant son envergure, m'incliner devant les familles qui l'ont façonnée. Chaque mot est un hommage à ces enfants et ces adultes ballottés par la maladie, à leurs proches si profondément meurtris qu'ils ont décidé d'en faire le combat de leur propre vie. Je respecte les grands sportifs qui s'entraînent dur pour approcher la gloire mais je conçois bien plus de considération pour ce bambin qui lutte nuit et jour pour rassembler le peu de forces que lui autorisent les quelques muscles qui lui restent pour respirer et survivre, pour esquisser ce tout petit geste d'un doigt qui actionne la commande électrique de son fauteuil. J'admire le dévouement quotidien de ces parents, ces frères, ces sœurs, devenus auxiliaires de vie, infirmiers du quotidien, et qui donnent tout son sens au mot *« amour »*. S'il fallait baptiser ce navire AFM, ce ne serait pas avec un nom mais avec trois mots : refuser, résister, guérir.

1re partie

La révolution Téléthon

CHAPITRE 1

Vous vous appelez comment, vous ?

« Une vraie rencontre, une rencontre décisive, c'est quelque chose qui ressemble au destin. »
Tahar Ben Jelloun, *L'Auberge des pauvres*, Le Seuil, 2000

Juillet 1986. L'été inonde l'Alsace de sa lumière lourde et brûlante. Cette période de l'année voit la faculté de pharmacie d'Illkirch, dans la banlieue de Strasbourg, se replier dans une apparente torpeur. Les étudiants l'ont désertée pour des horizons plus ludiques, certains satisfaits d'une année riche de savoir et concrétisée par un diplôme ou l'autorisation de poursuivre leur cursus, d'autres moins heureux et laissés provisoirement ou définitivement sur le bord du chemin. Si les amphithéâtres et les salles de cours sont désormais déserts, les laboratoires de recherche qui contribuent à la réputation de cette université poursuivent leurs activités, certes à un rythme moins soutenu car les chercheurs aussi prennent des vacances parfois. Au troisième étage de l'aile D se trouve le laboratoire de virologie et de biologie cellulaire. C'est un couloir d'une trentaine de mètres donnant de part et d'autre sur des pièces remplies de paillasses couvertes de pipettes et de boîtes de toutes sortes, aux côtés de réfrigérateurs et congélateurs à –80 °C, de petites salles de cultures cellulaires, une chambre « radioactive » destinée à la manipulation de radio-isotopes, et jusqu'à une grande couveuse longtemps utilisée pour produire divers virus sur des œufs embryonnés. Ce capharnaüm est bien moins agité qu'à l'accoutumée. Les deux codirecteurs ne sont pas présents ; congés ou congrès les ont éloignés du laboratoire. On n'y trouve ce jour-là que deux chercheurs, encore que ce qualificatif soit un peu abusif. L'un est médecin venu d'Équateur, sans expérience de la recherche mais mû par une idée insolite devant aboutir à un nouveau traitement de la myasthénie, une maladie auto-immune de la jonction neuromusculaire (dans laquelle les malades fabriquent des anticorps contre leurs propres muscles). L'autre « chercheur » est un jeune étudiant, fraîchement diplômé de la faculté de pharmacie et engagé dans une thèse de recherche sur ce thème de la myasthénie.

Quelques jours auparavant, un coup de fil les avait informés que le président d'une petite association désirait visiter le laboratoire et comprendre les travaux qui y étaient menés sur la myasthénie. L'équipe bénéficiant d'un soutien financier de l'association pour ces travaux, il était évidemment hors de question de ne pas satisfaire cette demande d'entrevue. De surcroît, quand on connaît le caractère du personnage, coriace et énergique, on ne se soustrait pas à sa volonté. C'est ainsi qu'en milieu de matinée débarquent au troisième étage de l'aile D Bernard Barataud, dirigeant charismatique de l'Association française contre les myopathies, et son secrétaire général, Gérard Faivre d'Arcier. Le budget de l'association est modeste mais l'ambition, la vision, l'obstination de son dirigeant visent loin, vers des horizons insoupçonnés, sauf par lui.

Voilà donc ce couple improbable du jeune doctorant et du médecin dont l'intuition n'avait d'égale que l'inexpérience, accueillant pour une journée entière le papa d'un garçon atteint de myopathie de Duchenne accompagné de son bras droit, un peu vieille France mais rompu aux questions budgétaires. La matinée consiste ainsi à présenter les activités du laboratoire. On évoque le savoir-faire des équipes, notamment en matière de biologie cellulaire, d'immunologie et de virologie, puis on en vient plus précisément à la thématique soutenue par l'AFM, les cultures de cellules musculaires, la tentative de mise au point d'un nouveau modèle animal de la myasthénie par injection chez le rat de sang de malades, puis l'hypothèse d'un traitement par l'interféron (une hormone du système immunitaire utilisée pour lutter contre les virus). À l'enthousiasme du médecin expliquant que ses rats rendus malades recouvrent la santé grâce à l'interféron répond la tempérance embarrassée de l'apprenti chercheur. Reproduire les résultats, mieux maîtriser les techniques, ne pas s'enflammer trop vite. La recherche est souvent ingrate ; beaucoup d'expériences non concluantes, de tâtonnements infructueux, de données non confirmées. L'apprenti chercheur avait déjà le souvenir de toutes ses nuits blanches, des mois durant, seul devant cet appareil de mesures débitant des feuilles de données chiffrées désespérément négatives. Il avait passé l'année précédente à tenter de mettre au point un dosage radioactif des anticorps anti-récepteurs de l'acétylcholine (la cible de la maladie, une protéine à la surface des muscles qui réceptionne le neurotransmetteur envoyé par les nerfs moteurs) pour démontrer que les rats « immunisés » avec le sang de malades, présentaient bien les signes immunologiques de la myasthénie. Il avait ainsi consacré son année à satisfaire à ses obligations de service militaire, le jour à quatre-vingts kilomètres de là dans un camp de manœuvre où il tenait la pharmacie de la garnison, et la nuit (après avoir fait le mur, mais il ne faut surtout pas le répéter) au laboratoire, à poursuivre obstinément ses travaux de recherche. Et personne à qui parler quand les « manips » ne marchaient pas (sauf à un chercheur luxembourgeois d'une équipe un étage plus bas, qui de temps en temps veillait jusqu'à très, très tard).

Cette première prise de contact effectuée, il est temps de déjeuner. Le jeune thésard avait pris le soin de réserver une table dans un restaurant tout proche, *La Colonne*. Une auberge simple mais de qualité, sur la route qu'avait un jour empruntée Napoléon Ier et où il avait fait étape, dit-on. Le déjeuner a consisté à poursuivre l'audit du laboratoire et de son programme de recherche. Bernard Barataud impressionnait déjà par son caractère bien trempé, forgé par les blessures que la vie lui avait réservées. L'homme n'est pas grand mais massif. Sa voix est forte et assurée. Les mots s'écoulent de sa bouche comme un long fleuve au débit tumultueux et continu. Une aisance verbale alliée à un esprit aiguisé. Bernard a peut-être nourri une sorte de complexe vis-à-vis des chercheurs, lui, le contremaître d'EDF. Complexe bien vite étouffé par une capacité d'analyse et de vision stratégique lui conférant une hauteur de vue qui les surpasse souvent. La science est trop sérieuse pour être laissée aux seules mains des chercheurs et des médecins. Elle doit bénéficier aux malades ; c'est donc à eux d'en prendre l'initiative. *« Vous savez,* dit-il au jeune thésard, *je ne suis pas scientifique, mais à force de me confronter à eux, y compris les plus grands, à force de faire le tour des popotes pour m'imprégner de leurs travaux, on ne me la fait plus. On ne peut pas me raconter n'importe quoi ! »* En face, le thésard n'en mène pas large mais il avait spontanément adopté le langage de vérité, sans chercher à épater par des mots compliqués ou cacher ses propres lacunes par des explications techniques incompréhensibles. Il parle à un parent de malade et lui doit l'honnêteté et l'humilité. Le courant passe spontanément. Bernard d'expliquer l'importance pour lui de comprendre ce que la recherche française pouvait, devait, apporter à la cause des malades ; et c'est en entrant dans les laboratoires, en reniflant à plein nez le bouillonnement de leur marmite qu'il y parvient. Il bombarde le médecin équatorien et le jeune thésard de questions sur leurs travaux et de digressions sur sa vision stratégique. Mais son attention est fréquemment interrompue par le passage vers les tables d'à côté d'énormes plats de choucroute garnie, au fumet si caractéristique de lard, de saucisses et de chou planté de clous de girofle. Les plats du terroir et le bon vin le détournent régulièrement de ses priorités. Voilà Bernard Barataud captivé par le spectacle culinaire qui défile sous ses yeux, s'extasiant de la richesse de ces plats qu'il regrette de ne pas avoir commandés. Barataud, un épicurien, un bon vivant, appréciant la bonne chère (sous toutes ses formes), gourmand de la vie qui s'était refusée trop tôt à son fils. Les yeux ne seront jamais aussi gros que le ventre mais ils rendent humain cet entrepreneur infatigable, dont la puissance allait bientôt pouvoir s'exprimer à plein régime[1]...

Bernard a jaugé son interlocuteur, modeste thésard dont les premiers pas sur le chemin escarpé de la recherche ne le préparaient certainement pas aux fonctions qui l'attendent. Son objectif initial après son doctorat de Pharmacie option Industrie était de faire carrière dans l'industrie pharmaceutique, une fois sa thèse de Sciences décrochée. Mais cette journée d'été 1986 allait constituer un tournant dans son parcours professionnel et dans sa vie d'homme. Quelques mots en changeront subrepticement la trajectoire. Pas immédiatement, pas ostensiblement mais irrémédiablement. C'est la fin du repas, Bernard se penche vers le thésard et lui demande : *« Vous vous appelez comment, vous ? »* Un peu surpris, le jeune homme lui rappelle son nom. Il comprend que Barataud s'est convaincu de l'intérêt de ce qu'il a vu et souhaite se souvenir du jeune chercheur qui a pris le soin de remplir sa mission d'information en toute transparence et en toute honnêteté. Bernard a repéré une jeune pousse qui mérite peut-être qu'on l'aide à éclore au profit de la cause des malades. Sans le savoir, le jeune homme se trouve marqué d'un sceau indélébile qui changera sa vie.

L'AFM, association encore modeste (le Téléthon ne sera lancé que 18 mois plus tard) décidera de renouveler son soutien financier aux travaux sur la myasthénie menés dans le laboratoire strasbourgeois. Finalement, ce modèle animal atypique de myasthénie aura permis de proposer un traitement de la maladie par l'interféron. Des temps héroïques qui seraient impossibles aujourd'hui du point de vue réglementaire. Le laboratoire a produit et purifié lui-même la substance qui sera administrée à trois volontaires myasthéniques. Fin 1989, juste avant que l'essai ne débute, sa thèse

1 À la lecture de ces lignes que je lui avais soumises, Bernard m'a répliqué : *« Les yeux aussi gros que le ventre ?! C'est toi qui vois... »* Ceux qui connaissent le personnage comprendront.

tout juste soutenue, le jeune docteur en Sciences s'envole pour la Californie où il poursuivra ses recherches grâce au soutien de l'AFM.

L'essai clinique a produit des résultats très discordants et l'équipe a décidé de ne pas poursuivre. Trois patients traités, l'un d'eux, un administrateur de l'AFM, s'en est considérablement trouvé mieux, et a nourri beaucoup de frustration à l'encontre de l'équipe car il était convaincu du bénéfice que lui apportait l'interféron et il n'a pas compris qu'on interrompe le traitement. Mais l'état d'une autre patiente s'était aggravé durant l'essai et la troisième n'avait pas vu son état clinique modifié. Était-il trop tôt pour décider d'arrêter l'essai? C'est du ressort du clinicien investigateur et sa décision doit être respectée. Une autre théorie est la nature de l'interféron utilisé. On ne distinguait pas encore à l'époque les formes alpha, bêta et gamma de l'interféron, dont les effets biologiques sont très différents. La nature des cellules productrices conditionne la forme produite. Le produit administré était essentiellement constitué d'interféron alpha. Il aurait été plus adapté d'utiliser l'interféron-bêta. Mais les connaissances technologiques étaient encore insuffisantes et l'équipe s'est résolue à la forme manufacturée. Près d'une décennie plus tard, l'interféron bêta fera la fortune des laboratoires Serono et Biogen, grâce au traitement d'une autre maladie auto-immune, la sclérose en plaques. Aucun laboratoire ne sera finalement intéressé pour étendre l'application à la myasthénie (marché trop restreint diront-ils). La vie s'est acharnée contre l'administrateur qui aurait aimé poursuivre le traitement. Après avoir été amené à divorcer, il a sombré progressivement dans l'isolement, et la maladie aura eu raison de son corps. Il est impossible d'affirmer que l'interféron aurait pu changer son destin mais je ne peux m'empêcher de considérer cette hypothèse. Les temps ont bien changé bien sûr. Il est inimaginable aujourd'hui qu'un laboratoire universitaire soit autorisé à produire son propre médicament, qui plus est un produit biologique obtenu par infection de cellules humaines avec un virus cultivé lui aussi au laboratoire. La réglementation a évolué pour des conditions de bonnes pratiques de fabrication extrêmement strictes et encadrées. C'est un sujet complexe sur lequel nous reviendrons.

Qu'est devenu ce jeune chercheur? Après sa thèse et un séjour postdoctoral de 2 ans – soutenus par l'AFM – aux États-Unis, où il a appris de nouvelles techniques (en particulier un modèle fascinant de coculture nerf-muscle humain, dont on peut observer les contractions comme un cœur qui bat) qu'il mettra à profit pour renforcer quelques hypothèses physiopathologiques de l'amyotrophie spinale infantile, une maladie génétique de la moelle épinière, il tentera d'identifier des substances d'intérêt thérapeutique. Les savoir-faire accumulés ont amené l'équipe universitaire strasbourgeoise qu'il avait réintégrée à créer une petite société de services, spécialisée dans l'évaluation *in vitro* et *in vivo* du système nerveux périphérique. Créée en 1996, cette société d'une douzaine de salariés existe toujours. De nombreuses molécules y ont été testées, souvent pour le compte de l'industrie pharmaceutique. Certaines d'entre elles sont passées au stade des essais cliniques et sont devenues des médicaments. À peu près au même moment, le jeune chercheur, tout en collaborant au montage de cette société de services, est recruté par une entreprise de biotechnologie, Transgene, spécialisée en thérapie génique de maladies génétiques, de cancers et de maladies infectieuses, pour initier un programme de thérapie génique de la myopathie de Duchenne, financé par l'AFM. Dix ans d'une aventure humaine et scientifique qui le conduira au premier essai clinique au monde de transfert de gènes pour une maladie neuromusculaire et à occuper progressivement la fonction de directeur de la Recherche dans l'entreprise. Une ascension professionnelle jalonnée par l'AFM. La collaboration entre l'AFM et la société Transgene, membre du groupe Mérieux, a été le fruit d'un engagement humain très fort entre leurs patrons respectifs, Bernard Barataud et Alain Mérieux (dans la lignée de son père Charles). Ces deux grands personnages ont en commun des drames personnels qui ont contribué sans doute à les rapprocher, la disparition prématurée de leurs fils. L'un et l'autre sont animés par une véritable éthique de vie dont ils ont imprimé leur domaine respectif (le monde associatif pour l'un, l'industrie des vaccins et des réactifs de laboratoire en particulier à destination du tiers-monde pour l'autre).

Entraîné dans le tourbillon du Téléthon où les chercheurs sont fréquemment sollicités pour expliquer au public et aux familles les travaux qu'ils conduisent grâce au soutien de l'association, le jeune chercheur repéré par Barataud s'est mué progressivement en militant de l'AFM. Il ne compte plus les manifestations auxquelles il a participé, et a même contribué avec son frère à l'organisation de l'une d'entre elles dans sa ville natale. Bien des salariés et bénévoles de l'AFM et de nombreux malades et parents, dont il a côtoyé le combat, sont devenus des amis. La maladie a emporté tant d'entre eux. La recherche avance vite à l'échelle des scientifiques, bien trop lentement à celle des malades. Alors, lorsque Bernard Barataud et Laurence Tiennot-Herment, récemment élue à la présidence de l'AFM et digne successeur de Barataud, appelèrent le chercheur devenu compagnon de route de l'association à la rejoindre pour en assurer la direction scientifique, celui-ci décida finalement en 2005 de quitter sa carrière dans l'industrie pharmaceutique, de se séparer de ses parts de la société de services qu'il avait contribué à créer, pour se consacrer pleinement au combat de l'AFM et en retranscrire certains aspects dans le présent ouvrage.

Quitter Transgene ne fut pas décision facile. Quelle entreprise extraordinaire, et si atypique ! Créée en 1979, elle ne gagne toujours pas d'argent. Longtemps société de recherche qui travaillait pour les autres, Transgene a été pionnière dans des domaines majeurs des biotechnologies : les souris transgéniques, les protéines recombinantes, puis sous l'impulsion du groupe Mérieux, la thérapie génique. Il faut des années pour qu'une nouvelle médecine puisse émerger, nous y reviendrons. La qualité scientifique hors pair de Transgene l'a menée aux stades avancés d'essais cliniques et, alors que beaucoup de ses concurrents ont disparu faute de crédits, Transgene se maintient et finira par percer avec ses vaccins génétiques. De grands scientifiques ont fait sa réputation : ses fondateurs Pierre Chambon (biologiste moléculaire, prix Lasker, l'antichambre du prix Nobel) et Philippe Kourilsky (immunologiste mondialement reconnu, qui a ensuite dirigé l'Institut Pasteur avant de prendre la tête d'un grand institut d'immunologie à Singapour), et toute une série de scientifiques qui ont ensuite essaimé dans le monde de la médecine : Marie-Paule Kieny (aujourd'hui sous-directrice de l'Organisation mondiale de la santé), Jean-Pierre Lecocq (disparu tragiquement dans le crash du mont Sainte-Odile), Richard Lathe, Majid Mehtali disparu trop tôt, et bien des scientifiques de talent souvent géniaux et qui ont imprimé à cette société de biotechnologie un esprit empreint de créativité, de technicité, d'innovation et de convivialité. Ce génie créatif prend parfois des formes inattendues, comme cet article scientifique visionnaire sur la vie sur Mars, que je ne peux m'empêcher de vous relater dans l'appendice – 2 de cet ouvrage.

Quant au restaurant *La Colonne*, Napoléon doit se retourner dans son tombeau de quartzite rouge : l'établissement n'existe plus, sacrifié sur l'autel de l'aménagement urbain et transpercé par une ligne de tramway. J'en profite pour adresser une pensée amicale à un camarade de promotion de la faculté de pharmacie, toxicologue reconnu et expert auprès des tribunaux. C'est lui qui a analysé les cheveux de Napoléon pour la présence d'arsenic. Je l'envie. Le toxicologue, pas Napoléon.

CHAPITRE 2

La mort aux trousses

••• *« L'injustice est muette, et la justice crie. »*
Jean de Rotrou, *La sœur*, T. Quinet, 1647

Les mots sonnent comme le titre d'un film. Mais ils sont si dramatiquement vrais à l'AFM.

Le conseil d'administration de l'AFM est composé de gens concernés par la maladie (malades ou parents de malades). Sa fondatrice, Yolaine de Kepper, a eu quatre garçons atteints de myopathie de Duchenne. Ils n'ont pas dépassé le stade de l'adolescence. C'était une époque où la prise en charge médicale était quasi nulle et où le conseil génétique n'existait pas (on ne savait même pas encore qu'il s'agissait d'une maladie génétique). Aujourd'hui encore, alors que le gène est identifié et le conseil génétique disponible pour faire en sorte, si on le souhaite, d'éviter la naissance dans la famille d'autres enfants atteints, il arrive que le diagnostic soit établi trop tard pour d'autres frères et sœurs. La maladie peut frapper pour la première fois une famille jusque-là indemne. Bien des maladies génétiques sont chroniques et progressives. La myopathie de Duchenne par exemple n'est pas cliniquement décelable avant l'âge de 2 ou 3 ans, ce qui laisse le temps aux parents de concevoir un autre enfant sans savoir que la maladie est là puisqu'elle ne s'est pas encore déclarée chez leur aîné. Le sort peut se révéler sinistrement facétieux. Brutal aussi : combien de familles se voient éconduites par des médecins impuissants et peu formés à la maladie rare et à une prise en charge psychologique et humaine ? *« Rentrez chez vous, il n'y a rien à faire ; faites un autre enfant. »*

Extrait de la conférence donnée par Mme de Kepper à l'université AFM, avril 2002

Lorsque débuta cette grande aventure en février 1958, la recherche sur les myopathies se résumait à un service parisien de biochimie médicale fondé, au lendemain de la guerre, par le Pr Robert Debré. Avant de connaître cette équipe de chercheurs, nous avions erré pendant des années en quête d'informations sur la maladie de notre enfant. Neuf parents de malades sont réunis, ce jour-là, au secrétariat du laboratoire : ils seront les premiers administrateurs de l'association et me demandent d'accepter la lourde responsabilité de la fonction de présidente. L'association aura pour sigle les trois lettres AFM : Association française contre la myopathie. Nous allons nous battre... et nous allons gagner ! Tel est notre état d'esprit. Nous n'avons pas l'intention d'attendre que la recherche nous apporte une solution définitive. Le corps médical doit impérativement prendre conscience des problèmes concrets qu'affrontent, jour après jour, les myopathes, particulièrement les enfants dont l'évolution est rapide. Il y a certainement des moyens pour freiner cette évolution, lutter plus efficacement contre les terribles déformations du squelette, les complications respiratoires et cardiaques... En un mot, permettre une vie meilleure et gagner du temps sur la maladie.

Les malades et leur famille sont des experts de la maladie. Sa présidente actuelle, Laurence Tiennot-Herment, le répète à l'envi : « *Ce sont des gens ordinaires qui font parfois des choses extraordinaires, car beaucoup d'entre eux ont la mort aux trousses – une telle situation nous conduit parfois à sortir de notre personnalité et à réaliser des choses très atypiques.* » Ces personnes sont entourées d'un conseil scientifique composé d'experts indépendants et bénévoles, dont le rôle est déterminé par le conseil d'administration composé uniquement de malades ou parents de malades. Elles ont ainsi contribué à des progrès majeurs dans la connaissance et dans les biotechnologies, à une véritable redistribution des cartes et des pouvoirs, et elles constituent un lien entre les différents acteurs publics et privés. Je reviendrai longuement sur ce point.

Mégane

Tous les symboles de l'association sont réunis dans l'histoire de Mégane, jeune adolescente de 14 ans à la mine malicieuse. Ses yeux sont très grands et vous transpercent dès qu'ils accrochent votre regard. Le mien ne l'a croisée qu'une fois, lors du Téléthon 2003 (elle en était un porte-parole mémorable), mais cette image accompagnée d'un sourire timide et sincère ne me quitte plus. Ses yeux sont grands car son visage est petit, tout comme son corps qui a oublié de grandir. Sa peau si fine, si claire et si fragile porte les rides d'un temps qui s'est accéléré pour elle 7 fois plus vite que pour nous. Les traits de son visage sont un singulier mélange de ceux d'un enfant de 5 ans et d'une personne de 90 ans. La peau anormalement fine laisse entrevoir par transparence l'entrelacement des vaisseaux sanguins. Les cheveux ne peuvent masquer ce crâne décharné ; il n'y en a presque plus. Alors Mégane se coiffe d'un fichu qui lui donne une allure rebelle. Mégane EST rebelle ; elle défie la maladie qui la ronge et le regard fuyant des passants qui ne peuvent soutenir l'image qu'elle leur renvoie. Ils sont d'autant moins préparés à cette vision que des malades comme Mégane ne sont pas légion. On compte 2 cas en France, 25 en Europe. Une maladie rare parmi les maladies rares. Mégane, une petite perle rare.

Les cellules de son corps s'asphyxient progressivement, rongées par un mal étrange. Un vieillissement accéléré. Mégane avait appris, le jour du Téléthon où elle était venue témoigner, que le gène responsable de sa maladie venait d'être identifié. L'équipe de Nicolas Lévy (un médecin qui a basculé dans la recherche sur les maladies orphelines avec une efficacité et un talent rares) venait de publier le fruit d'années de travail soutenues par les fonds de l'AFM. Il avait été plus rapide que ses concurrents américains et avançait déjà sur la compréhension des mécanismes physiopathologiques. Mégane en avait pleuré sur le plateau. Elle pensait que le plus dur était fait. Maintenant que le coupable était démasqué, on allait pouvoir trouver un traitement. Déjà Mégane nous éblouissait par la maturité dont son jeune âge ne laissait pas préjuger. Souvent les enfants que nous côtoyons sont d'une remarquable sagesse, la mort qui rôde si près les y oblige. Mégane sentait surtout que la thérapeutique, mettant encore des années à se dessiner, n'arriverait pas à temps pour elle. Elle était heureuse tout de même pour les malades plus jeunes qu'elle et ceux qui viendraient après mais elle se préparait à l'inéluctable issue que sa maladie lui laissait entrevoir. Je la vois encore, petit corps frêle porté sur un bras par Yannick Noah, parrain du Téléthon cette année-là, l'emmenant dans sa loge d'artiste vers un concert privé dont il a le secret, juste pour elle.

Pendant ce temps-là, l'équipe marseillaise s'active, Nicolas Lévy à sa tête. Un physique de jeune premier allié à une intelligence et une empathie qui ont très vite contribué à tisser des liens particuliers avec Mégane. L'un est peut-être devenu le carburant de l'autre dans cette course effrénée contre la montre, contre la mort. Les chercheurs de l'unité Inserm/UMRS910 (faculté de médecine La Timone – Université de la Méditerranée) menés par le tandem des très complémentaires Nicolas Lévy et Pierre Cau (un professeur de biologie cellulaire qui a apporté à la biologie moléculaire ce qui lui manquait, c'est-à-dire la vision de la subtile mécanique cellulaire gouvernée par les gènes) sont allés de découvertes en innovations. Parmi leurs nombreuses thématiques de recherche figure donc la progeria, cette maladie du vieillissement accéléré dont est affectée Mégane. Le gène qu'ils ont identifié code une protéine appelée lamine A. Cette protéine joue un rôle très important dans la cellule. Elle tapisse le noyau dans lequel se trouve l'ADN, ce long filament porteur de notre patrimoine génétique.

Les protéines des cellules de mammifères sont assemblées dans le cytoplasme dans lequel baigne le noyau. Elles suivent un processus de maturation plus ou moins complexe au cours duquel les chapelets d'acides aminés se voient greffer des groupements chimiques très divers. La lamine maturée est alors convoyée à l'intérieur du noyau juste sous la membrane nucléaire. Dans beaucoup de maladies héréditaires, le code génétique défectueux ne permet souvent pas la synthèse de la protéine parce que les instructions d'assemblage des acides aminés sont absentes ou aberrantes. Dans le cas de la progeria, l'assemblage des acides aminés a bien lieu mais une mutation ponctuelle dans l'un de ces acides aminés fausse un site de reconnaissance de l'enzyme responsable de la dissociation de certains groupements chimiques appelés « farnésyles », qui doit intervenir en fin du processus de maturation de la lamine. Les enzymes de la défarnésylation ne reconnaissent plus leur cible sur la protéine, laquelle restera pourvue des motifs farnésyles. La lamine farnésylée (que les chercheurs ont appelé « progérine ») est bien transportée au noyau mais cette anomalie de farnésylation provoque un phénomène anormal d'agrégation de la progérine sous la membrane nucléaire. La progérine agrégée perturbe alors profondément le fonctionnement du noyau. Or, c'est dans le noyau que les gènes « s'expriment ». C'est dans le noyau qu'ils sont décodés en molécules d'ARN (les copies individuelles de chaque gène) qui sont ensuite exportées dans le cytoplasme pour être « traduites » en protéines, c'est-à-dire permettre l'enchaînement des acides aminés. Ainsi l'agrégation de progérine génère un dérèglement massif du fonctionnement de la cellule.

Il a fallu près de 3 ans à l'équipe Lévy/Cau pour décrypter ce mécanisme si subtil. Sophistiqué mais redoutable. La machinerie cellulaire déréglée par la progérine conduit à des conséquences cliniques catastrophiques. Toutes les cellules de l'organisme (enfin, presque toutes) finissent par se désagréger. Quelques mois après la naissance, l'aspect des enfants commence à les distinguer des autres bébés. Très vite, leur courbe de croissance est altérée. Ils ne dépasseront pas la taille de 110 cm pour 15 kg, perdront leurs cheveux en quelques années, seront privés de puberté hormonale, leurs os se décalcifient progressivement (c'est l'ostéoporose). La maladie cardiovasculaire les guette : hypercholestérolémie, hémorragies cérébrales, insuffisance cardiaque. Bref, tous les signes du vieillissement. Et c'est de vieillissement, avant l'âge de 15 ans, que ces enfants finiront par décéder. Si la nature est bien faite, lorsqu'elle balbutie, elle peut être implacablement cruelle.

Très rapidement après en avoir élucidé les mécanismes intimes, les chercheurs se sont intéressés à la cascade des enzymes qui interviennent dans la farnésylation des protéines. Leur projet : puisqu'on ne peut plus défarnésyler la lamine, un concept thérapeutique pourrait viser plus tôt dans son processus de maturation. On connaît depuis longtemps les enzymes qui ajoutent aux protéines les groupements chimiques farnésyles. Il existe probablement dans la pharmacopée des médicaments capables d'inhiber ces enzymes. En effet, des inhibiteurs de farnésyltransférase sont déjà sur les étagères des pharmacies. Pendant que les Américains se précipitent sur ces inhibiteurs pour les tester le plus rapidement possible chez des enfants, Pierre Cau prend la précaution d'examiner en détail cette voie enzymatique. Il existe une voie enzymatique parallèle qui prend le relais des farnésyl-transférases si celles-ci sont inopérantes. Pour vraiment limiter la farnésylation, il faut donc agir encore plus en amont de cette cascade pour bloquer les deux voies enzymatiques parallèles. Pour ce faire, on doit combiner deux médicaments : la pravastatine et le zolédronate. Ils sont non seulement capables de bloquer les enzymes voulus mais leurs effets thérapeutiques connus sont parfaitement adaptés à la progeria. La pravastatine est un hypocholestérolémiant et le zolédronate est prescrit contre l'ostéoporose. Les expériences scientifiques menées à la suite de cette intuition géniale confirment l'hypothèse. Les cultures de cellules de peau prélevées chez des enfants progeria sont littéralement corrigées par un traitement *in vitro* avec la combinaison pravastatine/zolédronate. L'équipe collabore alors avec un chercheur espagnol qui venait de mettre un point un modèle murin (un modèle de souris) de la maladie. Une souris progeria mutée dans la lamine et reproduisant de nombreux signes de la maladie. La suite coule comme de l'eau de source : les souris traitées voient leur ostéoporose régresser, leur survie augmenter et bien d'autres signes de la maladie se normaliser. Sur la base de ces résultats spectaculaires, on convient de tenter l'application chez les enfants. Les deux médicaments sont prescrits depuis longtemps pour les adultes, on en connaît les bénéfices et leurs effets indésirables. Les appliquer aux enfants peut théoriquement poser des risques accrus d'effets secondaires mais, face à l'horreur de la maladie, ils sont acceptables. Encore faut-il convaincre les autorités de santé du bien-fondé de ce concept thérapeutique, concevoir un essai clinique judicieux, monter un dossier de demande d'autorisation d'essais cliniques reposant sur des données expérimentales et une argumentation solide, et défendre ce dossier, le 21 décembre 2007, devant les commissions de l'Agence nationale de sécurité du médicament (l'ANSM, AFSSAPS à l'époque). Les experts de l'AFSSAPS savaient bien qu'en autorisant cet essai il ne serait pas possible d'inclure d'autres patients dans d'autres essais en Europe s'il devait y en avoir d'autres. Le feu vert a finalement été donné pour un essai européen, basé aux hôpitaux publics de Marseille. Plusieurs mois ont encore été nécessaires pour affiner les préparatifs de l'essai lui-même. L'organisation pour un essai clinique est toujours conséquente. Même lorsqu'il est conduit dans un seul centre clinique, l'essai mobilise des dizaines de personnes, médecins, infirmières, kinés, laboratoires d'analyse, administratifs. Lorsque des enfants aussi fragiles sont inclus, un luxe de précautions et des mesures spécifiques doivent être pris, et l'encadrement adapté. La réunion finale de préparation s'est tenue dans les locaux de l'hôpital de la Timone autour de Nicolas Lévy. Des années de travail, des mois de préparation pour en arriver à cet essai. Certes il ne s'agit que d'un essai clinique. On ne peut qu'évoquer un traitement candidat. On n'en connaît pas encore le degré d'efficacité chez les malades. Mais cinq ans seulement se sont écoulés depuis la découverte du gène. Pour la première fois, un traitement est proposé pour ralentir les effets de la maladie. Tous les détails ont été finalisés ; le 8 septembre 2008, la réunion s'achève avec la prise de décision de débuter l'essai. Une grande fierté, le grand soulagement de pouvoir enfin commencer mais aussi une grande fébrilité à la mesure du poids des responsabilités qui pèse sur leurs épaules, animent les acteurs de cette aventure médicale. Quelques jours plus tard, alors que l'équipe s'apprêtait à donner les premiers traitements, retentit la sonnerie du téléphone portable de Nicolas Lévy. Le grand sourire qui illuminait son visage s'éteint subitement et un voile humide emplit ses yeux. C'est la maman de Mégane : sa fille vient de s'éteindre, de vieillesse, à l'âge de 15 ans. Le frêle petit ange rattrapé par la mort aux trousses.

L'essai clinique est terminé. Douze enfants sont suivis depuis plus de 5 ans. Si des signes de repousse des cheveux et d'amélioration des fonctions cardio-vasculaires sont encourageants et valident le concept thérapeutique, ils ne sont pas moins fragiles. Déjà l'équipe marseillaise prépare une attaque encore plus ciblée contre la progérine, avec une nouvelle molécule encore plus efficace et une stratégie nouvelle appelée « antisens ». Le combat de Mégane est mené par d'autres petits soldats. Mais il offre aussi des développements inattendus. Pierre Cau s'est intéressé plus largement au phénomène de vieillissement accéléré, cette fois dans un contexte d'atteintes non génétiques. L'équipe a ainsi observé que les cellules de patients exposés aux chimiothérapies anticancéreuses ou aux trithérapies anti-Sida présentaient les mêmes agrégats de progérine que les enfants progeria. Un vieillissement accéléré s'opère, consécutif non pas à une mutation génétique comme dans la progeria mais aux effets secondaires de substances toxiques comme les anticancéreux ou les antiviraux. L'équipe a constaté également que les cellules de personnes saines se gorgent de progérine au fur et à mesure du temps. Plus les personnes sont âgées, plus les cellules renferment de progérine. Ainsi le mécanisme de vieillissement de la progeria se retrouve-t-il également impliqué de manière accélérée dans les cas d'agression chimique de certains traitements. Quant à notre propre vieillissement, il passe lui aussi par l'accumulation progressive de progérine. Dès lors, le cerveau des chercheurs s'enflamme : on pourrait appliquer le traitement de la progeria aux malades sous chimiothérapie ou trithérapie afin de les aider à mieux supporter leur traitement, voire pour leur permettre de supporter des doses plus fortes et donc plus efficaces pour combattre leur maladie. On pourrait même envisager de bloquer la progérine pour ralentir notre vieillissement ou tout au moins vieillir mieux.

Dans la progeria, toutes les cellules sont malades. Il y a cependant un type cellulaire qui ne semble pas touché par ce vieillissement accéléré : les neurones. Les enfants progeria conservent toutes leurs capacités intellectuelles, ce qui a amené les chercheurs à s'interroger sur les raisons de cette protection apparente du cerveau. En collaboration avec I-Stem le laboratoire dirigé par Marc Peschanski (un autre compagnon de longue date de l'AFM, spécialiste des maladies neurologiques et pionnier français de la recherche sur les cellules-souches), Nicolas Lévy a entrepris de comprendre ce phénomène de protection des neurones progeria. Il est impossible d'analyser biologiquement les neurones sans les prélever chez les malades, ce qui est évidemment inacceptable et techniquement quasi infaisable. Les chercheurs se sont donc tournés vers les cellules-souches induites à la pluripotence (ou iPS). Ces cellules sont des cellules adultes (en l'occurrence des cellules issues de la peau de malades) revenues artificiellement à l'état de cellules-souches par quelques recettes de cuisine génétique concoctées par les spécialistes des cellules-souches. Ces cellules iPS sont accessibles à la culture cellulaire et peuvent être ensuite dérivées en toutes sortes de types cellulaires y compris les neurones. Il est ainsi possible de modéliser la progeria *in vitro* et comparer le comportement des divers types cellulaires. C'est ainsi que l'on a vérifié qu'effectivement les neurones progeria n'accumulent pas la progérine contrairement aux autres cellules. Cette propriété leur est conférée par un mécanisme très particulier. Les neurones produisent un petit ARN inhibiteur (un micro-ARN, voir chapitre 5 et appendice – 1) capable de se lier à l'ARN de la lamine et d'empêcher sa traduction. La lamine n'est ainsi pas produite et donc la progérine ne peut être générée au sein des neurones. L'élucidation de ce mécanisme ouvre une nouvelle piste thérapeutique car on sait produire ou faire produire par la cellule des micro-ARN à façon. Peut-être sera-t-il possible de mettre au point ce nouveau principe d'intervention hyperciblée dans un futur proche.

Cette histoire est si riche qu'elle mériterait qu'on lui consacre un ouvrage entier. Elle illustre l'urgence de la maladie, cette mort aux trousses qui anime une association comme l'AFM, les chercheurs qui s'activent pour comprendre et soigner, et surtout les malades qui sont, eux, en première ligne. Elle permet aussi de décortiquer le processus de recherche et d'innovation sous différents angles. L'importance de comprendre les mécanismes intimes de la cellule et comment la maladie les impacte, pour ensuite imaginer des interventions thérapeutiques. Elle montre aussi avec éclat que des recherches qui *a priori* ne concernent qu'une poignée de malades peuvent déboucher sur des avancées majeures dans la compréhension des mécanismes biologiques fondamentaux et sur des applications cliniques insoupçonnées qui nous concernent tous. Ce thème des maladies rares modèles de maladies fréquentes sera abordé plus en détail plus loin.

Mégane en avait eu l'intuition. Elle savait qu'elle n'aurait pas le temps de bénéficier d'une thérapie qui prolongerait sa vie. Mais elle était convaincue que d'autres après elle pourraient être sauvés. Son combat perdure au-delà de sa disparition, pour le bien de tous.

Édith

Sur une route d'Alsace, une voix s'est perdue dans un écho dont la résonance ne m'était parvenue que 8 mois plus tard. Un tragique accident de voiture comme il en existe malheureusement si souvent. Comment ai-je pu l'apprendre si tard? Cette interrogation teintée de culpabilité me met très mal à l'aise et me rend d'autant plus amer et triste.

Édith était l'épouse de Bernard Castillo, longtemps délégué du Bas-Rhin pour l'AFM. Tous deux bénévoles de l'association au service des familles du département. Des amis que la communauté des malades m'a donné le privilège de connaître. Édith est partie rejoindre son fils Laurent dont la myopathie de Duchenne avait réclamé le dû. Il était alors âgé d'à peine 20 ans. La myopathie de Duchenne prend les fibres musculaires les unes après les autres. Les muscles s'affaiblissent progressivement au point qu'ils deviennent incapables d'assurer le moindre mouvement. Même respirer devient impossible sans l'assistance d'une machine. Laurent ne dormait plus, pas une heure, pas une minute. Je me suis souvent demandé si cela avait à voir avec la conscience de mourir prématurément ou avec un signe clinique rare mais pas si isolé que ça. Mais pas un médecin ne prendra le risque de prescrire un somnifère susceptible de précipiter la détresse respiratoire chez un malade si sévèrement compromis. Le rêve de Laurent était de découvrir l'Australie et caresser les koalas. Le voyage soigneusement préparé a eu lieu en 2006 et permis à Laurent de réaliser son rêve; il a pu toucher un de ces nounours du bout du monde. Mais son cœur était fatigué (la cardiomyopathie est une cause majeure de décès chez ces malades) et Laurent nous a quittés, là-bas, en Australie.

Je me souviens de ce jour de pluie dans le village d'Hegeney, debout aux côtés du grand généticien Jean-Louis Mandel, sur le perron de cette église, trop petite pour accueillir la foule des amis et des anonymes qui venaient s'associer à l'immense peine des époux Castillo, et accompagner Laurent dans sa dernière demeure, débarrassé du fauteuil qui le portait depuis plusieurs années. Je me souviens, lorsqu'enfin le flot continu, silencieux et digne, ponctué parfois du gémissement de ceux que l'émotion submergeait, m'a amené jusqu'à Bernard au cœur de cette église, nos mains tremblantes s'agrippant à nos épaules pour nous rejoindre quelques secondes dans la solidarité de la douleur. Je me souviens du seul mot qu'il réussit à m'adresser, mélange de déchirement et de pugnacité : *«Continue!»* Puis dans les bras d'Édith, je me rappelle son regard clair plongeant dans mes yeux jusqu'en plein cœur, ses sourcils froncés et sa voix calme, soudain emprunte d'une force si sereine, m'intimant cet ordre net : *« Trouve ! »*

Cette injonction ne me quitte plus. Elle m'a porté jusqu'à Évry. Il y a constamment devant mes yeux les visages et les sourires de cette armée des ombres de nos petits soldats de l'AFM, et il y a la voix d'Édith devenue comme leur porte-parole. Le destin d'Édith a basculé ce mois de décembre 2010 entre le Téléthon et Noël. La faucheuse est repassée une deuxième fois. Bernard son mari, qui avait mis 2 ans à ressortir la tête de l'eau après la mort de son fils et renouer avec sa propre famille, ne s'en est cette fois pas remis. Je ne sais pas ce qu'il est devenu et je n'ose prendre de ses nouvelles. La phrase qu'il me répétait malicieusement à chaque fois qu'on se voyait (*« Qu'est-ce que tu fais là ? Tu devrais être derrière tes pipettes ! »*) me manque. *« Bienvenue chez les fous »*, ai-je coutume de dire en guise d'accueil aux nouvelles recrues de l'AFM. Parfois, les fous sont immensément tristes.

Un livre ne suffirait pas à décrire toutes ces tragédies. Les maladies rares sont nombreuses ; la moitié d'entre elles sont mortelles. 50 % touchent dès l'enfance et parfois même encore plus tôt. Trois millions de personnes en France sont concernées par les maladies rares (soit près d'une famille sur cinq). Les maladies neuromusculaires (certainement plus de 300) représentent à elles seules près de 100 000 personnes. 80 % des maladies rares sont génétiques, elles se transmettent donc de génération en génération. Mais 30 % des nouveaux cas surviennent dans des familles sans antécédents de maladie génétique. La nature commet des erreurs. Dès la rencontre entre le spermatozoïde et l'ovule, au moment de la première division cellulaire, l'ADN qui doit être recopié à l'identique dans les deux cellules filles peut subir des erreurs graves, des fautes d'orthographe responsables de maladies invalidantes et mortelles qui, puisqu'elles touchent les cellules germinales, se transmettront ensuite dans la descendance. Ne vous croyez pas à l'abri. Nous sommes tous porteurs d'anomalies génétiques susceptibles de provoquer une pathologie. Ce sont les hasards de la génétique qui font qu'elles s'expriment ou pas. Mais lorsque les conditions sont réunies, la maladie frappe immanquablement. Bien des spectateurs du Téléthon, plus ou moins concernés par la cause qui y était défendue, qui n'imaginaient pas être rattrapés par la nature, se sont retrouvés un jour de l'autre côté de la barrière, touchés eux-mêmes par la maladie ou au travers de leur enfant ou de leur conjoint. Tout le monde est concerné. Alors, lorsqu'un salarié de l'AFM, venu exercer son métier au sein de l'association, se retrouve soudain lui aussi frappé par la maladie génétique, on se dit que le sort joue un de ses tours macabres qui nous renvoient à notre immense fragilité. Je pense aussi à Gérard Peirano, ce vieux compagnon de l'AFM et bras droit de Bernard Barataud, qui m'avait mis avec bienveillance en garde à mon arrivée en me disant : *« Tu sais, l'AFM est une machine à broyer. »* Gérard a pris une retraite bien méritée. La maladie l'a rattrapé sitôt qu'il fût retourné dans son Luberon natal pour une retraite pourtant bien méritée. Il est victime d'une myopathie inflammatoire. Aucune idée de son origine et très peu d'options thérapeutiques. Il a fallu arrêter son traitement aux corticoïdes car ils altéraient gravement son comportement. La maladie gâche ses vieux jours et ceux de sa femme, Mireille. Je pense à cette collègue qui m'annonce qu'elle est atteinte depuis un an d'une ataxie cérébelleuse. C'est une maladie génétique qui frappe vers 40 ans. Le gène responsable est connu mais aucun traitement n'est encore disponible. Elle sait qu'inexorablement la dégénérescence neuronale va l'affaiblir. Elle est déjà moins assurée dans son équilibre et ses mouvements. Le handicap sévère la guette et sa vue diminue pour peut-être la conduire à la cécité. Les neurones qui meurent ne peuvent être remplacés. Les thérapies innovantes de cette maladie (sur lesquelles au moins deux laboratoires de ma connaissance travaillent, en France et en Angleterre) permettront sans doute de sauver les cellules malades mais à condition de les traiter précocement.

La mort aux trousses, vous dis-je ! Ces mots inflexibles claquent leur sombre présage à chaque instant de la vie de l'association. Elle détruit les muscles ou les neurones et fait parfois aussi voler les familles en éclat. On ne compte plus les divorces tant la maladie, si difficile à gérer au quotidien, pèse sur la solidité des couples. La capacité de résistance des volontaires, des délégués ou des coordinateurs est mise aussi à rude épreuve, précipitant parfois des déchirures irrémédiables. J'ai en mémoire les confidences de ce coordinateur de Moselle, devant cette bière que nous partagions dans une gare de Metz en attendant le train du Téléthon. Il était si proche d'abandonner. Tous ces jours et ces nuits à se battre contre des moulins à vents, ici ce maire d'une grande ville adversaire hermétique du Téléthon et auquel le journal local était tout acquis, là les difficultés quasi quotidiennes d'organisation du Téléthon et d'animation de l'équipe des bénévoles. Après 10 ans de sacrifices personnels, son couple n'y a pas résisté. Lui non plus.

Nous qui la vivons de l'intérieur sommes saisis par cette violence qui s'acharne sur l'association. Elle est perceptible à chaque instant, jusque dans le geste délicat, gracieux mais si chancelant de cette petite enfant atteinte d'amyotrophie spinale, cette maladie qui tue les neurones moteurs de sa moelle épinière. Je la vois, blottie dans ce fauteuil roulant trop grand pour elle, passer tout doucement sa main dans les cheveux parce que ses forces sont si faibles. Ses mouvements sont si frêles qu'ils lui confèrent une beauté gracieuse qui rend d'autant plus insupportable l'injustice de la maladie.

Un peu par déformation professionnelle après avoir passé 10 ans dans le secteur privé, j'ai coutume de dire qu'à l'AFM nos actionnaires sont les malades. La légitimité de leurs exigences ne se discute pas. Guérir, guérir vite ! Et s'en donner les moyens en bousculant l'ordre établi. À nous, chercheurs, de les rejoindre dans cette guerre contre la fatalité, aux politiques de leur offrir les conditions d'avancer, aux décideurs de prendre conscience de la portée universelle que recèle ce combat.

Le plus long des voyages commence toujours par un petit pas (Lao Tseu)

En s'interrogeant sur les origines de la vie (voir chapitre 6 et l'appendice – 1), on peut se surprendre à considérer que la forme ultime de la vie n'est pas l'harmonie parfaite des interactions physiques de la matière mais au contraire son expression immatérielle : l'esprit, la pensée, les sentiments. Par extension, on pourrait même penser que l'aboutissement suprême de l'évolution serait l'exercice d'une pensée débarrassée de son enveloppe charnelle. Le corps, simple vecteur de l'âme en quelque sorte. Évidemment, nous entrerions dans des considérations spirituelles qui n'ont pas leur place ici. C'est pourtant le sentiment que suscitent parfois ces malades neuromusculaires si vifs d'esprit bien que prisonniers de leur fauteuil roulant, reliés à un respirateur artificiel par un cordon ombilical de survie. Je me surprends parfois à penser que leur handicap physique s'estompe devant la force mentale qu'ils dégagent. Je vois la frêle beauté exquise de Jeanne s'avançant seule à la barre du tribunal, et dont l'intelligence et la sensibilité faisaient face à l'aigreur froide d'un milliardaire célèbre qui s'était plu à diffamer l'association pour d'obscures raisons que la raison ignore. Les larmes qui sillonnaient ses joues de jeune fille de 16 ans, en hommage à ses jeunes amis disparus avant d'avoir pu atteindre l'âge adulte, étaient l'intelligence du cœur dans sa plus belle expression. Et la justice a condamné le diffamateur.

Je pense à Sébastien que la myopathie de Duchenne empêche de marcher et, tout doucement, de respirer. Sébastien a ému la France entière lors du Téléthon 2002. Il avait alors 19 ans et nous avait accompagnés dans un essai clinique qui constituait une première mondiale. Un pied dans la porte de la thérapie génique des maladies neuromusculaires. Pour la première fois, un gène était administré dans un muscle de malades atteints de myopathie ; la plus fréquente, la myopathie de Duchenne.

Sébastien était le plus jeune des neuf volontaires malades auxquels nous avons administré un peu de plasmide, un ADN bactérien circulaire portant le gène de la dystrophine, protéine absente chez ces malades. Ce n'était qu'une piqûre de moustique dans le muscle radial de l'avant-bras. Trois semaines après, on leur prélevait une petite biopsie au site d'injection, pour vérifier si le transfert du gène avait permis au muscle de produire un peu de la précieuse protéine. Ce n'était de loin pas encore le traitement. Cette minuscule injection ne pouvait au mieux permettre qu'une production très circonscrite (le long du trajet de l'aiguille) de la dystrophine. Traiter l'ensemble de la musculature devrait requérir une technique plus invasive et plus délicate et que nous avions éprouvée expérimentalement. Mais, pour des raisons d'éthique et de sécurité, nous devions commencer par un petit pas. Pour progresser sans tout compromettre par un excès de précipitation qui conduirait à un accident rédhibitoire. Chacun des neuf volontaires savait – et acceptait – qu'aucun bénéfice thérapeutique ne lui était promis. Cette première mondiale ne constituait pour autant qu'un essai de tolérance et de sécurité à l'injection localisée d'une dose extrêmement faible d'un candidat médicament. Tout était à apprendre : le vecteur était-il capable de véhiculer une séquence codante aussi longue que celle de la dystrophine, le plus grand gène humain connu ? Le patient tolérera-t-il le produit injecté ? Ne développera-t-il pas d'inflammation ? Comment réagira son système immunitaire à l'apparition de la dystrophine qu'il n'avait auparavant jamais appris à connaître ? Rejettera-t-il cette protéine nouvelle et potentiellement étrangère pour lui ? À l'heure de cet essai clinique (qui débutait en 2001), aucune stratégie alternative n'avait encore véritablement émergé. La recherche fourmillait d'idées mais leur mise en œuvre paraissait encore lointaine. Et puis cette étude allait permettre d'acquérir une certaine expérience en matière d'essais cliniques de thérapie génique des maladies neuromusculaires. En quelque sorte, nous essuyions les plâtres pour apprendre et réunir de précieuses informations pour nous permettre, à nous et à bien d'autres, de nous engager un peu plus loin sur le chemin du médicament. Il ne nous avait fallu pas moins de 18 mois de discussions avec l'Agence française du médicament avant qu'elle nous autorise à démarrer l'essai.

Sébastien faisait partie de ces neuf pionniers au même titre que les dizaines de chercheurs, médecins, kinés, infirmières, spécialistes des affaires réglementaires ou de la production de biomédicaments, administratifs et scientifiques sans lesquels ce tout petit mais premier et indispensable pas n'aurait pas été possible.

Ce Téléthon 2002 était l'occasion d'évoquer cet essai clinique. L'AFM y diffusait le témoignage de Sébastien, adopté à l'âge de 4 mois à Djakarta par Michèle, sa mère de cœur. Michèle se rendit compte très tôt sans connaître encore la maladie qui le gagnait *« qu'il y avait un petit quelque chose d'indéfinissable dans sa démarche... »*, puis le diagnostic implacable, la perte de la marche en 1994 et la bataille contre la maladie : *« Si la myopathie a raison de ses muscles elle n'a pas réussi à détruire sa joie de vivre et son énergie. »*

Le reportage montrait Sébastien et Michel Fardeau, neurologue, défricheur de la myologie en France dans la lignée de Guillaume de Duchenne de Boulogne (celui qui a décrit la myopathie qui porte son nom au XIXe siècle). Michel Fardeau a contribué de manière majeure à la prise en charge et au diagnostic de nombreuses maladies neuromusculaires. Il se décrit lui-même comme un personnage hybride : médecin et biologiste fondamental, formé à la psychiatrie et à la neurologie, interne en pédiatrie et en médecine adulte, directeur d'une unité Inserm (Institut national de la santé et de la recherche médicale) et sorti du CNRS pour prendre en charge une chaire d'insertion sociale des personnes handicapées au Conservatoire national des arts et métiers. Il a été le fondateur du conseil scientifique de l'AFM, et son premier président, et a dirigé l'Institut de myologie, centre créé par l'AFM et dédié aux maladies musculaires, à l'hôpital de la Pitié-Salpêtrière. Le poids des ans mine son corps mais il reste fidèle à ses malades qui viennent toujours le consulter à l'Institut de myologie. C'est un pionnier de l'analyse intégrée de l'unité motrice formée par la connexion nerf-muscle. L'électrophysiologie et l'histologie des muscles n'ont pas de secret pour lui. L'art de diagnostiquer les maladies neuromusculaires et leur évolution en observant des lames microscopiques. Le clinicien qui a administré le plasmide dystrophine, c'est lui. Je garde comme un précieux cadeau l'émotion sincère qu'il me témoigna alors qu'il me montrait pour la première fois l'évidence histologique de la présence de la dystrophine dans la biopsie d'un des premiers patients de l'essai clinique. De fines et délicates collerettes mauves au milieu de la biopsie musculaire. Nous partagions très égoïstement ce qui pour nous représentait la concrétisation de 8 ans de recherche acharnée. L'émotion était contenue, car nous étions bien conscients que cette modeste fabrication de dystrophine était encore loin de constituer un traitement de la maladie. Mais elle brisait un tabou. Une si délicate coloration microscopique mais une étape importante de franchie.

Sébastien a grandi avec sa sœur en Savoie, au milieu d'une ribambelle de chiens et fidèle à sa philosophie bouddhiste qui l'aide à affronter l'existence. J'avais été frappé par l'apparent détachement que chacun des 9 volontaires avait manifesté le jour de l'injection du vecteur. Ce flegme contrastait avec la fébrilité qui nous animait (surtout lors de la toute première injection du premier patient). Nous avions certes accumulé quantité de données expérimentales qui nous rassuraient sur l'innocuité du produit mais la biologie n'est pas une science exacte et le risque zéro n'existe pas.

Les muscles de Sébastien l'abandonnent peu à peu mais son énergie s'amplifie de manière inversement proportionnelle. Le reportage du Téléthon ce soir-là le montre en gros plan, expliquant son expérience de l'essai et ce qui l'avait convaincu d'y participer. Butant parfois sur quelques mots, il explique qu'*« il faut avoir confiance et croire... »*. L'émotion le submerge. Pendant que des larmes scintillent sous ses yeux et qu'il les chasse de sa main soutenue par l'autre main car ses bras sont trop faibles, il ajoute : *« Il faut attendre sans perdre espoir... la guérison est proche... ce que je veux dire c'est qu'il ne faut pas céder ; il ne faut pas s'arrêter de croire... Là, je pleure, car je suis heureux de faire partie de cette phase 1. Le plus important c'est que les gens sachent qu'il y a des gens qui cherchent ; on ne les voit pas mais ils sont là, qui font des recherches ; qui passent le relais pour un médicament pour tous ces gens qui souffrent. »*

Je me procurai la cassette de cette séquence et la partageai avec l'ensemble du personnel de Transgene où nous avions lancé ce programme de recherche et de développement qui avait abouti à l'essai clinique. D'habitude, nos séminaires internes étaient très techniques et l'occasion d'échanges scientifiques sans concession. Ce jour-là, la leçon de courage et de dignité de Sébastien avait saisi tout le monde et rappelé que notre métier de chercheur recèle une dimension humaine déterminante. Quelques mois plus tard, nous organisions une visite de nos locaux pour

Sébastien et sa famille. J'avais réuni toute l'équipe qui avait collaboré à la conception du vecteur et au projet. *«Voilà ces chercheurs qu'on ne voit pas»*, furent mes premiers mots à l'adresse de Sébastien et sa famille. Un moment d'intense émotion tant pour Sébastien que pour nous tous.

Des années se sont écoulées depuis cet essai clinique ; vite ; trop vite. La maladie a gagné du terrain, mais, à 32 ans aujourd'hui, Sébastien résiste et n'a jamais cessé de croire. La dystrophie musculaire de Duchenne n'est pas encore vaincue mais une multitude de pistes thérapeutiques se sont développées (thérapie génique, saut d'exon, translecture de codons Stop...). L'essai clinique a fait des petits ; bien d'autres ont suivi et aujourd'hui des traitements très ciblés sont sur le point d'obtenir l'approbation des autorités de santé. Sébastien pourra peut-être bénéficier de l'un d'entre eux.

Pas un jour sans que je pense à la relation particulière qui nous relie à Sébastien et sa famille. Une amitié pudique mais profonde, une cordée d'alpinisme qui sécurise la progression pour éviter la chute. Pas un jour sans que je pense à ces autres «Duchenne» : Xavier, Nico, Julien qui se destine à la recherche pour Guillaume, son frère malade, à Laurent et tous ces petits soldats de l'AFM partis trop tôt ; à toutes celles et ceux que les maladies rares ont frappés si injustement : Mégane, Thomas, Raphaël, Léa, Julie. La liste est si longue...

La mort aux trousses nous procure un autre enseignement. La perte écrasante d'un enfant ou d'un proche peut se transformer en une rage invulnérable. Une énergie destructrice muée en résistance acharnée. Les mots employés sont souvent guerriers mais la rage au ventre est féconde ; elle soulève des montagnes, insensible à toutes pressions d'aussi haut qu'elles puissent venir.

J'ai aussi une pensée pour les chercheurs qui, dans l'ombre, s'évertuent à comprendre les mécanismes tortueux (dans tous les sens du terme) de la maladie et imaginent puis expérimentent des stratégies thérapeutiques que des cliniciens en bout de chaîne vont administrer. Leur geste de médecin recevra la reconnaissance et les hommages des malades et de la société. L'anonyme chercheur dont l'intelligence et la créativité auront allumé la mèche restera l'oublié de l'aventure. Ni lauriers ni fortune pour lui. Ce n'est certes pas ce qui le guide, mais c'est un peu injuste tout de même...

3

CHAPITRE

Le Téléthon

●●● Sans un grain de folie, l'homme est plus petit.

Suivant de près une première initiative britannique, qui conduit dix ans plus tard à la création à Londres d'un Muscular Dystrophy Group, la Muscular Dystrophy Association est fondée aux États-Unis en 1950. La MDA est un peu la grande sœur de l'AFM. Mais, comme le soulignent Denis Guthleben et Odile Le Faou dans leur ouvrage *Une course pour la vie : l'AFM et la recherche biologique et médicale* (Armand Colin, 2011), *«on ne peut qu'être frappé par la proximité, avec huit ans d'écart, des trajectoires originelles de ces deux associations»*. En effet, si la MDA a vu le jour dans l'Arizona, sous l'impulsion de quelques familles de malades, l'AFM s'est construite de la même manière à Angers, autour d'un petit groupe de neuf familles menées par Yolaine de Kepper, une mère de sept enfants dont quatre atteints par la myopathie de Duchenne. Des deux côtés de l'Atlantique, la même ambition les anime : mobiliser pour améliorer la vie des malades et encourager autant que faire se peut les recherches qui permettront un jour de les guérir. L'établissement de liens étroits avec les organismes de recherche scientifique et médicale est mentionné dans les statuts de l'AFM dès 1958, date de sa création. Premier de ces liens et pour près d'une génération, le Dr Jean Demos, clinicien à l'hôpital Necker-Enfants malades à Paris, et chercheur dans le laboratoire de biochimie médicale du Pr Georges Schapira. Les enjeux, les objectifs étaient déjà clairement définis mais les moyens ont cruellement manqué pendant plus de 25 ans. L'univers des associations de malades était morcelé, celui de la recherche, isolé. Quelques noms ont émergé, qui ont établi des bases qui allaient permettre l'éclosion d'une recherche à nouveau pionnière dans le domaine neuromusculaire. Michel Fardeau et le généticien Jean-Claude Kaplan, membres du conseil scientifique de l'association, alimentaient la réflexion de l'association sur l'avènement de la génétique et de la possibilité un jour d'agir sur l'ADN ; François Gros, académicien, professeur au Collège de France, voyait d'un œil bienveillant ces groupes de malades tenter de dynamiser la recherche française dans un domaine où tout était encore à faire. Nous pouvons nous honorer qu'un esprit aussi brillant et droit reste aux côtés de l'association.

Les groupes de malades se fédèrent au début des années 1980 dans des circonstances largement rappelées par Denis Guthleben et Odile Le Faou. L'AFM nommait à sa tête un homme qui allait changer radicalement son destin. Bernard Barataud avait déjà conçu une stratégie redoutablement efficace mais il lui manquait les moyens financiers pour la mettre en pratique. Il est informé par ses compagnons de route, Michel Jemmi et Pierre Birambeau d'un événement télévisé annuel original lancé dès 1966 par la MDA de l'autre côté de l'Atlantique, réalisé en studio et qui permet de collecter l'équivalent de 30 millions d'euros. Jerry Lewis avait fait un show sur une chaîne de télé américaine pour la MDA. Son organisation était remarquable. Il avait fait réaliser des reportages tout à fait exceptionnels en faisant parler des parents, des familles. Son grand mérite était d'avoir montré aux gens que la myopathie, ce n'est pas aussi rare que ça, et ainsi de les avoir motivés pour rassembler des fonds pour la recherche. Barataud et Birambeau en comprennent immédiatement la portée et le potentiel. Dès lors la machine se met en marche, portée par des visionnaires et des précurseurs que rien ne pouvait arrêter. La rage au ventre, souffrance et mort enracinées dans leur chair et leur âme, la fatalité sortie de leur vocabulaire (si ce n'est lorsqu'elle est précédée du verbe refuser), ils vont porter leurs convictions jusque devant les bureaux d'Antenne 2, devenue France 2. Cette aventure qui donnera naissance au Téléthon français a été largement retracée par ceux qui l'ont écrite dans des livres témoignage. Elle a aussi fait l'objet d'analyses sociologiques et historiques.

En août 1986, Pierre Birambeau est missionné aux États-Unis avec sa femme et leurs deux enfants, dont Damien, 13 ans, atteint de myopathie de Duchenne. Damien est aujourd'hui dans sa quatrième décennie de vie. Il est paralysé dans son fauteuil et son souffle de vie lui est administré par une machine. Mais sa vitalité, il l'a ancrée si profondément et si fortement que la maladie n'a pas réussi à prendre le dessus. Aujourd'hui Damien gère sa propre petite entreprise d'informatique. Évidemment, un myopathe ne peut exercer n'importe quel métier ; seulement celui que ses muscles lui autorisent. Comme les neurones ne sont pas toujours concernés, c'est vers des activités intellectuelles que se tournent les jeunes malades. Enfin, lorsque la société le leur permet. L'insertion sociale des handicapés est un combat permanent, loin d'être achevé.

À son retour, le conseil d'administration de l'AFM charge Pierre Birambeau (qui abandonnera l'entreprise qu'il avait créée pour se consacrer exclusivement à son combat) de prendre en charge l'organisation de cette émission, sous la forme d'un véritable marathon de la solidarité et de la générosité. Le projet est communiqué au directeur des programmes Jean-Marie Cavada, lequel missionne Louis Bériot son chargé des opérations spéciales nouvellement nommé. Louis Bériot confie la réalisation de l'émission à Jean-Pierre Spiero, membre du Lions club de Mennecy et réalisateur de la célèbre émission de variétés *Champs-Élysées* animée par Michel Drucker. Dans le même temps, le Lions Clubs International, un partenaire de longue date dans la lutte contre les myopathies, s'est engagé à organiser les centres de promesses de dons sur tout le territoire, en collaboration avec les écoles de commerce régionales. Grâce aussi à l'entremise du président de la Ligue de football professionnel Jean Sadoul, Antenne 2 donne finalement son accord en mars 1987.

Silence, s'il vous plaît ! L'antenne dans une minute !

« Ça y est, c'est parti !... Et ce cadran qui ne tourne pas, 120 000 F, ça part mal ! Je m'échappe en courant du studio 102 vers le centre de promesses. Dans le sas, les gens sont calmes. Stupeur, une fois la porte franchie, une rumeur faite de sonneries de téléphone et de cavalcades me saute au visage. « Bernard, c'est formidable, ça marche, on est saturé. » *Je ne sais pas qui a parlé, il faut que je m'appuie le long du mur, je viens de comprendre, ce sont les informations qui tardent à remonter vers le PC marketing de la place de Rungis puis vers la régie. Oui, j'ai compris : il est 21 h 40 et nous avons gagné. Les Français nous suivent ! »*[2]

« Tout le monde venait... Il y a eu une espèce d'élan. Ce qui m'a frappé c'est le premier soir où, en bas dans les loges, Barataud arrive et dit : « Si vous faites 35-40 millions, ce sera déjà génial parce qu'on pourra continuer... »

2 Bernard Barataud, *Au nom de nos enfants*, Numéro 1, 1992.

On a commencé, sans doute, avec un côté un peu naïf, artisanal... Le lendemain après-midi, on s'aperçoit que ça marche. Partout en France où il y a des caméras, ça bouge. Et nous, on voit le compteur qui monte, qui monte... et on a terminé à 181 millions. Et là c'est la stupéfaction ! On pourra toujours faire une analyse, décortiquer... mais, honnêtement, on ne sait pas très bien pourquoi ça a pris. En tout cas, ça a pris»[3].

Le Téléthon français crève donc les écrans un soir de décembre 1987. Il allait donner les moyens de leurs objectifs à ces pionniers de l'impossible. Le compteur électronique de la première émission n'était pourvu que de huit chiffres. Le succès fut tel que, le compteur dépassant les 100 millions de francs, il fallut peindre le neuvième chiffre à la main sur un panneau de bois. Bien sûr, j'étais devant mon écran de télévision ce soir-là. Spectateur presque comme un autre, touché par les larmes de joie de Bernard Barataud, surpris et émerveillé par l'élan de générosité qui s'était manifesté de la part d'un million de donateurs. J'étais si captivé que je ne me souviens même pas d'avoir appelé pour ma promesse de don. Il me reste surtout en mémoire l'engagement solennel du président de l'association de se présenter le lendemain devant les Français pour leur rendre des comptes, leur expliquer ce que l'AFM aura fait de leur don. Un engagement de transparence inscrit dans les gènes de l'association et qui ne s'est jamais démenti depuis. Michel Callon, dans son analyse sociologique le souligne : *«Qui aurait alors osé imaginer le succès populaire rencontré par l'émission ? Qui se serait aventuré à prédire l'indéfectible générosité des donateurs ? Qui aurait pu penser qu'une poignée de parents, qui s'étaient regroupés autour de Mme de Kepper à la fin des années 1950, allait contribuer à redessiner de manière profonde et durable le paysage scientifique et politique français ?»*

Mais le Téléthon français se distingue de son grand frère américain, par la mise en place parallèlement à l'émission télévisée de milliers de manifestations Téléthon jusque dans les plus petits villages de France. Avec les années, une organisation extrêmement sophistiquée et de très grande ampleur s'est déployée, créant une délicate alchimie entre le show télévisuel et ces innombrables événements festifs. Des équipes de coordinateurs et de bénévoles encadrés par des spécialistes de l'AFM préparent ces manifestations de collecte. La France profonde, créant un trait d'union entre

3 Claude Sérillon ; extrait du film *Les Raisons de la colère*, © Publicis étoiles, N. Tirot/AFM, Antenne 2.

les initiatives individuelles et collectives de vente de crêpes, de lâchers de ballons, de défis sportifs ou culturels et les chercheurs qui allaient, grâce aux dons collectés, mener des travaux de recherche fondamentale et de recherche appliquée dans le but de mettre au point des traitements contre les maladies neuromusculaires. Une énorme chaîne de solidarité à l'impact sociologique et scientifique sans équivalent s'est créée au fil du temps. La Fédération des pompiers a été un relais opérationnel formidable qui symbolise à lui seul la noblesse de l'événement.

Ce chapitre se focalise sur le versant scientifique et médical. Les aspects historiques et sociologiques ont été déjà largement décrits par ailleurs. Les scientifiques (chercheurs, jeunes thésards, médecins) sont souvent sollicités à l'occasion du Téléthon. Bien sûr, il y a l'émission qui prévoit des passages durant lesquels la science est exposée. L'objectif est d'expliquer à quoi sert l'argent du Téléthon, où en est la recherche, les espoirs et les réalisations. Il y a peu d'occasions finalement d'expliquer la science au grand public. La chose n'est pas aisée. Rendre audibles des aspects aussi compliqués que la biologie ou la thérapie génique fait appel à des mots si naturels pour les chercheurs mais si mystérieux pour le profane. En ce sens, le Téléthon a aussi une vertu : démythifier la recherche pour le public et rapprocher les chercheurs des malades et des familles. L'équilibre n'est pas facile non plus à trouver en termes de communication. Montrer les avancées sans donner de faux espoirs. Être rigoureux dans les explications sans devenir trop compliqué et froid. Bien sûr, il est important aussi de ne pas se laisser griser par la soudaine exposition médiatique et éviter de s'emballer. *«La télé rend fou»*, même les personnalités les plus «cortiquées».

Les initiatives sont nombreuses, surtout à l'approche du Téléthon, de permettre ce rapprochement entre des chercheurs et les familles. Les familles sont avides de savoir mais les coordinateurs et organisateurs de manifestations Téléthon aussi. Parmi les nombreux supports didactiques figurent en bonne place les rencontres avec les médecins/chercheurs. Ils sont appelés, dans les écoles, dans les réunions locales de coordinateurs, loin des caméras mais proche «du terrain».

Un témoignage d'un malade sur le site de l'AFM : *«Nous, les patients, présentons une certaine analogie avec les savants. Nous sommes confrontés aux mêmes problèmes que nos chercheurs : la solitude. Quand on se replonge dans la littérature et qu'on lit comment ces savants ont découvert des tas de médicaments dans une précarité de moyens humains, financiers et matériels (Pierre et Marie Curie, Pasteur). La solitude est un mal récurrent. Depuis les prémices de la recherche, nos chercheurs sont confinés dans leur laboratoire à pister la substance nouvelle. Ils connaissent le doute, le désarroi, voire l'abattement tout comme nous. Nous, nous sommes confinés chez nous dans l'attente, le doute, l'incertitude, la mélancolie, voire plus... Les profanes que nous sommes apprécient ces échanges. Ils nous ont expliqué le protocole. Demain peut-être! Les subtilités de l'essai thérapeutique appelé désormais le protocole.»*

Ces rencontres favorisent le rapprochement entre le monde de la recherche et celui du quotidien de la maladie et du bénévolat. Il est formateur pour les bénévoles, les malades et le public; il l'est aussi pour les chercheurs. Quand ils sont confrontés à la réalité et à l'urgence de la maladie, le dialogue qui s'instaure avec l'objet même de leur recherche donne un sens plus aigu (et une motivation décuplée) à leur travail scientifique. Parfois des relations d'amitié s'établissent naturellement entre scientifiques et malades. Mais il me semble que nous, chercheurs, ne devons pas perdre de vue notre responsabilité de découvreur. Il est important évidemment d'expliquer notre travail, les espoirs qu'il suscite et les difficultés qu'il rencontre. Nous sommes animés par le virus de la découverte et la soif de trouver une solution thérapeutique à des maladies invalidantes et mortelles. Mais il faut aussi se garder de susciter des attentes irraisonnées. Le mot *espoir* est vite interprété comme *guérison*. Nous souhaitons tous avancer vite mais le processus de la recherche n'est pas un continuum régulier dont le résultat est connu à l'avance.

L'essaimage international du Téléthon

Si le Téléthon que nous connaissons est unique au monde par son ampleur et cette alchimie réussie entre couverture télévisée et événements locaux, l'AFM a transmis son savoir-faire à d'autres associations œuvrant dans le même champ. C'est ainsi qu'est né le Téléthon italien, trois ans après son modèle français. Ce modèle a essaimé dans d'autres pays européens (Belgique, Luxembourg, Suisse, Espagne, Chypre) et sur d'autres continents (en particulier en Amérique du Sud). Seul le Luxembourg renvoie les fonds collectés à l'AFM. Pour l'ensemble des autres pays, l'AFM se contente d'aider les associations dans la mise en place de leur Téléthon pour leur propre compte.

1998. Cette année-là, le plateau central du Téléthon s'est décentralisé à Strasbourg. Une reconnaissance pour la coordination et la délégation départementale de l'association et pour les équipes de recherche strasbourgeoises, celles de l'IGBMC (Institut de génétique et de biologie moléculaire et cellulaire) cher à Pierre Chambon et à Jean-Louis Mandel, des sommités mondiales de la biologie moléculaire ; celles de la faculté de pharmacie et de médecine ; celles de l'Institut de biologie moléculaire et cellulaire ; et bien entendu celles de Transgene lancée dans la difficile thérapie génique de la myopathie de Duchenne. De nombreuses manifestations Téléthon se sont préparées dans la région. J'avais eu l'occasion quelques mois plus tôt de rencontrer les associations du val de Villé, une vallée bas-rhinoise riche d'un patrimoine historique, naturel et architectural, qui attire les amateurs de nature et de sports de plein air et les amateurs de terroir authentique et préservé, de villages pittoresques et d'artisanat d'art. Les associations y fleurissent et avaient décidé cette année d'unir leurs efforts et leur savoir-faire au service du Téléthon. Je me suis rendu à une réunion d'information qui allait dresser les premières bases de leur opération. Un message important était à faire passer : les conditions d'accréditation pour toute manifestation Téléthon. Outre les aspects éthiques et festifs, les organisateurs doivent s'efforcer de limiter les coûts de leur manifestation. Quelques conseils pouvaient agrémenter cette injonction, tel le recours aux sponsors par exemple, mais je n'ai pas eu le temps de poursuivre mon propos. Les dizaines de personnes présentes se levèrent comme un seul homme, ulcérées que l'on puisse douter de leur capacité à organiser une festivité. *« Vous ne nous faites pas confiance ! Nous en avons organisé bien d'autres et, si c'est comme ça, nous le ferons tout seuls ! »* Je leur fis remarquer qu'ils ne pourraient les appeler Téléthon si cette condition n'était pas remplie. Les discussions ont été particulièrement animées et même si je comprenais leur indignation, bien dans la fierté de mes compatriotes alsaciens, je me devais de rappeler les règles qui s'imposent aux responsables de manifestations Téléthon. Les mois passèrent jusqu'à ce Téléthon des 4 et 5 décembre 1998. Je me rendis sur quelques-unes de ces manifestations dans des communes de la région. Je commençai au petit matin par celles du val de Villé. Les Alsaciens sont des gens de cœur. Après l'indignation initiale, la même unicité s'est mise en branle au service du Téléthon. Évidemment, les conditions ont été scrupuleusement remplies et les associations du val de Villé s'étaient lancées dans une multitude d'opérations qui allaient mobiliser toute la population locale. Ce matin du 5 décembre, le jour se levait à peine et la neige commençait à tomber. Je retrouvai les organisateurs qui m'avaient conspué quelques mois plus tôt. Le cœur avait parlé et eux comme moi étions tout heureux de nous revoir, engagés dans la même cause. Les centimètres de poudreuse s'accumulant dangereusement, il me fallut vite reprendre ma route vers une autre commune à 90 kilomètres plus au nord, mon chef-lieu de canton natal (Lauterbourg) qui se lançait pour la première fois dans le Téléthon et où le parrain du Téléthon 1998, Michel Boujenah, devait descendre en rappel depuis un hélicoptère. L'hiver a été particulièrement rigoureux ce week-end de Téléthon en Alsace mais, comme toujours, les éléments n'ont pas eu raison de cet élan de générosité si mobilisateur. La population entière de certains villages s'engage activement dans la fête au travers d'actions sportives, culturelles et ludiques. Je me souviens de Durrenbach en pleine nuit, où ceux qui n'étaient pas réunis dans la salle des fêtes pour un dîner dansant au profit du Téléthon, s'activaient dans les rues du village dans un relais ininterrompu de course à pied ou à vélo. Il en va ainsi de 6 millions de Français mobilisés dans tout le pays. *«Le 14 juillet en décembre.»*

Le plafond était trop bas en cette année 1998. Malheureusement pour les organisateurs, l'hélicoptère n'a pas eu l'autorisation de rallier Strasbourg à Lauterbourg, pour la séquence de descente en rappel de Michel Boujenah. Celle-ci a finalement eu lieu à proximité du Conseil de l'Europe à Strasbourg. Je faisais partie de l'équipe qui l'accueillait au sol. Michel était mort de trouille, mais il l'a fait quand même.

Le Téléthon, c'est bien sûr aussi le 3637, ce numéro d'appel pour déposer sa promesse de don. La télématique réunit ainsi chaque année environ un million de donateurs. Cette ligne téléphonique est ouverte durant les 30 heures et des bénévoles réceptionnent les appels et remplissent des formulaires portant l'adresse des donateurs et le montant de leur promesse de don. Ce formulaire sera rapidement envoyé par la poste, partenaire du Téléthon, afin que le donateur concrétise sa promesse par un chèque qu'il introduira dans l'enveloppe en retour de courrier. Le dialogue téléphonique est bref mais souvent l'occasion d'échanges très émouvants. Il est frappant de constater que la majorité des donateurs ne paie pas d'impôts, comme si la générosité était plus marquée chez les personnes au modeste revenu. Modestes par leurs moyens financiers mais grands par leur cœur. La semaine qui suit le Téléthon, un seul centre de promesses téléphoniques reste actif. Il se situe sur le site de l'AFM à Évry. Des bénévoles des environs, de tous âges, y compris de jeunes lycéens, s'y relaient. De nombreux salariés de l'association consacrent quelques heures de leur temps pour prendre en charge les 50 lignes qui y sont ouvertes ; surtout en fin de journée lorsque l'essentiel des bénévoles est reparti. J'apprécie particulièrement ces plages de temps consacrées à ce dialogue furtif avec le public. Il constitue un trait d'union avec les «vraies gens», la réalité de la vie quotidienne de notre nation et un rappel de la responsabilité qui est la nôtre à l'égard de ce don sincère et généreux qui nous est fait, et, à travers nous, aux malades.

L'émotion est souvent très grande lorsqu'au bout du fil une personne très âgée, une petite retraitée, dont la pension permet à peine de subvenir à ses besoins, s'excuse littéralement de la petite somme qu'elle vient de nous octroyer. Nous avons l'habitude de dire que chaque don est précieux, même le plus petit. Et c'est d'autant plus vrai dans ces innombrables cas de donateurs modestes qui mettent leur cœur sur la table pour ceux que l'existence a décidé de ne pas épargner. Le terme *solidarité* prend ici tout son noble, son magnifique, son émouvant sens. Les mots sont faibles pour exprimer notre immense gratitude envers ces personnes dites modestes. Leur geste est d'une noblesse confondante[4].

Comme bien d'autres salariés de l'association il m'arrive de prendre un peu de temps pour répondre au 3637. Je me souviens de cette famille : le père est au bout du fil. Il fait don d'une somme assez importante. Il est chef d'entreprise et j'enregistre son don, comme il se doit. Avant que je ne raccroche, il me passe son épouse, elle aussi entrepreneuse, qui en son nom propre s'acquitte d'un deuxième don. Suivent alors l'un après l'autre leurs deux jeunes enfants, qui séparément me communiquent leur promesse de don. Chacun recevra à son nom l'enveloppe de concrétisation du don. Tout comme des organisateurs de manifestation qui se lancent parfois en famille dans la coordination d'événements au profit de cette cause, le Téléthon est une école du don. Les sociologues ont largement décrit le phénomène. Il s'est passé une génération depuis le premier Téléthon, les enfants qui accompagnaient leurs parents organisateurs ont souvent intégré dans leurs gènes le geste altruiste et le réflexe du don. De même ceux qui participaient aux événements festifs en tant que donateurs. Le don est devenu un geste naturel. Il ne s'adresse évidemment pas qu'au Téléthon; le don appelle le don. Le donateur soutient souvent plusieurs associations et même s'il se focalise un temps sur une cause, il orientera sa générosité ensuite sur une autre cause. Ainsi le Téléthon aura permis une prise de conscience de l'importance du don et aura profité à l'ensemble

4 Récemment, un principal de collège d'une zone défavorisée de Pont-à-Mousson nous rapportait le cas émouvant d'un jeune élève qui, faute de moyens, souhaitait payer en plusieurs fois le droit de participation de 1 € à la marche organisée par le collège au profit du Téléthon.

du tissu associatif. Grâce au Téléthon, la générosité publique en France a été multipliée par quatre[5].

J'ai en mémoire aussi cette institutrice en charge d'une classe de maternelle. Les petits ont organisé avec elle un goûter et des jeux au profit du Téléthon. Un peu plus de 200 € ont ainsi été collectés et j'ai eu la chance de prendre cette promesse de don au téléphone. L'institutrice ayant souhaité qu'un petit mot à l'adresse des enfants portant le logo de l'AFM-Téléthon accompagne l'enveloppe de confirmation du don, je me suis acquitté avec un grand plaisir de cette tâche. Ce geste de la part d'une classe de maternelle est une oasis dans la férocité du monde qui nous entoure.

Évidemment il y a aussi les coups de fils peu charitables d'anonymes se livrant à quelque canular ou, moins déplaisantes, les erreurs de numérotation. C'est ainsi que de temps en temps, le bénévole se voit demander les horaires du prochain train pour Lyon par un interlocuteur ayant composé le 3637 au lieu du 3635.

Brèves de 3637

Les anecdotes de courtes conversations croustillantes fourmillent aussi. En voici quelques-unes.

« Bonsoir, je suis fumeuse et je souhaite offrir l'équivalent d'une cartouche de cigarettes. Mais je suis vraiment désolée, je ne fume que des Gauloises, celles qui coûtent le moins cher. »

« Vu ce qui s'est passé, je double ma promesse ! » C'était en 2006, l'année de la polémique sur les cellules-souches. Le Téléthon était en effet le prétexte à une polémique lancée par des extrémistes et des groupes de pression qui profitaient de l'emballement médiatique pour faire une publicité à peu de frais à leurs thèses anti-avortement.

« Alors voilà, je regarde la télévision et ils ont dit d'appeler le 3637. Alors je vous appelle… mais c'est pour quoi ? »

5 Vololona Rabeharisoa et Michel Callon, *Le pouvoir des malades. L'Association française contre les myopathies et la recherche*, Presses de l'École des mines, 1999.

«Quand vous vous rendez compte que ce soir c'est Miss France… c'est scandaleux, une telle concurrence…»

Lorsque le bénévole prend l'appel téléphonique il commence par demander le nom du donateur appelant. Cela donne parfois des dialogues savoureux :
«Puis-je connaître votre nom, s'il vous plaît?
– Cabri.
– Comme l'animal?
– C'est cela : K-A-B-R-Y.»

Ou cette donatrice qui épelant son nom et arrivant à la lettre D, m'indique : *«D comme Ducon».*

«Allô, je vote pour Miss Normandie!… Ah bon, c'est pas le bon numéro?»
Après avoir compris qu'il n'avait pas joint TF1 mais France 2, le correspondant a tout de même généreusement accepté de réaliser une promesse de don.

Dialogue : *«Bonjour, je fais le choix 3.*
– Vous voulez dire : 3 € pour le Téléthon?
– Non, Madame, le chiffre 3!
– Je ne comprends pas, que souhaitez-vous réellement?
– Vous êtes bête! La Miss 3 sur TF1!»

«Je ne donnerai rien cette fois-ci, je me fais arnaquer depuis des années, passez-moi l'antenne!»

Autre dialogue : *«Puis-je savoir à quand remonte votre dernier don au Téléthon?*
– À l'instant!
– C'est donc la première fois?
– Non, j'ai donné l'année dernière, votre question est mal foutue!»

Et cette variante : *«Puis-je savoir à quand remonte votre dernier don au Téléthon?*
– Il y a 3 minutes, pour ma femme.»

Ou bien : *«Je donne comme l'année dernière.*
– Oui, mais combien?»

Encore un autre : *«Puis-je avoir votre adresse, Monsieur?*
– Ben... en France.»

Parfois aussi les donateurs demandent une faveur : *«Est-il possible de faire passer ma chanson préférée à la télé?»*

«Avec l'envoi du courrier, vous pouvez m'envoyer la cassette d'Anne Roumanoff, s'il vous plaît?» C'était lors du Téléthon 2010 dont elle était la marraine.

Encore un dialogue : *«Je vous remercie au nom des malades.*
– Vous savez, on est tous malades.»

C'est l'occasion aussi de gestes savoureux et touchants : *«Comme vous aurez moins, cette fois-ci, je vous donne plus.»*

Ou cette personne qui renvoie une carte postale à la présidente de l'AFM pour la remercier du courrier de cette dernière qui la remerciait pour son don.

Les acteurs de l'AFM-Téléthon ; un énorme plein d'énergie

La scène s'apparente à une sorte de salon de l'agriculture mais sans les animaux de la ferme. Un grand hall du Parc floral de Vincennes investi par des stands régionaux : Périgord, Midi-Pyrénées, Alsace, Lorraine, Franche-Comté, Bretagne, Bordelais, Outre-Mer... Les stands achalandés par des hommes, des femmes, des enfants, parfois en costumes régionaux, heureux de faire partager leurs spécialités locales aux centaines de convives qui emplissent l'immense bâtiment. Vins blancs, rouges, rosés, crémants, vins de paille, moelleux, secs ou liquoreux, eaux-de-vie cohabitent joyeusement avec les foies gras, rillettes, saucissons, knacks, crêpes, kouglofs, cassoulets, maroilles, camemberts, époisses, fruits de mer. Une foule bigarrée virevolte et passe allègrement d'un stand à l'autre dans un gai brouhaha. Le hall est immense mais il paraît trop petit tant il y a de monde. On s'agglutine mais sans jouer des coudes. Les fauteuils roulants accompagnés parfois de Golden retriever et de Labrador d'assistance formés par Handi'Chiens, se faufilent tranquillement, car on leur fait la place, tout naturellement ; ils sont chez eux. On a l'impression que tous se connaissent, enchantés de se retrouver après des mois d'éloignement. On échange des breuvages et des spécialités culinaires mais surtout des sourires et des accolades. Le chaland et l'exposant sont amis, souvent de longue date, unis par l'épreuve de la maladie et soudés par une cause commune. On fait honneur à ce concentré de gastronomie française et de douceur de vivre mais il ne s'agit pas d'un salon régional. C'est le Buffet des régions, qui conclut de la manière la plus conviviale qui soit, le premier des deux jours de l'assemblée générale de l'AFM-Téléthon ou Journées des familles. Le cœur palpitant de l'association est symbolisé dans cet événement hors du temps. Oui, la maladie est présente, si présente... Mais refuser, résister, guérir ne sont pas de vains mots. Ici, on célèbre la force supérieure donnée à la vie. L'espace de cette effervescence festive, on jette les affres de la maladie loin derrière soi, par-delà les murs de ce hall où règnent les effluves culinaires. On se soigne à grandes doses de retrouvailles et on trinque à l'amitié et aux jours meilleurs.

Au milieu de cette foule hétéroclite et pourtant si soudée de malades, de familles, d'accompagnants, de coordinateurs de manifestations Téléthon, circulent des chercheurs, des médecins et des salariés de l'association emportés dans ce tourbillon exubérant d'énergie et de chaleur humaine. Ce soir-là également, un scientifique, patron d'une biotech hollandaise. Il fait partie d'un des comités d'experts de l'AFM-Téléthon. Son expérience est précieuse. Comme d'autres experts auprès de l'association il doit participer le lendemain à la séance plénière annuelle du conseil scientifique de l'AFM-Téléthon, qui se tient juste à côté en marge des Journées des familles. Le voilà emporté dans le tourbillon gargantuesque. Tout y passe : les pâtés, le bon vin, les gâteaux, ponctués de tapes amicales et d'encouragements teintés d'admiration de la part des congressistes. Un sourire épanoui et des yeux grands ouverts ne quittent plus son visage devenu presque poupin. « *C'est incroyable,* me confie-t-il, *je viens de visiter la France en deux heures.* » Mais c'est bien plus qu'un survol de la douceur de vivre de notre pays qu'il aura trouvé. C'est un sens profond à son activité de chercheur et de développeur, un lien direct avec l'objet de son travail. Des visages et des regards désormais sur des mots qui qualifiaient son univers professionnel. Avec l'abondance des mets et des breuvages, c'est aussi un énorme plein d'énergie et de motivation qu'il a pu engranger.

Il y a plus de 10 ans, ce collègue hollandais s'efforçait tant bien que mal de maintenir à flot sa petite biotech qui développait des molécules capables de faire du saut d'exon (ce terme technique est expliqué plus loin, voir chapitre 4, « Le saut d'exon, saut technologique ») et suivantes pour la myopathie de Duchenne. À cette époque, on ne savait pas encore quelle stratégie thérapeutique était la plus appropriée et comment la mettre en œuvre. Les investisseurs ne se bousculaient pas autour de sa société moribonde et seules deux associations misaient encore sur elle (Le Parent Project hollandais et l'AFM). Depuis, son programme de recherche a fait du chemin : son produit est en phase finale de développement et aux portes de l'enregistrement en tant que médicament pour le saut de l'exon 51 dans la myopathie de Duchenne. Cette société, Prosensa, a convaincu le géant pharmaceutique GSK de prendre en charge cette phase finale, particulièrement coûteuse. Et d'autres exons, pour d'autres malades suivent de très près. Le domaine est désormais en pleine ébullition et doit beaucoup à ce collègue hollandais. Il sait aussi ce qu'il doit à l'AFM.

Cette joyeuse communion du Buffet des régions scellait en quelque sorte cette reconnaissance réciproque.

4

CHAPITRE

Des innovations et des succès fondateurs

●●● *« C'était chouette le progrès. Mais ça fait trop longtemps que ça dure. »*

James Thurber (1894-1961)

Ce chapitre, pour être exhaustif, aurait pu constituer un catalogue fastidieux et technique et sa lecture aurait sans doute nécessité d'être accompagnée d'un solide comprimé d'aspirine. L'aspirine est un médicament extraordinaire (l'appendice – 6 raconte l'histoire de cette molécule unique) mais, du fait de ses nombreuses propriétés, il présente des effets secondaires qu'il faut prendre en considération.

Pour ne pas sombrer dans ce piège, la stratégie et l'histoire scientifique de l'association dans les chapitres suivants, et le déploiement des moyens mis à sa disposition par le Téléthon, sont décrits sous forme de feuillets. Ils se succèdent comme autant d'histoires personnelles dans lesquelles il est possible de picorer à loisir.

« De petits ennuis de santé, apparemment sans gravité, marquèrent la première année de la vie de notre fils. Ce n'était pas tout à fait un enfant sans problème et, comme tous les jeunes parents, nous nous faisions un peu de souci. Les mois passèrent et les choses semblèrent rentrer dans l'ordre. Cet enfant était si beau, et surtout si sage ! Nous pouvions le laisser de longues heures couché sur le tapis ; nous le retrouvions toujours à la même place. Nos amis nous enviaient, eux dont les petits diables du même âge devaient faire l'objet d'une constante surveillance. Nous étions d'autant plus heureux de ce calme que nous attendions déjà notre deuxième enfant. Il naquit au printemps 1948. C'était encore un garçon. Jean-Louis avait alors dix-neuf mois. On ne parlait plus d'enfant « sage »,

mais d'enfant «paresseux» [...] Les années passèrent et la famille s'agrandit : après les deux garçons, deux filles. Au moment de la naissance de la plus jeune, Jean-Louis avait quatre ans et demi. Pendant ces années, les diagnostics avaient succédé aux diagnostics, les traitements avaient succédé aux traitements et l'état de notre aîné n'avait cessé de se dégrader. Il avait quand même fini par se décider à marcher, un peu avant son deuxième anniversaire. Mais quelle démarche ! Le dos creusé et les bras écartés comme un funambule en quête d'un équilibre instable, dix à vingt chutes par jour et, pour se relever, d'énormes difficultés [...] En outre, à l'occasion de l'ablation d'un kyste bénin à la fesse, intervention pratiquée vers trois ans, le chirurgien avait été fort surpris de ne trouver sous son bistouri aucune trace de fibre musculaire. Et nous, les parents, avions posé alors, sans le savoir, le diagnostic qui allait se révéler le plus proche de la vérité : et si l'anomalie constatée à l'occasion de cette intervention était le signe d'une altération généralisée du tissu musculaire, cela expliquerait bien des choses... Hélas ! L'ignorance du corps médical en matière de maladies musculaires était alors quasi totale ; et personne n'eut seulement l'idée d'utiliser, comme élément de diagnostic, un examen approfondi du tissu qui venait d'être prélevé. Il fallut encore attendre un an avant que fût enfin prononcé pour la première fois le mot de «myopathie», assorti d'une définition pour le moins succincte et imprécise : «maladie du corps musculaire». Origine ? Pronostic ? Traitement ? Autant d'interrogations restées sans réponse [...] Au cours des mois suivants, l'inquiétude naît et grandit pour notre petit dernier. Trop sage, comme l'aîné auquel il ressemble, puis, très vite, comme lui aussi, «paresseux», ce petit Thierry nous donne l'impression de revivre cinq ans plus tard les mêmes soucis. La terrible réalité va s'imposer progressivement et, lorsque le diagnostic sera fait, il ne sera qu'une confirmation de ce que nous avons déjà compris depuis longtemps : deuxième cas de myopathie.»[6]

L'opération Téléthon, qui visait initialement à collecter 50 millions de francs pour créer une consultation pluridisciplinaire, offrit bien davantage à l'association. Pour apprécier le chemin parcouru, il convient de se rappeler la situation des malades neuromusculaires il y a 30 ans. On parle de centaines de maladies différentes, affectant les muscles ou les neurones moteurs ou sensitifs. En 1987, à l'aube du premier Téléthon, le gène responsable n'était identifié que pour une seule d'entre elles : celui de la dystrophie

6 Yolaine de Kepper, *Les enfants myopathes. Un pari sur l'espérance*, Paris, Librairie Arthème Fayard, 1988, p. 19-21.

musculaire de Duchenne annoncé au congrès de l'AFM de Tours en 1986. Un arbre isolé dans un désert scientifique mais dont l'ombre allait favoriser l'éclosion d'une véritable révolution médicale. Cette avancée alimentera un vent d'optimisme irrésistible qui allait balayer le domaine des maladies rares et au-delà. Il souffle encore aujourd'hui.

Les maladies rares, problème de santé publique

Les maladies rares se définissent par leur prévalence : elles touchent moins d'une personne sur 2000 selon la définition européenne (moins de 200000 personnes sur le territoire américain selon la définition américaine). Cependant, de par leur nombre élevé (au moins 7000, rappelons-le, selon les chiffres des NIH américains (National Institutes of Health) ou d'Orphanet), 6 à 8 % de la population mondiale seraient concernés par ces maladies, soit 30 millions d'Européens (3 millions de personnes en France). Une cinquantaine de maladies rares touchent chacune quelques milliers de personnes en France, alors que 500 autres n'en atteignent que quelques centaines et des milliers d'autres ne touchent que quelques dizaines de personnes. Cinq nouvelles pathologies sont décrites chaque semaine dans la littérature médicale.

Elles sont caractérisées par :

- un début précoce dans la vie, avant l'âge de 2 ans dans deux tiers des cas;
- des douleurs chroniques chez un malade sur cinq;
- la survenue d'un déficit moteur, sensoriel ou intellectuel dans la moitié des cas, à l'origine d'une incapacité réduisant l'autonomie dans un cas sur trois;
- la mise en jeu du pronostic vital dans presque la moitié des cas, les maladies rares expliquant 35 % des décès avant l'âge de 1 an, 10 % entre 1 et 5 ans et 12 % entre 5 et 15 ans.

Avec 3-4 % des naissances et le fait que personne n'échappe à la présence de mutations potentiellement pathologiques dans son propre génome, les maladies rares représentent donc un problème majeur de santé publique. Un problème trop longtemps ignoré.

Les maladies neuromusculaires qui sont au cœur du combat de l'AFM sont souvent désignées par un vocable : « la myopathie ». Mais il ne désigne pas UNE seule maladie bien identifiée, mais bien quelque 300 maladies touchant le système locomoteur. La plupart sont d'origine génétique et toutes sauf une étaient donc d'origine inconnue avant le premier Téléthon. Beaucoup d'entre elles sont mortelles dès l'enfance et nombre d'entre elles sont souvent très invalidantes.

Les maladies rares sont dites orphelines car dépourvues de traitement et de peu d'intérêt pour l'industrie pharmaceutique. À titre de comparaison, les efforts mondiaux en matière de Sida n'ont cessé de s'accroître (et c'est tant mieux !), passant de 300 millions de dollars en 1996 à 10 milliards en 2007 et 14 milliards en 2008. On estime les efforts de recherche dans le domaine des maladies rares en France 10 à 15 fois inférieurs, à ceux déployés contre le cancer ou les maladies infectieuses. Le Sida concerne 37 millions de personnes dans le monde. Une maladie fréquente qui exige des efforts conséquents de recherche et de prise en charge. Les maladies rares sont pratiquement aussi nombreuses rien que sur le seul territoire européen. La France compte presque autant de malades neuromusculaires que de personnes contaminées par le VIH. Il ne s'agit évidemment pas ici d'opposer les maladies et les causes qui les défendent. Le propos a pour seul objectif de fixer le contexte particulièrement défavorable aux maladies rares et aux maladies neuromusculaires, confrontées à l'ignorance, l'absence d'intérêt des acteurs socio-économiques et de bien des scientifiques. Et ces chiffres contredisent ceux qui voudraient faire croire que trop de moyens vont aux myopathies.

Une stratégie d'intérêt général

Aujourd'hui – et nous le devons aux travaux pionniers de Généthon, dont les cartes du génome ont permis à de nombreux laboratoires et aux consortiums internationaux de disposer des outils indispensables à l'accélération de son décryptage –, bien des gènes à l'origine des maladies rares et les trois quarts de ceux responsables des maladies neuromusculaires sont connus. Ce domaine a depuis quelques années changé encore de dimension. L'avènement du séquençage à très haut débit grâce à des machines de plus en plus sophistiquées offre à la communauté scientifique une capacité de scrutation du génome humain et donc d'identification de gènes morbides en croissance exponentielle (la vitesse de séquençage croît plus rapidement que celle de la mémoire des ordinateurs – pour plus de détails vous pouvez vous reporter à l'appendice – 4).

Les avancées de la recherche qui ont suivi, impulsées grâce à l'AFM, se sont opérées en deux grandes phases : comprendre pour soigner et imaginer les thérapeutiques. Dès que les moyens conceptuels et techniques nécessaires à l'identification des gènes ont commencé à être établis, l'AFM a mis en œuvre une politique particulièrement dynamique d'identification de ces gènes, dans l'objectif de donner à la communauté scientifique les outils nécessaires pour découvrir rapidement les gènes responsables de maladies. La banque de Généthon a stocké les éléments sanguins et tissulaires (actuellement, 77 000 personnes et leur famille atteintes de 413 pathologies, dont 80 % sont des maladies rares mais 20 % seulement sont neuromusculaires) ; elle continue, avec son service de collecte, étendu à une vingtaine de pays, à participer largement à la poursuite de la recherche sur les maladies génétiques. Les 10 banques créées et financées par l'AFM (notamment à l'hôpital Cochin, à Nancy, à Marseille…) ont elles aussi rassemblé les moyens permettant une recherche efficace en génétique humaine. Leur démarrage assuré, l'AFM a transféré ces banques aux organismes de santé publique et aux projets européens s'adressant à l'ensemble des maladies rares (Eurobiobank). Les cartes du génome, les banques d'ADN et de tissus, les outils développés ont ainsi contribué à une accélération foudroyante de la génétique et à placer la France en pointe dans ce domaine. Il s'agit d'une étape majeure dans le domaine de la biologie, de la biologie moléculaire et de la compréhension des mécanismes des maladies rares mais aussi fréquentes. C'est le cas par exemple des maladies cardio-vasculaires pour lesquelles la découverte de mutations génétiques a révolutionné la compréhension physiopathologique. De la même manière, des gènes de susceptibilité à certains cancers ont été identifiés grâce à l'initiative de l'AFM[7].

Pour les affections génétiques rares, le diagnostic génétique est rendu possible pour de nombreuses maladies et l'orientation des recherches sur

7 Par exemple, de 1993 à 1997 : cancer colorectal en collaboration avec des équipes américaines, finlandaises, canadiennes, néo-zélandaises; cancer de la cavité buccale; prostate; sein en collaboration avec des chercheurs canadiens, anglais et français; ovaire; carcinome de la cellule basale névoïde; col de l'utérus : un gène suppresseur a été localisé en 1994 sur le chromosome 11 (en 11q22-q24); poumon; mélanome; rétinoblastome; tumeur de Wilms; ainsi que des projets de modélisation de certains cancers (jusqu'en 2000).

les mécanismes physiopathologiques est donnée. Il faut reconnaître ici le rôle pionnier joué par Jean-Claude Kaplan. Parallèlement à des activités de recherche orientées vers la thérapeutique, l'équipe qu'il a dirigée a déployé au fil des années, avec un soutien essentiel de l'AFM, une activité de diagnostic moléculaire de plus en plus sophistiqué des dystrophinopathies (au niveau, ADN, ARN et protéine)[8]. Ses collaborateurs (Dominique Récan, France Leturcq, Djamel Chelly) ont porté leur laboratoire au statut de centre de référence national (auquel s'adressent souvent des équipes étrangères des deux côtés de l'Atlantique) et ont éclairé la voie pour les nombreux autres diagnostics moléculaires (hémoglobinopathies, hémophilie, mucoviscidose, X-fragile, chorée de Huntington, amyloses héréditaires, etc.). Kaplan rappelle : *« Ceci nous a permis de constituer une sorte d'oasis où l'on pratique les diagnostics moléculaires les plus difficiles, notamment pour les cas où les autres laboratoires avaient échoué. C'est ce que j'appelle de la « lutherie moléculaire », car nous ne sommes pas robotisés, nous travaillons au cas par cas et nous passons des heures voire des journées entières à débrouiller un diagnostic prénatal ou un conseil génétique particulièrement délicat. Nous ne travaillons pas à la chaîne. Mais je ne sais pas combien de temps cela va durer. J'ai conscience que nous sommes à contre-courant de la tendance actuelle. Aujourd'hui, on voudrait centraliser tous les ADN dans un seul laboratoire en France, voire en Europe. En fait chaque gène a ses particularités, vous ne pouvez pas imaginer une stratégie commune de diagnostic pour tous les gènes [...]. Les vingt dernières années ont été dominées par mes relations avec l'AFM. C'était un retour aux sources puisqu'en revenant aux myopathies, je reprenais une thématique où l'école Schapira s'était beaucoup investie trente ans plus tôt [...]. Du conseil scientifique où j'ai succédé à Georges Schapira j'ai pu suivre de l'intérieur, pendant près de vingt ans, l'essor de l'association, sous la direction visionnaire de Bernard Barataud. Avoir vécu la période de l'âge d'or de la génétique moléculaire (1980-2000) pendant ces années de compagnonnage représente le sommet de mon existence. »*[9]

Avec le diagnostic génétique, la possibilité de diagnostic préimplantatoire (exclure les embryons porteurs de mutations gravissimes ou létales) et de diagnostic prénatal (pouvant permettre l'interruption médicale de grossesse pour des fœtus porteurs de ces mêmes mutations graves ou létales)

8 Maladies liées à un défaut de la protéine musculaire dystrophine.

9 Source : base Histrecmed.

qui permet aux couples « à risque » (déjà confrontés à la maladie rare grave ou issus de familles ayant des antécédents de maladies rares graves) qui le souhaitent de se lancer dans un projet parental. En 2000, naît le premier enfant indemne d'une maladie génétique gravissime grâce au diagnostic préimplantatoire. Un acquis majeur selon Axel Kahn.

Les cartes du génome ont permis, directement ou indirectement, de découvrir des milliers de gènes. Avec aujourd'hui les moyens de séquençage à très haut débit réalisé par des machines hypersophistiquées, l'accès au séquençage des génomes humains s'est grandement accéléré, mais la masse d'information demande à être analysée. Cela amena à la création d'un nouveau métier, celui de bio-informaticien, qui n'était ni biologiste, ni informaticien, et qui était mal vu par les deux parties car il émergeait des deux côtés à la fois. La bio-informatique est un domaine en pleine expansion, où la France malheureusement accuse un retard abyssal. J'ai eu l'occasion il y a 12 ans d'assister à Bangalore en Inde à une remise de diplômes à de jeunes bio-informaticiens indiens élevés littéralement en batterie à cette nouvelle discipline. La France manque de séquenceurs à très haut débit et de bio-informaticiens. Les jeunes Français issus des rares formations de bio-informatique sont très rapidement captés par les grandes firmes et les universités étrangères.

Les maladies rares, modèles de maladies fréquentes

La machinerie biologique est un édifice d'une sophistication sans pareil, une merveille d'horlogerie dont plus les scientifiques apprennent les rouages, plus ils sont éblouis. Le corollaire de cette sophistication est sans doute la probabilité accrue que de petits grains de sable viennent en perturber l'harmonie. Une simple faute d'orthographe peut bouleverser de manière délétère le contenu d'une phrase. Au gré du temps, de l'évolution, de l'insertion d'un hôte infectieux dans notre patrimoine génétique, d'erreurs intrinsèques de recopiage de notre ADN à chaque division cellulaire, de subtiles et parfois grossières modifications surviennent dans notre génome. Ce mécanisme semble nécessaire à notre adaptation à l'environnement mais il lui arrive malheureusement aussi de conduire à la maladie. Chacun d'entre nous a donc un ADN truffé de différences ponctuelles ou profondes. Certaines d'entre elles nous sont utiles mais d'autres représentent autant de bombes à retardement génétiques. Un simple calcul statistique intégrant la probabilité d'erreurs au cours de la réplication de l'ADN (une sur un million), le nombre de divisions cellulaires au cours de la vie, sans compter l'influence des agents mutagènes, amène à la conclusion que nous sommes tous porteurs d'au moins 10, peut-être plusieurs centaines de mutations susceptibles de provoquer une maladie génétique. Immanquablement nous en transmettons à notre descendance. D'autres vont survenir au hasard des lois de la génétique. Ainsi, lorsque vous croisez les gens dans la rue, 1 sur 50 porte le gène responsable de l'amyotrophie spinale infantile. En France, 2 millions de personnes sont porteuses sans le savoir du gène responsable de la mucoviscidose. Même si cette prévalence varie considérablement d'une maladie génétique à l'autre, le nombre cumulé de ces maladies (plus de 7000) nous amène à la conclusion que définitivement non, personne n'est à l'abri d'une maladie génétique. Non, cela n'arrive pas qu'aux autres, c'est en nous. Cette probabilité s'accroît avec les croisements consanguins. On s'aperçoit que la diversité génétique est indispensable à la préservation de l'espèce. Les mariages intrafamiliaux entretiennent l'occurrence de la « tare » génétique (un exemple célèbre est celui de la reine Victoria du Royaume-Uni qui a transmis l'hémophilie aux familles royales d'Espagne, d'Allemagne et de Russie). Selon le caractère dominant (un seul chromosome de la paire suffit pour déclencher la maladie) ou récessif (les deux chromosomes de la paire doivent être porteurs), plus les mariages sont hétérogènes, plus la probabilité de perdre la tare génétique avec les générations s'améliore. Quoi qu'il en soit, nous sommes tous porteurs de mutations et il n'y a pas de place pour un communautarisme génétique, contrairement à ce que disent la tradition et les extrémistes qui comptent la détourner à leur profit idéologique. Ainsi les maladies génétiques peuvent être surreprésentées dans certaines populations ethniques, religieuses ou isolées géographiquement. Le plus souvent ces maladies n'ont cependant pas de frontières. La dystrophie musculaire de Duchenne touche invariablement les populations humaines tout autour du globe. Et même si la maladie de Tay-Sachs est considérée comme spécifique des Juifs ashkénazes, elle est tout de même retrouvée, à un moindre degré certes, chez des Canadiens français et des Cajuns de Louisiane. La dystrophie myotonique de Steinert est universelle ; c'est même la maladie neuromusculaire de l'adulte la plus fréquente. Sa prévalence mondiale est de 1/20000 mais elle est bien plus élevée (1/500) dans certaines régions du Québec (on a pu remonter jusqu'à son introduction au Canada à partir d'une famille immigrante poitevine au XVIIe siècle). Si la consanguinité et l'exiguïté génétique constituent des facteurs aggravants, ils peuvent cependant représenter des atouts pour les chercheurs. En effet, pour découvrir les gènes responsables des maladies héréditaires, il est plus commode (parfois indispensable) d'étudier des familles dans lesquelles la maladie est très présente, et par comparaison des génomes de membres malades et non malades de ces familles, mettre le doigt sur la particularité génétique synonyme de causalité. C'est ainsi que les premières campagnes d'identification de gènes responsables de maladies neuromusculaires se sont beaucoup appuyées sur des coopérations avec des familles du pourtour méditerranéen. À l'initiative de cette aventure, l'un de mes prédécesseurs, Robert Manaranche. Les quelques lignes en encadré page suivante le font témoigner, en hommage à son action. Plusieurs myopathies ont pu être caractérisées génétiquement grâce au concours des familles locales et des collaborations étroites avec des médecins et généticiens de différents pays. Il existe par exemple maintenant des unités Inserm mixtes impliquant des équipes françaises et libanaises. Le Téléthon qui a fait des petits, par exemple à Chypre, a permis l'établissement d'un centre de référence sur place dont les travaux ont constitué des avancées majeures dans le domaine. Lefkos Middleton, son directeur scientifique, est devenu professeur à l'Imperial College à Londres et a été responsable de la neurologie chez le géant pharmaceutique GSK.

L'AFM a été un moteur dans ce domaine, non seulement en établissant la banque d'ADN, de tissus et de cellules la plus grande d'Europe, mais aussi par l'identification directe de gènes de maladies neuromusculaires par les équipes de l'Institut de myologie à l'hôpital de la Pitié-Salpêtrière, le travail inlassable de réseaux internationaux collaboratifs et à grâce au celui de médecins tels que Michel Fardeau, Andoni Urtizberea, Wahiba Boucharef ou de pionniers de l'association (Jacques et Françoise Salama, Mireille Peirano…). Le travail de terrain a pu être relayé grâce au rapprochement d'associations à caractère international (Fitima – Fondation Internationale Tierno et Mariam EAMDA – European Alliance of Muscular Dystrophy Associations). Évidemment, ces coopérations ne se limitent pas au champ de la génétique ; elles permettent aussi l'établissement de standards de prise en charge de la maladie et la rupture de l'isolement de familles touchées. Il ne faut pas croire que cette forme de désert médical n'affecte que des pays moins dotés. Il nous arrive encore aujourd'hui de découvrir dans notre propre pays des familles isolées avec plusieurs membres touchés et gravement handicapés, sans prise en charge médicale et psychologique. Leur isolement peut s'expliquer par une précarité sociale, un manque d'accès aux technologies de l'information ou par la volonté de s'exclure de la société par une sorte de honte irraisonnée. Toutes les classes sociales sont néanmoins concernées. On connaît des familles très aisées et visibles socialement, qui tiennent à garder secrète la maladie qui les frappe. J'ai aussi un jour reçu la visite d'un très riche businessman néozélandais dont trois enfants étaient touchés par la myopathie de Duchenne. Même s'il disposait des moyens pour accéder aux meilleurs spécialistes, les naissances rapprochées de ses enfants s'étaient produites avant que l'aîné ne développe les premiers signes de la maladie (en général entre 2 et 6 ans).

Les maladies rares sont une forme de quart-monde des pays occidentaux. Et elles frappent encore plus dramatiquement les populations du tiers-monde. On appelle encore dans certains pays d'Afrique les jeunes Duchenne « les enfants-serpents ». Les muscles des Duchenne en effet, lorsqu'ils atteignent un stade avancé de la maladie, deviennent incapables de soutenir la colonne vertébrale. Surviennent progressivement une scoliose de plus en plus sévère et l'impossibilité de dresser le torse, ne serait-ce que pour respirer moins difficilement. Il faut alors avoir recours à une chirurgie orthopédique lourde, l'arthrodèse, qui consiste à implanter des prothèses rigides de part et d'autre du rachis pour laisser progressivement le processus d'ossification fusionner la colonne vertébrale et les prothèses, lesquelles, ainsi enchâssées, rigidifient complètement (mais définitivement) le tronc. Cela libère pendant un temps la capacité respiratoire et surtout apporte un nouveau confort orthopédique minimum (même si l'assistance respiratoire sera à terme nécessaire). On imagine aisément le destin des enfants Duchenne dans les pays sous-développés et on comprendra le sobriquet d'enfants-serpents. Ces enfants n'auront même pas la chance de bénéficier d'opérations médiatiques spectaculaires (mais tout aussi ponctuelles que magnifiques) à l'image des chirurgies délicates à cœur ouvert. Une immense cohorte de malades touchés par les maladies génétiques reste condamnée à la torture dans le silence et l'anonymat.

Témoignage de Robert Manaranche*

J'ai été nommé directeur scientifique de l'AFM à la période un peu cruciale où ont été conçus Généthon et l'Institut de myologie. [....] Il se trouve que du fait de mes origines pieds-noires je connais assez bien l'Afrique du Nord. La population du Maghreb est encore très agraire et il existe beaucoup de consanguinité avec des familles comptant de nombreux enfants. En Algérie, il est encore très fréquent de se marier entre cousins germains, ce qui est devenu tout à fait exceptionnel en France. Comme on sait : le bonheur des généticiens, c'est d'avoir des grandes familles consanguines avec beaucoup d'enfants, ce qui est aujourd'hui rarissime sous nos latitudes, mais pas en Afrique de Nord. J'ai donc proposé à une vingtaine de médecins nord-africains réunis à Évry une sorte de contrat. Je me souviens leur avoir dit : *«je voudrais vous rassurer, on ne va pas revenir au pacte colonial, on ne fera pas non plus comme les Américains qui viennent chez vous, prélèvent du sang et retournent chez eux en vous laissant tomber. Non, ce que je vous propose si vous nous donnez accès à des familles atteintes de ces maladies rares à travers vos consultations, qu'en échange, nous accueillons vos jeunes chercheurs dans nos laboratoires pour les former et éventuellement nous équiperons des laboratoires chez vous.»* C'est ainsi que j'ai aidé à la création du laboratoire du Pr Ben Hamida à Tunis, que nous avons formé des gens en Algérie, notamment à la banque du sang à l'institut Pasteur d'Alger, de même qu'au Maroc où nous avons financé une banque de cellules et nous avons placé des jeunes Marocains en stage de formation chez Jean-Claude Kaplan à l'hôpital Cochin.

* Base Histrecmed 2002

Un destin réservé aux pays pauvres? Que nenni! La MDA, l'association des maladies neuromusculaires américaine (celle qui a lancé le premier Téléthon), est contrainte de financer son propre réseau de cliniques spécialisées pour assurer l'accès des malades américains à une prise en charge adaptée. Les deux tiers de son budget y sont consacrés. Nous avons encore la chance dans notre pays de disposer d'un tissu hospitalier reposant sur l'implication forte de l'État. De ce fait, l'AFM peut se permettre de consacrer la plus forte proportion de son budget (environ les deux tiers du Téléthon) à la recherche. Notre budget recherche est ainsi 2,5 fois supérieur en valeur absolue à celui de la MDA. Notre système est-il parfait pour autant? Malheureusement, nous en sommes loin. Il a fallu aussi à l'AFM initier un programme de labellisation de centres de référence neuromusculaires au sein de certains CHU. Ces centres pluridisciplinaires permettent une prise en charge centralisée des malades, dont les handicaps moteurs, pulmonaires, cardiaques, digestifs ou neurologiques peuvent être extrêmement lourds. On leur évite ainsi les transferts et les attentes interminables entre services spécialisés, réduisant considérablement les contraintes et les journées d'hospitalisation. Ces centres de référence assurent une prise en charge médicale véritablement adaptée, que les services hospitaliers n'ont ni les moyens d'assurer ni les compétences pour le faire. L'AFM s'est engagée aux côtés de l'État, mais on constate trop souvent que les subsides du ministère de la Santé octroyés aux programmes neuromusculaires et maladies rares ne parviennent pas toujours aux équipes destinataires. Les CHU, englués dans leurs déficits endémiques, n'hésitent parfois pas à capter ces subsides pour les consacrer à d'autres usages. De la même manière, nous recevons trop de témoignages d'équipes de recherche neuromusculaire essuyant des refus de financements de type ANR (Agence nationale de la recherche) ou PHRC (subventions pour la conduite d'études cliniques) au motif que *«l'AFM financera»*. Comme si le Téléthon devait constituer un impôt bis, dont les fonds viendraient se substituer aux déficiences de l'État en matière de crédits de recherche.

Une profusion de connaissances en biologie humaine

L'identification de gènes dont les mutations sont responsables de maladies génétiques permet de renseigner sur la fonction des gènes en cause. En effet, bien mieux que chez les animaux transgéniques dont les gènes sont artificiellement inactivés, les répercussions de l'absence de fonction d'un gène responsable d'une maladie génétique permettent de comprendre le rôle joué par ce gène dans le contexte humain (ce propos est illustré un peu plus loin). Le soutien à cette recherche fondamentale a permis d'identifier de nombreuses cibles thérapeutiques. Cela passe aussi par la compréhension des mécanismes fondamentaux de la formation, la dégénérescence et la régénération du système nerveux central, du système nerveux périphérique, du cœur, ou des mécanismes de l'immunité.

La génétique est née de l'observation des maladies héréditaires. Les maladies constituent des modèles d'anomalies biologiques offrant aux chercheurs une compréhension de ce que les processus normaux ne révèlent pas. Très souvent l'équipe qui cherche à comprendre le rôle physiologique d'un gène donné construit des modèles cellulaires et des animaux transgéniques à partir de la mouche du vinaigre ou d'autres animaux y compris les mammifères dont la très populaire *Mus musculus*[10] (la souris

10 Pour la petite histoire, le terme «muscle» que les Grecs ont attribué à ce tissu leur a été inspiré par l'image d'une souris se déplaçant sous la peau pour expliquer le gonflement lors de la contraction du biceps.

de laboratoire). Par génie génétique on invalide un gène et on étudie l'impact de cette inactivation sur le fonctionnement de l'organisme rendu ainsi défectueux. Les conséquences physiologiques du défaut génétique induit renseignent sur le rôle joué par ce gène. Par exemple, le gène RPE65 est nécessaire au recyclage de la vitamine A dans la rétine. Son analyse sous toutes les coutures dans les différents modèles animaux a permis de comprendre son rôle et sa responsabilité dans une forme particulière de cécité. Bien entendu ces informations sont précieuses et sont analysées dans le contexte de modèles imparfaits, car elles sont soit sorties de leur environnement biologique intégré (la culture cellulaire) soit dans celui d'un organisme animal certes entier mais non humain. Or, la maladie génétique peut être aussi considérée (sans être péjoratif) comme un modèle transgénique dans le contexte humain. Les répercussions de l'anomalie génétique chez les malades offrent une mine de renseignements complètement pertinents puisque dans les conditions d'un organisme entier humain. Les milliers de gènes responsables de maladies génétiques voient ainsi leur rôle physiologique précisé. On comprend mieux comment fonctionne notre organisme grâce aux maladies rares. La nature des anomalies génétiques apporte également des renseignements utiles sur la manière dont fonctionne notre ADN. C'est en identifiant les gènes en cause dans certains cancers rares (le premier l'a été dans les années 1970, le gène Rb responsable du rétinoblastome, une tumeur du globe oculaire, puis le gène p53 qui provoque des cancers multisystémiques dans le syndrome de Li-Fraumeni). On a compris que ces gènes jouent un rôle clé dans la division cellulaire ou dans des mécanismes de régulation de la mort cellulaire.

D'autres gènes, par exemple ceux de la famille de XP, sont responsables de la maladie des enfants-lune (ou *Xeroderma pigmentosum*). La peau de ces malades ne supporte pas la lumière du jour (en réalité les rayons ultraviolets du soleil), ce qui les oblige à se couvrir de la tête aux pieds pour se mettre complètement à l'abri de toute pénétration lumineuse, sous peine de dommages cutanés et oculaires irréparables, en particulier des tumeurs malignes. On les appelle les «enfants-lune», car ils ne peuvent évoluer à l'air libre que la nuit. Cette maladie a été rapprochée de certains mythes, en particulier la légende des vampires dont l'hypersensibilité aux ultraviolets est un point commun. Comme on y voyait un aspect démoniaque, ces enfants ont été longtemps ostracisés, appelés également «enfants-vampires» ou «enfants de la nuit». Concrètement, certains mécanismes de réparation de l'ADN sont inopérants, en particulier la réparation par excision de nucléotides. Les mutations dues à l'environnement (surtout les ultraviolets) se multiplient donc librement lors de la division cellulaire. Les gènes XP sont impliqués dans la réparation de l'ADN. Celui-ci subit en permanence l'agression d'agents mutagènes induisant des cassures et des anomalies de séquences qui nécessitent des remises en état continues. Un ensemble complexe de mécanismes intervient dans ces processus de réparation. L'anomalie des protéines impliquées dans ces mécanismes est ainsi responsable de toute une série de maladies rares dont fait partie le *Xeroderma pigmentosum*. C'est ainsi que des dizaines de gènes ont été découvertes pour leur rôle fondamental dans la division et la mort cellulaire programmée, la suppression de tumeurs, la réparation de l'ADN. Autant de mécanismes biologiques fondamentaux élucidés grâce aux maladies rares.

C'est également en analysant les formes de maladie d'Alzheimer familiales que l'on a découvert les protéines impliquées dans la maladie et les voies métaboliques qui les mobilisent. C'est en mettant le doigt sur les gènes de maladies mitochondriales (ils sont près de 2000 !) que l'on comprend mieux le fonctionnement de la mitochondrie, cette petite centrale énergétique de la cellule. Sans mitochondrie, pas de fonctionnement cellulaire, pas de vie. Pas une maladie qui ne passe à un moment ou à un autre par une souffrance mitochondriale. Des maladies fréquentes en sont aussi directement dépendantes (Parkinson, Alzheimer, cancer ou vieillissement).

La myosite à inclusion, affection touchant les muscles squelettiques, est un autre exemple intéressant pour l'Alzheimer. La myosite existe sous une forme génétique bien caractérisée et des formes sporadiques d'étiologie inconnue. L'analyse précise des altérations histologiques des muscles montre une accumulation dans des agrégats intracellulaires de toute une série de protéines (la protéine bêta-amyloïde, la protéine tau...) qui se trouvent être les mêmes protéines agrégées que dans la maladie d'Alzheimer. La myosite à inclusion est une sorte de dégénérescence sénile musculaire miroir de la dégénérescence cérébrale de l'Alzheimer. Le muscle est plus facile à étudier (on peut facilement en prélever des échantillons, les analyser, les mettre dans des boîtes de culture, les observer de manière plus ou moins invasive, ce que l'on ne peut réaliser pour le cerveau, ou alors post-mortem). En ce sens, la myosite à inclusion est un modèle au niveau musculaire de la maladie d'Alzheimer.

Un autre exemple fascinant d'une maladie rare neuromusculaire est représenté par l'amyotrophie spinale infantile, maladie du neurone moteur de la moelle épinière. Le gène de l'amyotrophie spinale a été découvert en 1995 par l'équipe de Judith Melki et Suzie Lefebvre, grâce aux fonds du Téléthon, et a été nommé SMN (pour survie des motoneurones). Il se trouve que de l'autre côté de l'Atlantique, à l'université de Pennsylvanie, un spécialiste de la biochimie de l'ARN travaillait sur la protéine SMN sans savoir qu'elle pouvait être impliquée dans l'amyotrophie spinale. Le chercheur, un certain Gideon Dreyfuss, un Américain dont la famille avait émigré d'Alsace il y a deux générations, est un véritable virtuose de la recherche. Il est d'une intelligence rare et son équipe manie les technologies les plus sophistiquées pour décrypter le fonctionnement de l'ARN. Identifié par l'un des pionniers de l'AFM, Pierre Birambeau, Dreyfuss a pu asseoir son activité sur un soutien assidu de l'association. Il a ainsi complètement décrypté l'une des machineries en jeu dans l'épissage de l'ARN[11]. Celle-ci implique un assemblage regroupant plusieurs protéines dont précisément SMN. L'absence de SMN déstabilise cet assemblage, ce qui perturbe profondément l'épissage de l'ARN.

C'est bien un mécanisme biologique fondamental qui est en jeu. La question qui préoccupe le biologiste c'est de savoir pourquoi l'anomalie de SMN conduit à une atteinte sélective des neurones moteurs. Pourtant les conséquences moléculaires concernent l'épissage de très nombreux ARN (peut-être tous) et pas seulement ceux nécessaires au fonctionnement des neurones moteurs. Plusieurs hypothèses sont avancées et relèvent d'ouvrages scientifiques beaucoup plus techniques que mon propos ici. C'est probablement Dreyfuss qui apportera la réponse définitive à cette question. Il a déjà produit des résultats très intéressants, montrant la sensibilité aux oxydants et aux pesticides de cette voie métabolique. Dreyfuss a également mis au point un test robotisé permettant de mesurer l'activité du complexe SMN. Ce test robotisé et miniaturisé permet une recherche simultanée de l'activité de molécules pharmacologiques capables d'agir sur le fonctionnement du complexe SMN. Grâce à cette technique dite de « criblage à haut débit », il est possible en quelques semaines d'estimer l'effet éventuel de centaines de milliers de molécules. Un géant de l'industrie pharmaceutique, Merck, s'est alors intéressé aux travaux de Dreyfuss. Une

11 Comme le décrivent de manière imagée le chapitre 6 et l'appendice – 1, l'ARN, la copie du gène, est une sorte de phrase entrecoupée de mots sans signification. L'épissage est un processus de maturation qui permet à la cellule de se débarrasser des mots sans signification pour produire un ARN appelé « messager », qui constitue l'information pertinente que la cellule va traduire en protéine.

collaboration de près de 2 ans a permis un transfert de technologie vers les robots de Merck. En 6 semaines, Merck a criblé sa chimiothèque de 1,2 million de molécules et identifié toute une série de substances agissant sur le complexe SMN. L'accord Dreyfuss-Merck prévoit que les produits susceptibles d'augmenter l'activité du complexe SMN (et donc potentiellement thérapeutiques pour l'amyotrophie spinale) sont mis à disposition du laboratoire de Gideon Dreyfuss sans aucune contrepartie. Mais que peut bien attendre Merck d'un tel accord ? La réponse a été communiquée par l'entreprise elle-même. L'accord gagnant-gagnant prévoit que les molécules stimulant SMN peuvent être exploitées par Dreyfuss. Les molécules inhibitrices qui ont été identifiées durant le criblage restent la propriété de Merck. Ce qui a intéressé l'industriel, c'est l'accès à une nouvelle cible thérapeutique, un nouveau mécanisme biologique qui pourrait être la base du traitement de bien d'autres maladies. Par exemple, une molécule capable d'inhiber SMN perturbe gravement l'épissage de l'ARN et par extension, la fabrication des protéines dans la cellule. Un tel composé, administré aux malades atteints de cancer et dont les cellules en activité proliférative intense ont un besoin énorme en synthèse de protéines, pourrait donc constituer un nouvel anticancéreux. Dreyfuss a ainsi accès à des produits pharmaceutiques qui pourraient traiter un jour une maladie rare, l'amyotrophie spinale, et ses travaux ouvrent des perspectives très distinctes pour le compte de maladies aussi fréquentes que le cancer. Une maladie rare, un mécanisme biologique fondamental, des perspectives thérapeutiques énormes et une stratégie originale de coopération public-privé.

Dreyfuss est non seulement un chercheur de très grande classe, c'est aussi un personnage atypique et énigmatique. Extrêmement pointu scientifiquement et techniquement, il est capable de s'émerveiller comme un petit garçon des découvertes qu'il vient exposer devant notre comité d'experts. Régulièrement Dreyfuss vient partager ses résultats avec moi, à l'occasion de rencontres spécifiques ou de congrès internationaux. Évidemment ces informations sont distillées sous le sceau de la confidentialité, mais il prend garde toujours de ne produire que des données qu'il a préalablement sécurisées par des brevets puis des publications scientifiques qu'il a soumises aux revues scientifiques les plus prestigieuses. Même les diapositives Powerpoint qu'il présente au congrès ne sont pas laissées aux organisateurs ; Dreyfuss prend bien soin de n'utiliser que sa clé USB qu'il récupère immédiatement après sa présentation orale. Je ne suis évidemment pas dupe de ces simili-informations de première main qu'il me livre mais la qualité des échanges et les avancées réalisées sont telles que, comme lui, je me prends à m'en extasier. Le personnage ne perd pas pour autant de vue les aspects bien matériels. Je me rappelle la première visite que Christian Cottet, directeur général de l'AFM depuis 2005, et moi avions faite à Dreyfuss à son laboratoire de Philadelphie. Celui-ci était venu nous chercher à l'hôtel dans une superbe Porsche Cayenne avant un dîner mémorable où science et spécialités culinaires se côtoyaient allègrement. Christian et moi échangeâmes un regard interrogatif mais nous savions bien que les fonds du Téléthon n'étaient pas destinés au confort de vie de Dreyfuss. Gideon Dreyfuss est un professeur de renom dans un pays où les grands scientifiques sont bien rémunérés. Il aurait pu quitter le monde universitaire pour se faire encore plus grassement payer par le secteur privé (il est de surcroît l'un des membres du top 5 du Howard Hughes Medical Institute). Mais comme il le répète à l'envi, la découverte du gène SMN et le soutien inconditionnel de l'association à ses travaux ont bouleversé sa carrière de scientifique. Il s'est fixé comme objectif de trouver un remède contre l'amyotrophie spinale infantile. Pendant qu'il peaufine la cible thérapeutique et le moyen de l'atteindre, avec la rigueur et la clairvoyance qui le caractérisent, d'autres équipes avancent à grands pas sur d'autres pistes de traitement. Des sociétés de biotechnologie se lancent avec des stratégies innovantes (antisens, inhibiteurs d'histone déacétylase, thérapie cellulaire). Nul aujourd'hui ne peut encore affirmer détenir la solution. Quoi qu'il en soit, la science fondamentale et l'épissage de l'ARN auront beaucoup appris grâce à Gideon Dreyfuss et grâce à l'amyotrophie spinale.

Mon esprit vagabonde de temps en temps du côté de Philadelphie vers un coffre de banque au nom de Dreyfuss où dorment non des bijoux ou des lingots mais un trésor bien plus précieux : toute une série d'échanges épistolaires très privés entre un parent de Gideon et son ami intime, un certain Albert Einstein. Gideon ne sait pas encore trop quoi en faire. Il imagine évidemment la valeur historique de cette correspondance et se contente pour l'instant de la maintenir soigneusement à l'abri.

Innover en thérapeutique

L'AFM s'est engagée dans le développement des thérapeutiques avec la volonté de ne négliger aucune piste. Elle encourage toutes les initiatives qui émergent des laboratoires, soutient les travaux précliniques, et lorsqu'une nouvelle piste prometteuse se confirme, s'attache à identifier les maladies rares potentiellement candidates à cette technique et à soutenir les essais cliniques sur ces maladies « modèles ».

Poursuivant la progression sur le chemin du médicament, Généthon développe à partir de 1997 des activités de mise au point de vecteurs de gènes (les transporteurs biologiques des gènes vers les cellules). Avec la mise en place du réseau GVPN (Gene Vector Production Network) qui associe des laboratoires français, notre pays dispose alors ainsi d'un outil performant pour fournir à la communauté scientifique des vecteurs pour les essais précliniques. Des collaborations internationales sont lancées. L'initiative n'avait évidemment pas été accueillie favorablement par ceux-là mêmes qui n'avaient pas souhaité s'engager dans les cartes du génome (*« c'est beaucoup trop tôt, cela n'intéresse personne ! »*). Le bilan a été plus tard reconnu. Le réseau GVPN a honoré 100 % des demandes des labos Inserm, a souligné en son temps Christian Bréchot, son directeur général. Notre satisfaction, c'est d'avoir répondu à un besoin que l'on avait su anticiper. Et les vecteurs ont permis de travailler sur plus de 80 maladies génétiques et acquises.

En 2004, Généthon se lance dans le développement de traitements innovants en thérapies génique et cellulaire, pour les maladies neuromusculaires et d'autres maladies rares, avec comme perspective de mettre en œuvre des essais cliniques sur l'homme et de déboucher sur des traitements reconnus par les agences de santé. Au pôle d'Évry vient s'adjoindre un pôle nantais. Le rôle clé joué aujourd'hui par Généthon dans le développement clinique de thérapies géniques l'a amené à abandonner cette activité de « service » GVPN. Le laboratoire nantais, dirigé par Philippe Moullier, a pris le relais et continue de fournir en vecteurs les équipes de recherche académiques.

Aujourd'hui, au-delà du concept originel de gène médicament (transfert d'un gène thérapeutique au cœur d'une cellule), de nouvelles technologies ont émergé : chirurgie du gène, saut d'exon, translecture des mutations Stop, greffe de nouveaux types de cellules-souches adultes récemment identifiées, nouvelles molécules pharmacologiques agissant sur des voies biochimiques nouvelles. Ces nouvelles stratégies thérapeutiques, validées dans les maladies rares, ouvrent des voies nouvelles pour des maladies fréquentes. Les pages qui suivent illustreront par exemple comment le saut d'exon, qui consiste de manière très spécifique et contrôlée à forcer la fabrication par les cellules de protéines tronquées, peut conduire à la synthèse de protéines fonctionnelles ou inactives. Ce champ de recherche ouvre la piste à l'inactivation de protéines de tumeurs ou de virus permettant ainsi d'entrevoir de nouveaux anticancéreux ou de nouveau antiviraux.

L'AFM est reconnue dans le monde entier pour le rôle déterminant qu'elle a joué dans le décryptage du génome humain, mais aussi en matière de recherche clinique, d'amélioration des conditions de vie des malades et de leur reconnaissance sociale. D'un désert scientifique des années 1980 on est passé à des perspectives thérapeutiques. Aujourd'hui l'AFM contribue financièrement et coordonne parfois de manière directe des dizaines d'essais cliniques, pour diverses maladies neuromusculaires et non neuromusculaires (environ 50 % des essais). Ces essais sont répartis entre la thérapie génique (60 %), la thérapie cellulaire pour régénérer les tissus malades (15 %) et la pharmacologie classique (25 %), à base de molécules déjà utilisées pour d'autres maladies mais susceptibles d'apporter un bénéfice pour les maladies neuromusculaires ou de nouvelles molécules capables de s'attaquer à la cause directement ou aux conséquences de l'atteinte génétique. Les maladies concernées : pathologies du muscle comme la myopathie de Duchenne, pathologies des neurones moteurs comme l'amyotrophie spinale infantile, pathologies du cerveau comme la chorée de Huntington, certaines mucopolysaccharidoses) et des maladies orphelines non neuromusculaires comme les épidermolyses bulleuses, des maladies génétiques de la peau ou de la vision, des déficiences immunitaires comme la maladie des bébés-bulles, la drépanocytose et la bêta-thalassémie, des maladies héréditaires du sang ou du foie. Plus de 400 maladies rares ont bénéficié du soutien direct de l'AFM.

Pourquoi une association *a priori* focalisée sur les maladies neuromusculaires s'investit-elle dans des maladies, rares certes, mais touchant des organes différents ? C'est toujours la stratégie du billard, où il convient parfois de heurter une autre bille ou rebondir sur la bande pour toucher la cible. Pour illustrer ce propos, l'exemple de l'un de ces programmes est abordé ci-dessous ; il porte sur une thérapie génique d'une maladie rare ophtalmologique, la neuropathie optique de Leber. Comme celui de la progeria, cet exemple illustre les caractéristiques des recherches soutenues par le Téléthon : les maladies rares comme terrain d'innovation bénéficiant aussi aux maladies fréquentes, des technologies de rupture applicables à de nombreux autres domaines thérapeutiques.

La thérapie génique de la neuropathie optique héréditaire de Leber

J'avais eu l'occasion en 2008, en compagnie de Laurence Tiennot-Herment, de visiter l'Institut de la vision, un tout nouveau bâtiment longeant la rue Moreau en marge de l'hôpital des Quinze-Vingts à Paris. Depuis quelques années le Pr José-Alain Sahel y avait installé son laboratoire et créé un centre de référence d'envergure mondiale de prise en charge des malades et de recherche fondamentale et appliquée en ophtalmologie. José-Alain Sahel est un être à part dans le microcosme scientifique, doué d'une intelligence supérieure et d'un esprit redoutablement pragmatique. Il fait partie des quelques scientifiques auxquels je voue une très grande admiration. Un puits de science qui connaît l'œil dans les moindres recoins et en maîtrise tous les aspects : son embryogénèse, son fonctionnement normal et dans les (nombreuses) conditions pathologiques, sous l'angle moléculaire autant que sous ses aspects fonctionnels. Sahel est un clinicien qui a réussi le tour de force de maintenir une proximité avec les malades tout en conciliant sa vie privée scolastique et ses activités de recherche et d'ouverture internationale. Ils ne sont pas nombreux, malheureusement, les cliniciens français capables de soutenir une conversation en anglais et donc de s'imposer sur la scène internationale. De surcroît leurs tâches administratives cliniques stérilisantes les empêchent souvent de libérer le temps nécessaire à leur activité de recherche et de se déplacer aux conférences et congrès internationaux, ce qui conduit la recherche clinique française à souffrir d'un manque de visibilité particulièrement handicapant. Je crains que tant que l'hôpital ne sera pas remis d'aplomb et tant que les études de médecine ne prépareront pas mieux nos élites médicales à la compétition mondiale, tant que l'enseignement des langues étrangères ne constituera pas une priorité dès le plus jeune âge, notre pays restera entravé sur la scène mondiale.

Et pourtant c'est un lieu commun d'affirmer que les talents ne manquent pas. Dans ce contexte, José-Alain Sahel est un extraterrestre. Une autre qualité m'avait rapproché de lui ; il est Strasbourgeois. L'université de Strasbourg jouit d'une longue tradition d'excellence scientifique. Elle remonte à Louis Pasteur, précurseur de la biologie moderne, celui qui a démontré au monde entier que la génération spontanée n'existait pas et qui nous a entrouvert de manière extrêmement rigoureuse le monde microscopique.

Elle remonte surtout aux prémices de la chimie moderne et de l'industrie de la pharmacie (pas celle des officines traditionnelles qui jadis en France ont débouché sur quelques rares réussites industrielles, mais celle des grandes entreprises pharmaceutiques directement enfantées par la chimie, un héritage de la période allemande 1870-1918). Ce n'est pas un hasard si Strasbourg compte actuellement trois prix Nobel en exercice (en chimie Jean-Marie Lehn et Martin Karplus et en médecine Jules Hoffmann). José-Alain Sahel avait un grand projet de création d'un centre de la vision au sein de l'université de Strasbourg. Mais la place était déjà quasi saturée avec des grands instituts : l'Institut de science et d'ingénierie supramoléculaires (ISIS) de Jean-Marie Lehn, l'Institut de génétique et de biologie moléculaire et cellulaire (IGBMC) de Pierre Chambon, l'École supérieure de biotechnologies, l'Institut de biologie moléculaire, l'Institut de biologie moléculaire des plantes, la recherche nucléaire du CNRS, des grandes écoles d'ingénieurs et l'ENA. L'élan politique et les moyens financiers n'étaient peut-être plus aussi vigoureux pour ce nouveau projet d'envergure. Pour donner la pleine mesure de son talent, Sahel devait s'émanciper. L'oiseau quitta son nid et devint rapidement un pygargue de l'ophtalmologie.

Lors de cette visite à l'Institut de la vision, José-Alain Sahel me présenta une toute petite équipe dirigée par une directrice de recherche du CNRS passionnée, Marisol Corral-Debrinski. *«Il faut l'aider»*, m'indiqua tout simplement Sahel. Marisol m'expliqua son projet de recherche, une thérapie génique d'une maladie rare du nerf optique, la neuropathie optique de Leber. Cette maladie frappe le plus souvent à l'adolescence, un premier œil d'abord puis 6 mois plus tard le deuxième œil, ce qui conduit à une perte de la vision centrale et la cécité. Il y avait un intérêt supplémentaire à soutenir ces travaux. La neuropathie optique de Leber est l'une des 1 500 maladies mitochondriales. Un défaut dans l'un des gènes de la chaîne respiratoire des mitochondries et celles-ci deviennent incapables d'assurer la production d'énergie pour la cellule. Dans ce cas précis, ce sont les cellules ganglionnaires de la rétine qui dysfonctionnent. Leurs prolongements constituent le nerf optique et leur dégénérescence empêche la transmission du signal lumineux de la rétine vers le cerveau. Dans la mesure où cette pathologie est une maladie rare et où elle constitue également une sorte de modèle de maladie mitochondriale relativement moins complexe à aborder que bien d'autres maladies mitochondriales systémiques ou affectant le système nerveux central, l'AFM ne pouvait que prêter une attention particulière à ces recherches. De surcroît Marisol Corral-Debrinski avait imaginé une thérapie génique originale, qui permet de faire en sorte que la protéine saine soit fabriquée au niveau de la mitochondrie. Or, on ne sait pas aujourd'hui transférer des gènes dans les mitochondries. On pouvait donc espérer que si la preuve de concept thérapeutique était obtenue dans la neuropathie optique de Leber, on pourrait l'étendre à bien d'autres maladies mitochondriales. Et comme la mitochondrie est centrale dans toutes les conditions pathologiques, les applications pourraient être extrêmement vastes.

Nous avons donc préparé avec l'équipe de Corral-Debrinski un dossier qui pouvait être soumis au conseil scientifique de l'AFM pour un programme scientifique suivi de très près par un comité d'experts ad hoc, constitué à cet effet. Après validation par le conseil scientifique, un financement a été attribué à cette équipe, qui couvrait l'ensemble de ses besoins pour finaliser les travaux chez l'animal (un modèle de neuropathie optique chez le rat), la production du vecteur de thérapie génique par Généthon et la préparation d'un essai clinique avec le concours des équipes de l'institut des biothérapies de l'AFM. Le programme scientifique produit de beaux résultats très convaincants. Les débats avec le conseil scientifique qui poussa l'équipe loin dans ses retranchements étaient parfois tendus (et Marisol est une pasionaria !) mais il se révéla très utile. Le projet a si bien évolué qu'après 3 ans de recherche, il était mûr pour la clinique. L'Institut de la vision se lança en 2013 dans la création d'une biotech qui réussit à lever des fonds importants auprès d'investisseurs. En première ligne figure la thérapie génique de la neuropathie optique de Leber.

Un autre projet plus amont de reprogrammation génétique des cellules de la rétine figure dans les cartons. Le domaine de l'ophtalmologie est en train d'exploser et réserve un futur prolifique, notamment grâce à la thérapie génique. Le partenariat entre l'AFM et l'Institut de la vision était encore pionnier dans ce domaine. Fidèle à sa stratégie d'intérêt général et de catalyseur, l'AFM a lancé un réseau français des principales équipes de recherche spécialisées dans les biothérapies des maladies ophtalmologiques. Son objectif : aider à l'irruption de nouvelles thérapies innovantes et à leur éclosion en clinique humaine.

La thérapie génique des bébés-bulles

Nous ne nous en rendons pas compte car nos défenses naturelles nous en prémunissent, mais nous vivons cernés par des millions d'espèces de micro-organismes pathogènes. L'air que nous respirons, l'eau que nous buvons, les aliments que nous mangeons en sont truffés. L'ennemi vient aussi de l'intérieur, notre organisme est bourré de microbes et il fabrique aussi quotidiennement des cellules cancéreuses. Mais le plus souvent, grâce à nos défenses naturelles, nous éliminons ces agresseurs. Nos défenses naturelles sont multiples. Il s'agit en particulier du système immunitaire. En gros, c'est la capacité de notre organisme à synthétiser des anticorps pour neutraliser les agents infectieux et cancéreux, et des globules blancs spécialisés qui ingèrent et détruisent ces particules étrangères. De nombreux gènes sont impliqués dans ce processus. Des anomalies dans l'un ou l'autre de ces gènes peuvent conduire à un déficit immunitaire sévère qui rend l'organisme démuni face à cet environnement hostile. Très rapidement, les bébés qui naissent avec un déficit immunitaire sévère développent des infections graves, potentiellement mortelles. L'urgence commande de placer ces enfants dès le diagnostic à l'abri des germes, d'abord à l'intérieur d'une bulle de plastique ou d'un local spécialisé dont l'air est filtré et les aliments stérilisés et en l'absence de tout contact cutané direct avec quiconque[12].

Il existe plusieurs dizaines de maladies de ce type liées à des gènes différents, toutes rares (chacune touchant moins d'une personne sur 100 000). Ses deux formes les plus représentatives sont le déficit en adénosine déaminase (ADA-SCID) et l'immunodéficience combinée sévère liée à l'X (X-SCID), due à la présence sur le chromosome X d'une version mutée d'un gène codant pour une protéine participant à la constitution du récepteur de l'interleukine 2. L'absence du récepteur complet rend impossible la stimulation par l'interleukine de la différenciation et le fonctionnement de certains

12 Les cinéphiles se rappelleront peut-être de *L'enfant-bulle* en 1976, le premier grand rôle de l'acteur John Travolta. Le film est inspiré de la courte vie de David Vetter, né le 21 septembre 1971, mais atteint d'un déficit immunitaire sévère. Avec l'accord de ses parents, ses médecins convaincus de trouver un remède placent le bébé en isolation complète dans une bulle stérile, devant les caméras du monde entier. C'est de là que vient le terme « bébé-bulle ». Mais la solution tarde et David grandit derrière ses murs de plastique transparent dans une solitude désespérante ; il est devenu fou. Il est décédé en 1984, alors que les psychiatres avaient pris le relais et après l'échec de la greffe de moelle osseuse. *« David est parti à l'âge de 12 ans sans avoir connu autre chose que son monde aseptisé qui l'avait rendu à moitié autiste. »*

globules blancs du sang, les intermédiaires clés de nos lignes de défenses immunitaires.

Le traitement conventionnel est délicat : la greffe de moelle osseuse. C'est en effet dans la moelle osseuse que se trouvent les cellules-souches des cellules sanguines (globules blancs et globules rouges). Si ces bébés ne sont pas traités durant les premiers mois de leur existence, ils ne pourront survivre. S'ils peuvent bénéficier d'une greffe compatible à partir d'un donneur compatible (géno-identique), c'est-à-dire un frère ou une sœur, la guérison survient dans 80 % des cas. Faute de frère et sœur, c'est l'un des parents qui doit être le donneur, le taux de succès varie alors entre 30 et 50 % et les complications après la greffe, accompagnée de traitements chimiothérapiques lourds, ne sont pas rares. Lorsque la greffe ne prend pas une première fois, l'opération doit être recommencée quelques mois plus tard à partir du même donneur ou de l'autre parent. Ce sont des mois de calvaire et plus le temps passe, plus l'enfant s'affaiblit et ses chances de guérison s'amenuisent. Pour ces enfants qui n'ont pas de donneur compatible, la thérapie génique pourrait représenter l'ultime espoir.

Le principe n'est pas nouveau. Sans remonter de manière extensive aux origines de la thérapie génique (on en remplirait plusieurs ouvrages), quelques clés de lecture ne sont peut-être pas inutiles. Le premier transfert délibéré de gènes étrangers dans des receveurs humains à des fins thérapeutiques a été réalisé en 1970 par l'Américain Stanfield Rogers, qui a tenté de traiter des enfants atteints de déficit en arginase par une injection de virus du papillome de Shope (un virus du lapin). Cette tentative infructueuse, réalisée avant même la technologie de recombinaison de l'ADN (en 1973) pointait néanmoins vers le potentiel thérapeutique des virus comme transporteurs d'informations génétiques. En juillet 1980, Martin Cline à l'Université de Californie de Los Angeles a dirigé un autre essai très controversé, conçu pour traiter la bêta-thalassémie, une anémie sévère des globules rouges défectueux en hémoglobine. L'expérience a consisté, après la destruction des cellules de la moelle osseuse chez deux patients (un à Jérusalem et un à Naples) à perfuser une préparation de leurs propres cellules hématopoïétiques préalablement prélevées par ponction osseuse et transformées *in vitro* avec des plasmides (ces petits ADN circulaires de bactéries) porteurs du gène de la bêta-globine (ainsi qu'un gène destiné à fournir un avantage sélectif prolifératif aux cellules de la moelle osseuse corrigées). Ces essais menés sans précautions éthiques et scientifiques ont été très critiqués et ont été stoppés. Bien qu'aucun suivi n'ait été publié, ils n'ont semble-t-il apporté ni bénéfice ni effet négatif aux enfants traités. La tentative prématurée de Cline amena les agences à établir des réglementations spécifiques. Les deux premiers véritables essais cliniques autorisés et contrôlés ont été publiés 10 ans plus tard, en 1990. Utilisant un principe thérapeutique similaire, l'un portait sur le mélanome et l'autre sur une immunodéficience génétique grave, l'ADA-SCID. L'histoire retient surtout l'essai portant sur le déficit en ADA mené par William French Anderson, des NIH (National Institutes of Health, l'Inserm américain). La jeune malade, Ashanti DeSilva, âgée de 4 ans, reçut une perfusion de ses globules blancs qui avaient été mis en culture en présence d'un rétrovirus portant le gène de l'ADA. Outre la greffe de moelle osseuse, le traitement standard du déficit en ADA consiste à injecter de l'enzyme ADA (ce traitement enzymatique coûte la bagatelle de 500000 €/an!). Dans la mesure où Ashanti DeSilva doit toujours aujourd'hui prendre son traitement enzymatique, on n'a pas la preuve que sa survie est due à la thérapie génique, mais ainsi ont été dressées les bases de la thérapie génique des immunodéficiences. Pour la petite histoire, French Anderson purge depuis 2007 une longue peine de prison pour viol sur mineur (vraiment la petite histoire...).

L'idée a ainsi germé, au début des années 1990 dans le laboratoire du Pr Alain Fischer et de Marina Cavazzana-Calvo, de tenter une approche ambitieuse pour des enfants X-SCID, par correction de cellules-souches de leur moelle osseuse avec le gène manquant et qui venait d'être découvert. Après des expériences sur culture cellulaire puis sur la souris qui produisirent des résultats concluants, sous la responsabilité d'Alain Fischer, Marina Cavazzana-Calvo et Salima Hacein-Bey-Abina (Inserm, AP-HP, université Paris-Descartes ; une équipe rompue aux greffes de moelle osseuse et à l'immunologie pédiatrique), le premier essai est lancé en février 1999 chez un tout jeune bébé pour lequel aucun donneur compatible n'avait été trouvé.

À l'image des essais fondateurs, la moelle osseuse est prélevée, cultivée avec un rétrovirus modifié contenant le gène manquant. Il suffit de disposer dans cette préparation d'un petit nombre de cellules pour produire des quantités importantes de lymphocytes compétents à longue durée de vie. La clé est donc de permettre aux précurseurs de proliférer, une cellule de ce type générant des centaines de millions de cellules. Cet avantage sélectif facilite son application à la X-SCID. Les cellules génétiquement modifiées réinjectées se mettent à produire un nombre suffisant des indispensables globules blancs. Environ deux mois plus tard, le système immunitaire est opérationnel. Au total, une dizaine d'enfants bénéficieront de ce protocole. Le résultat est spectaculaire. Il enthousiasme même les esprits les plus sceptiques. Cette thérapie génique permet effectivement de restaurer un système immunitaire parfaitement fonctionnel. Si la thérapie n'a pas pu être concrétisée chez l'un d'entre eux (il avait fallu le sortir de l'étude car on lui avait découvert une infection antérieure au traitement), les enfants peuvent sortir de leur bulle stérile et commencer à vivre une vie normale. Sans problème jusqu'en 2002.

Une prolifération anormale se produit chez le premier des enfants traité 3 ans plus tôt, une forme de leucémie. Celle-ci malheureusement s'amplifie et elle échappe à tout traitement. Comme il se doit, l'équipe de Necker informe l'Agence française du médicament de ce qu'il est conventionnellement appelé, *«un événement indésirable grave»*. Malgré les efforts pour conjurer cette lymphoprolifération, le petit Wilko décède. Un an plus tard, un autre cas de lymphoprolifération se produit. L'équipe décide d'interrompre l'essai. L'AFM soutenait de longue date les recherches de l'équipe de Necker. Fort de deux ans de recul, et de la publication des premiers résultats dans la prestigieuse revue *Science* en 2000, le Téléthon s'en était largement fait l'écho en 2001. Nous étions tous sous le choc, même si bien entendu, cela ne signifiait pas que cette stratégie de thérapie génique était invalidée; même le traitement standard de greffe de moelle osseuse échoue lui aussi, et dans des proportions qui ne sont malheureusement pas négligeables. Nous savions aussi que les critères d'inclusions dans l'essai étaient très drastiques; seuls les enfants en échec de traitement conventionnel ou sans espoir de greffe à court terme étaient concernés. Mais évidemment, cela ne tempérait pas notre peine.

Alain Fischer est reconnu pour sa très grande rigueur scientifique et morale. Il avait dit un an plus tôt de manière prémonitoire : *«L'histoire montre qu'on a intérêt à être prudent, à ne pas raconter n'importe quoi car même ce qu'on a réussi peut se transformer en un demi-échec si au bout d'un certain nombre d'années, ce qu'on a observé perd de sa pertinence. Cela n'en prend pas le chemin pour le moment, mais ce n'est pas exclu, il faut donc être prudent. Au bout de trois ans nous ne pouvons pas prétendre avoir guéri un malade car on ne sait pas ce qui se passera au bout de dix ans.»*

La nouvelle fit grand bruit, tant au sein de la communauté scientifique que dans les médias. La thérapie génique, si jeune encore, véhicule tant de fantasmes. Un moratoire fut provisoirement décrété dans certains pays (en particulier la France, les États-Unis, l'Angleterre et l'Allemagne) contre les essais de rétrovirus portant sur les immunodéficiences. La plupart des essais finiront cependant par reprendre; y compris l'essai français. Mais celui-ci s'interrompra à nouveau lorsque surviendra un deuxième cas de lymphoprolifération. Aucun reproche n'a cependant été porté à l'encontre de l'équipe de Fischer. Sa recherche avait été très rigoureuse et la conduite de l'essai clinique conforme aux plus strictes règles éthiques et techniques. Cette équipe scientifique et médicale est reconnue pour sa grande qualité et le bilan de la thérapeutique restait favorable.

On parle beaucoup de compétition scientifique, mais là toute la communauté internationale spécialisée dans ces questions s'est constituée autour de l'équipe de Fischer pour l'aider à comprendre ce qui avait causé cette lymphoprolifération, l'AFM apportant son soutien à ces travaux. On comprendra que le rétrovirus utilisé avait intégré son génome devant un gène particulier (LMO2) potentiellement inducteur de leucémie. On comprendra aussi que ce risque était sans doute augmenté par la nature même de la maladie et du gène en cause.

Sur un total de 20 enfants X-SCID traités en France et en Angleterre, 18 sont en vie et 17 sont indemnes de maladies. Le recul est aujourd'hui de 16 ans. 5 patients avaient développé une lymphoprolifération 2 à 5 ans et demi après thérapie, pour laquelle ils ont été traités mais dont l'un est décédé. Ces chiffres suggèrent un taux approchant les 80 % de succès chez des enfants qui étaient en échec thérapeutique.

D'autres immunodéficiences héréditaires ont également fait l'objet d'essais de thérapie génique de ce type. L'ADA-SCID, le syndrome de Wiscott Aldrich, la granulomatose chronique. Si des lymphoproliférations ont été observées dans le syndrome de Wiscott Aldrich et dans la granulomatose chronique, aucun des 30 enfants ADA-SCID n'a été affecté. Le vecteur rétroviral initial contenait une séquence génétique capable de déréguler le gène situé près du site d'intégration du gène thérapeutique. Un vecteur de deuxième génération a été construit, après avoir désactivé la séquence génétique problématique du virus. L'équipe française utilise désormais ce nouveau vecteur, dérivé d'un lentivirus (c'est la famille du virus du Sida). Ce virus modifié garde sa capacité à intégrer son génome dans les cellules hôtes mais avec des événements d'intégration aléatoires bien moindre et avec un risque d'activation de gènes tumoraux proche de zéro. Un nouvel essai est en cours sur une quinzaine d'enfants X-SCID. C'est un type de vecteur également développé par Généthon et qui fait l'objet du premier essai clinique international (France, Angleterre, États-Unis) du genre pour le syndrome de Wiscott Aldrich.

Les résultats dans l'ADA-SCID sont encore plus spectaculaires. Près de vingt ans de recul, en particulier au centre de recherche TIGET à Milan dans l'équipe dirigée par Maria-Grazzia Roncarolo, soutenue par le Téléthon italien et l'AFM. Le géant pharmaceutique GSK a pris en charge la phase finale de développement clinique. Une demande d'autorisation de mise sur le marché est en discussions avec l'Agence européenne du médicament. L'efficacité remarquable de ce traitement pourrait même lui permettre d'être proposé à la place de la greffe de moelle osseuse, car la thérapie génique permet d'apporter une bien meilleure qualité de vie. Les enfants greffés traditionnellement doivent toujours rester sous immunosuppresseurs, contrairement à ceux traités par thérapie génique, qui peuvent s'en passer.

À ce jour, près d'une centaine d'enfants-bulles sont considérés comme guéris, même si, au fond, c'est sur une durée de vie entière qu'il faudra juger. Mais tout le monde s'accorde aujourd'hui pour reconnaître ce premier véritable grand succès de la thérapie génique.

Personne n'oubliera Wilko. Mais l'histoire du traitement par thérapie génique des nourrissons atteints de déficit immunitaire grave prouve une fois de plus qu'en médecine on a toujours raison de persévérer. Souvent décriée, souvent portée aux nues (quelques considérations dans l'appendice – 5 compléteront ce propos), la thérapie génique est un traitement encore hautement expérimental. Rappelons-nous, les nouvelles classes de médicaments ne s'établissent pas en moins de deux décennies. Après vingt ans de recherche, de hauts et de bas, les premiers médicaments de thérapie génique obtiennent leur homologation. Immanquablement, leurs indications thérapeutiques s'étoffent : ophtalmologie, maladies génétiques (hémophilie, maladies métaboliques), maladies cardiovasculaires, vaccins thérapeutiques, maladies neurologiques héréditaires (adrénoleucodystrophie, maladie de Sanfilippo) et fréquentes (maladie de Parkinson, maladies cardiovasculaires). On a reproché à l'AFM un excès de communication sur la thérapie génique. Une vision dénaturée par l'attractivité que suscite le sujet même. Ce chapitre démontre qu'évidemment il n'en est rien, et les sceptiques devront reconnaître l'importante contribution de l'AFM dans ce domaine. Les grandes avancées en thérapie génique ont été rendues possibles parce que le monde associatif, et notamment l'AFM, se sont inscrits dans la durée avec la vision, la ténacité, l'opiniâtreté qui le caractérisent, et les moyens de passer les écueils à l'émergence de cette nouvelle arme dans l'arsenal des thérapeutiques. Les récentes preuves de concept qui ont défrayé la chronique et relancé l'intérêt de la thérapie génique concernent les maladies des bébés-bulles, l'adrénoleucodystrophie, la bêta-thalassémie, toutes soutenues de longue date (parfois jusqu'à la découverte du gène malade) par l'AFM. Si on objecte que ces stratégies thérapeutiques reposent chacune sur la modification de cellules-souches de la moelle osseuse ce qui en limite donc les applications, on rappellera que bien des maladies rares et fréquentes sont candidates à cette forme de traitement. On évoquera aussi les nouveaux développements par injections directes de vecteurs viraux et synthétiques dans le cerveau, la rétine, les muscles, le foie, les poumons, arrivés au stade avancé d'essais cliniques et qui commencent à porter leurs fruits.

L'épopée de la thérapeutique des bébés-bulles nous offre aussi un autre motif de méditation. En déposant son dossier de demande d'autorisation d'essai clinique à la FDA, et sur la base de données expérimentales, l'équipe de French Anderson plaidait pour un protocole incluant l'application d'une chimiothérapie préalable qui vise à préparer le terrain hématopoïétique pour la greffe (en quelque sorte en détruisant la moelle malade pour faire la place aux cellules à greffer). Ce protocole est sensiblement identique à la chimio-ablation pratiquée en vue des greffes de moelle osseuse. Les cellules greffées vont alors prendre place dans les os pour progressivement reconstituer tout le tissu de la moelle osseuse et reprendre la production des différentes cellules sanguines. Celle-ci n'a lieu que 10 à 30 jours après la greffe, période durant laquelle il faut continuer de protéger le malade des agents infectieux. Cette période est délicate car si la greffe ne prend pas, le malade étant complètement immunodéprimé, le seul espoir est de tenter une nouvelle greffe dont la probabilité de réussite sera néanmoins compromise. Pour augmenter les chances de prise de la greffe, cette myéloablation préparative est importante. Les arguments en faveur de ce protocole complet de myéloablation chimiothérapique à appliquer en vue de la thérapie génique, à l'instar de celui couramment employé en vue des greffes de moelle osseuse, n'ont pourtant pas convaincu la FDA. Celle-ci invoqua des raisons éthiques, arguant que cette thérapie étant inédite : il convenait de n'appliquer qu'une action médicamenteuse à la fois. La FDA ne permit pas à l'équipe d'Anderson le recours à la chimio-ablation préparative. Ce n'est que progressivement que la double intervention pourra plus tard être utilisée et permettra les résultats spectaculaires que nous connaissons aujourd'hui. Des années (10-15 ans) de perdues, pendant lesquelles la maladie continuait ses ravages. Trop d'éthique peut tuer l'éthique.

Les biothérapies : des premières mondiales

Par définition, la voie des biothérapies[13] est une piste de choix pour s'adresser aux maladies génétiques. Thérapie génique, chirurgie génomique, thérapie cellulaire, l'AFM soutient depuis plus de 20 ans les équipes qui innovent dans le domaine des biothérapies. Ces pistes ont amené des premières mondiales (premiers essais de transfert de gènes dans les muscles, thérapie génique d'enfants immunodéficients, thérapie génique de l'adrénoleucodystrophie, de l'épidermolyse bulleuse, reconstruction d'un épiderme grâce aux cellules-souches).

À l'échelle de la médecine, la thérapie génique est une technique récente, à peine émergente. Le 1er essai clinique date du début des années 1990. Les premiers médicaments à base d'anticorps monoclonaux avaient mis 25 ans pour émerger. Les progrès de la thérapie génique ne sont pas moins rapides (voir aussi l'appendice – 4). René Cadoret nous raconte cette anecdote : *« Je ne sais plus si c'est en 1981 ou 1982. J'ai réussi à entrer en contact avec Mme Escoffier Lanbiotte qui était responsable au* Monde *de la rubrique médicale. À l'époque, on ne parlait pas du tout de nos maladies, mais comme j'ai un peu insisté, elle a fini par nous envoyer un jeune journaliste pour faire un article sur celles-ci. Ce jeune journaliste, si ma mémoire est bonne, c'était Jean-Daniel Flaysakier ; je l'ai rencontré pendant une heure et il a écrit un article qui disait : « toutes ces maladies – que l'on appelait simplement héréditaires à l'époque –, s'il y a une possibilité de les soigner, cela ne sera que par la génétique. » C'était le premier, et il faut peut-être lui rendre hommage à ce niveau-là ; je pense qu'il a eu une vision de la génétique un peu exceptionnelle pour l'époque. D'ailleurs, à la suite de son article, il y a eu un retour de bâton de tous les biologistes. Des gens comme Georges Schapira, etc., ont écrit au* Monde *: « ce garçon est fou, jamais la génétique n'arrivera à guérir une maladie. » Après quoi, on n'a plus entendu parler de lui… je ne suis pas certain qu'il ne se soit pas fait virer du* Monde *à cause de cet article. Mais, à partir de*

13 Thérapies utilisant des principes du vivant.

ce moment-là, on a pris conscience qu'il fallait que l'on fasse de la génétique. Avant lui, à notre connaissance, personne ne parlait de génétique comme solution possible pour nos maladies.»

Il convient aussi de tordre le cou à bien des préjugés concernant la thérapie génique. Le consensus est largement opposé à la thérapie génique germinale, qui viserait à modifier la descendance avec le patient. Ainsi, les interventions dans le patrimoine génétique de gamètes et d'embryons humains sont purement et simplement interdites. L'idée consistant à utiliser le génie génétique et la thérapie génique afin d'améliorer les individus et de contrôler l'évolution humaine relève du mythe. Des caractéristiques complexes, telle que l'intelligence ou l'aptitude au combat, sont d'une complexité qui dépasse nos capacités d'intervention. Il est utile aussi de préciser qu'aucun brevet ne peut être délivré sur le corps humain ou ses éléments. Les gènes sont donc exclus (mais pourquoi alors breveter les protéines, les produits des gènes?). C'est en revanche l'identification d'une *fonction* rattachée à ce gène et son *application* qui peut donner lieu à brevet. La finalité de l'introduction somatique d'un gène dans l'organisme est identique à l'administration de la protéine qu'il permet de produire. En la matière, il ne s'agit pas de manipulation génétique de l'individu, mais simplement de l'introduction d'une substance thérapeutique. Dans ce registre, on doit pouvoir appliquer à la thérapie génique les mêmes principes que pour les thérapeutiques conventionnelles.

Les produits biologiques comme tout médicament, parce qu'ils exercent une action physiologique, comportent inévitablement des risques associés à cette action physiologique. Le recul actuel montre que la thérapie génique ne comporte pas davantage de risques que les thérapies conventionnelles. Au contraire, dans le domaine du cancer par exemple, elle se distingue notablement des chimiothérapies par sa relative innocuité. Ceci est d'autant plus remarquable, s'agissant d'une nouvelle technologie pour laquelle les patients dont l'inclusion est autorisée dans les études cliniques sont le plus souvent des sujets en phase avancée de leur maladie (donc extrêmement fragilisés) et ayant résisté aux traitements antérieurs ou ne pouvant bénéficier de traitements classiques (ce qui constitue une barrière supplémentaire pour la thérapie génique).

Pourtant, la charge émotionnelle véhiculée par ces nouvelles thérapies, l'application stricte du principe de précaution, le poids administratif, les délais d'instruction et de réponse de la part des agences réglementaires, sont autant de freins à l'émergence des thérapies géniques. Cette attitude contraste avec l'exaltation nostalgique des expérimentations pionnières du passé des Pasteur ou des Jenner (les pères de la vaccination) ou des découvreurs des antibiotiques auxquelles pourtant les mesures d'éthique actuelles se seraient opposées. Les mêmes critiques adressées aujourd'hui à la thérapie génique avaient déjà été portées à l'encontre des premières tentatives de greffe de cœur ou de transfusions sanguines. Cette constatation illustre le fragile équilibre à trouver entre suspicions pesantes, souci légitime d'éthique et accès dans des délais les plus raisonnables possibles à des thérapeutiques prometteuses.

La recherche dans ce domaine relève pour l'essentiel des normes éthiques désormais bien établies qui régissent toute recherche clinique sur l'être humain. Ainsi, une thérapie génique transitoire s'apparente à l'administration d'un médicament, tandis qu'une thérapie génique au caractère permanent est assimilée à la greffe d'organes. L'application en routine de ces thérapies sera donc progressivement du ressort de l'éthique médicale générale. L'appendice – 5 apporte sur ces points un argumentaire plus détaillé.

La stratégie de l'AFM se révèle payante. Bien entendu, elle ne se limite cependant pas à la seule thérapie génique.

Les leçons du diaminopyridine

Des traitements pharmacologiques sont désormais utilisés dans plusieurs maladies neuromusculaires (myopathie de Duchenne, maladies auto-immunes,...). C'est par exemple le cas du 3-4 diaminopyridine. Le projet avait été initié par l'équipe scientifique de l'AFM et soumis au conseil d'administration en 1997. Il y avait de bonnes raisons de penser que ce produit bien connu des chercheurs pourrait apporter une amélioration symptomatique notable chez les patients atteints du syndrome de Lambert-Eaton et dans d'autres formes rares de pathologies neuromusculaires telles que certaines formes de syndromes myasthéniques congénitaux. Un partenariat s'est noué entre l'association et les hôpitaux de Paris (AP-HP). L'AGEPS (Agence générale des équipements et produits de santé, ex-Pharmacie centrale des hôpitaux) a rassemblé des données cliniques recueillies auprès des centres français prescripteurs, notamment de Marseille et de l'Institut de myologie. L'AGEPS a pris la décision de développer une nouvelle formulation de ce médicament sous une nouvelle forme pharmaceutique et de l'enregistrer pour la commercialiser. L'AFM a décidé en 2001 de soutenir cette action par le biais d'une avance remboursable à l'AGEPS. Les travaux de toxicologie préclinique ont commencé au dernier trimestre 2002 et se sont terminés au premier trimestre 2003. Ceux-ci ayant été positifs, l'étude de bio-équivalence chez le volontaire sain a pu démarrer. Dans un premier temps, la tolérance a été étudiée chez 5 sujets à une dose de 10 mg, puis chez 5 sujets à une dose de 20 mg. L'étude suivante de bio-équivalence chez le volontaire sain (26 sujets inclus) et la tolérance étudiée chez 5 sujets à une dose de 10 mg, puis chez 5 sujets à une dose de 20 mg montra l'absence d'effets secondaires inattendus.

Fin décembre 2002, l'AGEPS avait obtenu la désignation de médicament orphelin[14], puis signait un contrat avec un partenaire industriel, Opi. L'entreprise déposa à l'EMEA (l'agence du médicament européenne) une demande d'autorisation de mise sur le marché (AMM) pour le 3-4 diaminopyridine dans l'indication du Lambert-Eaton (8 000 patients en Europe et aux États-Unis) au début de l'année 2008, pour une obtention d'AMM en 2009. Dans l'intervalle, les patients ont eu tout de même la possibilité de recevoir le traitement grâce à une mesure française très appréciée, l'autorisation temporaire d'utilisation (une pré-AMM, délivrée nominativement aux malades lorsque leur médecin en fait la demande et qui assure le remboursement du traitement et donc un premier chiffre d'affaires pour l'entreprise qui le commercialise). Une biotech américaine de plus grande taille, BioMarin Pharmaceuticals, racheta à Opi les droits du produit et le commercialisa sous le nom de Firdapse®. Les ventes de ce médicament ont rapporté près de 60 millions de dollars à BioMarin qui céda ses droits à une autre biotech. D'autres applications sont étudiées (des syndromes myasthéniques congénitaux, la sclérose en plaque et l'amyotrophie spinale infantile). L'histoire serait parfaite sans la question du coût de ce traitement : d'un prix de revient de quelques dizaines d'euros, le diaminopyridine est commercialisé sous le nom Firdapse® à 60 000 dollars par an et par patient ! Imaginé par l'AFM, porté en particulier par un clinicien français (Bruno Eymard), son exploitation échappa à l'association. Ceci amènera l'AFM à revoir en profondeur sa politique de valorisation ; la 3e partie de cet ouvrage revient sur cette question.

14 Ce statut propre aux médicaments s'adressant aux maladies rares permet de faciliter quelque peu leur développement industriel.

Le saut d'exon, saut technologique

Ce chapitre nous emmène dans le monde fascinant de l'ARN. Beaucoup de choses ont été écrites sur l'ADN, support de l'hérédité[15], source de fantasmes et prétexte à bien des polémiques. En attendant que petit à petit les avancées relatives à l'ADN soient démythifiées et entrent dans notre univers quotidien (après tout, il a fallu des siècles pour que s'impose naturellement l'idée que la terre n'est pas plate mais sphérique…), le monde de l'ARN s'entrouvre à peine. « Des ARN », devrait-on écrire. Pour lancer le décodage en protéine, chaque gène doit être copié dans le noyau en une molécule miroir, l'ARN. La zone d'ADN où se situe le gène à transcrire se dénoue pour se rendre accessible à la machinerie nucléaire. Les lettres (les bases nucléotidiques) s'assemblent par appariement avec le brin d'ADN à transcrire selon l'ordre délimité par la séquence d'ADN (les A, T, G, C de l'ADN sont transcrits en U, A, C, G), pour simplifier en commençant par le début du gène (signifié par un triplet ATG) jusqu'à la fin du gène (marqué par les triplet UAA, UAG ou UGA). L'ARN ainsi obtenu est appelé pré-messager ; il est pourvu des exons (les séquences codantes nécessaires à la synthèse protéique) et des introns (les séquences non codantes). Comme indiqué dans l'appendice – 1, l'ARN pré-messager subit un processus de maturation visant à le délester des introns (99 % de la séquence) pour ne rabouter que les seuls exons et quelques petites séquences en amont et en aval qu'il ne m'appartient pas de détailler ici. Cet ensemble d'événements est appelé « épissage ». L'ARN messager obtenu est transporté à l'extérieur du noyau, dans le cytoplasme de la cellule, pour être pris en charge par les ribosomes, tous petits organites spécialisés dans la lecture de l'ARN messager et l'assemblage des acides aminés formant les protéines.

En 1991, un jeune chercheur japonais, Masafumi Matsuo, planchait sur la compréhension d'un mécanisme mystérieux susceptible d'expliquer une observation qui rendait perplexe les spécialistes de la myopathie de Duchenne. Cette maladie se caractérise par l'absence totale de dystrophine

15 Il y a bien un ADN (en fait deux : l'ADN génomique, contenu dans le noyau de chacune de nos cellules, et l'ADN mitochondrial, renfermé dans les mitochondries). Les mitochondries sont transmises par la mère uniquement. L'ADN génomique est le fruit d'un brassage chromosomique issu pour moitié du père et pour l'autre moitié, de la mère. Tous nos chromosomes vont par paire (l'être humain possède 23 paires de chromosomes, dont seule la paire de chromosomes sexuels n'est pas nécessairement gémellaire. Si l'enfant hérite d'un chromosome X de la mère et du chromosome X de son père, ce sera une fille. S'il hérite de l'un ou l'autre chromosome X de sa mère et du chromosome Y de son père, ce sera un garçon.

ou par la présence d'une forme tronquée, pas ou incomplètement fonctionnelle, de la protéine. La dystrophine est une sorte de chaîne dont une extrémité est fixée dans la membrane des cellules musculaires. L'autre extrémité, au cœur des cellules musculaires, est liée à l'actine, une protéine assurant la contraction des fibres musculaires. Entre ces deux extrémités, un chapelet de motifs répétés, dont la rigidité plus ou moins élastique assure un lien mécanique entre membrane cellulaire et l'intérieur de la cellule. La contraction à l'échelle microscopique de la fibre musculaire est un énorme tsunami qui fragmenterait la membrane de la fibre musculaire sans cette bretelle assurée par la dystrophine. Ainsi dans la myopathie de Duchenne, le diagnostic génétique et clinique était longtemps complété par l'analyse histologique de biopsies musculaires. On prélève quelques millimètres cubes de muscle (par exemple au niveau du biceps ou à la faveur d'une chirurgie orthopédique) à laquelle on applique quelques réactions particulières pour en quelque sorte « colorer » la dystrophine avant d'observer les coupes histologiques au microscope. Pour faire simple, les coupes histologiques de muscles Duchenne ne montrent aucune présence de dystrophine. Cependant quelques fibres çà et là (parfois quelques pourcents de fibres) se parent étonnamment de dystrophine. Leur nombre est trop faible pour prémunir l'ensemble du muscle contre la maladie. Chez les malades atteints de myopathie de Becker, forme moins sévère, d'apparition plus tardive et fatale à plus longue échéance, voire pas fatale du tout, les fibres possèdent une forme raccourcie de dystrophine dont la fonctionnalité incomplète les protège partiellement. On a même trouvé des cas de dystrophie musculaire de Becker qui s'ignoraient, les sujets vivant une vie normale, exerçant même une activité sportive alors que leur dystrophine était incomplète mais suffisamment fonctionnelle.

La démarche scientifique qui a suivi est assez symbolique de la recherche médicale. Elle repose d'abord sur de bons médecins, spécialistes de leur discipline. Il est indispensable de bien individualiser et caractériser la maladie. Cela peut paraître trivial mais c'est en réalité extrêmement difficile. Il faut être capable de bien distinguer les symptômes et les regrouper de manière logique pour « signer » une maladie sans la confondre avec une autre entité pathologique qui présenterait des signes cliniques communs. Rien ne ressemble plus à une myopathie qu'une autre myopathie (et il y en a des centaines !). Il faut adjoindre à l'examen clinique des tests biologiques très divers (l'histologie par exemple) mais aussi des mesures de certains indicateurs biologiques sanguins ou des tests électromyographiques témoignant d'altérations de l'activité électrique musculaire. En matière de maladies héréditaires, le plus souvent l'analyse de familles concernées par la maladie aide beaucoup ; à la fois pour homogénéiser les observations et aider à l'identification du ou des gène(s) responsable(s) de la maladie. Quoi qu'il en soit, la première étape passe par une caractérisation clinique précise et rigoureuse permettant de dégager une entité nosologique bien distincte, la maladie et pas une autre, aussi voisine soit-elle. Ce n'est qu'à partir de cette étape indispensable que les autres disciplines (comme la génétique par exemple) peuvent se mettre en action. Lorsque la cause génétique est identifiée, d'autres démarches scientifiques peuvent être entreprises. En matière de biologie et pour faciliter et accélérer les investigations, les chercheurs s'attachent à modéliser la maladie. Le monde vivant regorge d'espèces très étudiées, depuis la levure, la mouche du vinaigre, les larves de certaines grenouilles, celles du poisson-zèbre, un petit ver de terre très abondant (le *Ceanorhabditis elegans*) jusqu'aux mammifères comme les souris. On peut bien entendu cultiver des cellules humaines dans une boîte de culture, mais il faut bien être conscient que, sorties du contexte d'un organisme entier, elles ne reproduisent que très fragmentairement le fonctionnement d'organes et l'impact délétère de la maladie. Aucun modèle ne rassemble tous les avantages expérimentaux. Il est illusoire par exemple de penser que l'on peut reproduire en culture cellulaire toutes les caractéristiques d'un organisme vivant entier. C'est même un non-sens biologique. Les cellules communiquent entre elles et avec d'autres cellules d'organes différents. Il faudrait aussi reproduire leur vascularisation, l'influence du système immunitaire, celui de la gravité et toutes les contraintes mécaniques liées au poids, au déplacement, aux activités électriques de tout cet ensemble, sans compter le rôle du système nerveux et même de l'état psychologique de l'organisme. Les cultures cellulaires ne peuvent pas toujours rendre compte du facteur temps. La maladie peut mettre des années à se déclarer, or les cellules ne survivent pas des années dans leurs boîtes de Pétri. Il convient aussi d'intégrer des phénomènes associés à l'établissement même de l'organisme durant l'embryogénèse dont la complexité échappe encore à notre compréhension exhaustive. Il est donc impossible de reproduire à l'échelle de cultures cellulaires cet ensemble intégré dont de toute façon nous n'avons que des connaissances prodigieusement parcellaires. Mais ceci est un autre débat qui oppose les tenants de l'abandon de l'expérimentation animale à la majorité des scientifiques (voir à ce sujet le chapitre 5). Les freins à la connaissance sont multiples et puissants ; ils n'ont, depuis des siècles, eu de cesse d'entraver l'activité scientifique pour des prétextes et des motivations variés.

Pour en revenir au chercheur japonais, il était intrigué par la présence de ces fibres musculaires positives pour la dystrophine au milieu de la masse de fibres privées de la protéine. Et même si cette présence minoritaire ne change rien au cours de la maladie, il peut se révéler important de comprendre le mécanisme biologique qui permet cette minuscule apparition. Cette démarche est typiquement scientifique, sans application médicale immédiate, *« mais on ne sait jamais »*. Matsuo est, comme beaucoup de ses collègues japonais, handicapé par la barrière de la langue. Ses travaux ont d'abord du mal à percer car il a sans doute quelques difficultés à les expliquer (et malheureusement, la communauté scientifique n'est pas nécessairement experte de la langue japonaise non plus). Il publie tout de même ses travaux en 1991 dans la revue américaine *Journal of Clinical Investigations.* Il y explique qu'un phénomène un peu aléatoire, en tous les cas assez rare, s'est produit dans ces quelques fibres musculaires. Une sorte de mutation « réverse », un processus à l'envers qui a modifié l'épissage de l'ARN pré-messager de la dystrophine. Brièvement, ce mécanisme consiste à « sauter » la partie malade du gène pour ne conserver que la partie saine, créant une dystrophine certes plus courte mais suffisamment fonctionnelle. C'est à l'image d'un train dont un wagon (un exon) empêche le train d'avancer. Le chef de gare retire (saute) le wagon pour raccorder les autres wagons, permettent ainsi au train, certes plus petit, d'avancer à nouveau. Le paragraphe qui suit explique plus justement le propos avec des termes un peu plus techniques.

Ce n'est pas au niveau du gène que se joue le mécanisme mais au niveau de l'ARN. Comme l'évoque le chapitre 7, certaines mutations peuvent emporter une partie du gène ou, par le truchement de la modification d'une seule base, créer artificiellement un décalage du cadre de lecture aboutissant, immédiatement ou plus loin, à un triplet de bases nucléotidiques signifiant la fin du gène, par exemple un UTG devenant un UAG (codon terminateur). La lecture de l'ARN messager s'arrêtera trop tôt donc. On se rappelle que la lecture se fait toujours 3 bases par 3 bases (triplet par triplet). Le gène de la dystrophine comporte 79 exons. Ils sont toujours lus 3 bases par 3 bases. Certains exons ne se terminent pas par un triplet complet mais par 2 bases ou même une seule base. Nécessairement l'exon suivant complétera immédiatement par une ou deux bases le triplet en fin de l'exon précédent. Une mutation ayant supprimé une ou plusieurs bases (parfois des centaines et plus!) peut rompre l'enchaînement logique de ces multiples de 3. Ces mutations ne respectant plus le cadre de lecture décalent le texte, rendant celui-ci aberrant. Le ribosome lira toujours les nucléotides 3 par 3 mais puisque leur enchaînement est décalé, l'ordre des lettres n'est plus le même, et donc les triplets que le ribosome lira ne correspondront parfois à aucun de la vingtaine d'acides aminés essentiels ou à des acides aminés qui vont constituer une protéine de forme et de fonction différentes, ou même à un triplet AGU, UGA ou UAA signifiant prématurément la fin du gène. Ces mutations ne respectant pas le cadre de lecture conduisent à une dystrophine trop altérée pour être fonctionnelle et que la cellule dégrade avant que la protéine n'ait le temps de se fixer par ses deux bouts (si tant est que la mutation n'affecte pas les séquences correspondant à ces extrémités).

Des mutations peuvent respecter le cadre de lecture (le fameux multiple de 3 reste effectif), dans ce cas, des exons entiers peuvent être perdus mais si l'enchaînement de l'exon précédant immédiatement la délétion avec l'exon succédant immédiatement à la délétion permet de maintenir des triplets logiques, la protéine fabriquée sera certes plus courte mais suffisamment cohérente pour ne pas être dégradée par la cellule et être au moins partiellement fonctionnelle.

Pour la petite histoire, la paternité de l'identification de la maladie revient à Guillaume de Duchenne de Boulogne. La maladie porte donc le nom de « dystrophie musculaire de Duchenne de Boulogne ». Quelques années plus tard, un neurologue allemand, le Dr Becker, décrivait une forme similaire de la maladie dont ses collègues s'empressèrent de lui attribuer la paternité. Querelle nationaliste de médecins et de puristes. Finalement pour faire plaisir à Becker, les académiciens des sciences attribuèrent à Becker la paternité de la forme qu'il avait décrite, similaire certes mais en moyenne d'apparition plus tardive et de forme moins marquée que la dystrophie de Duchenne. Ainsi une même maladie porte deux noms distinguant deux formes plus ou moins sévères. L'histoire aurait pu s'arrêter à ce compromis diplomatique. En bon Français, je prenais cette double dénomination avec une certaine ironie et non sans condescendance. Il est évident que c'est à Duchenne de Boulogne que revient toute la paternité de la maladie qu'il a décrite avant son concurrent Allemand! Mais il faut reconnaître aujourd'hui que le respect scrupuleux de la distinction Duchenne-Becker depuis l'origine a permis de réunir des arguments qui renforcent le principe du saut d'exon 150 ans plus tard. Les mutations ne respectant pas le cadre de lecture aboutissent généralement à la forme Duchenne, tandis que les mutations dites « en phase », respectant le cadre de lecture, produisent des formes Becker, voire quasiment asymptomatiques (sans symptômes cliniques de la maladie). Finalement les Beckeristes ont eu raison de tenir, et la résolution diplomatique de la querelle d'experts cliniciens se révélera utile. Matsuo aura montré la voie. Dans les muscles malades les mutations « hors phase » (ne respectant pas le cadre de lecture) conduisent à l'absence de dystrophine. Les mutations en phase maintiennent une présence de dystrophine tronquée semi-fonctionnelle. Matsuo démontra en 1991 que durant la croissance ou la régénération musculaire, un phénomène de mutation secondaire particulier peut aléatoirement faire sauter une séquence génétique supplémentaire, restaurant incidemment le cadre de lecture (une suite sensée et ininterrompue de triplets) et ainsi, au milieu de fibres musculaires dépourvues de dystrophine apparaissent des fibres exprimant une dystrophine plus ou moins raccourcie.

L'idée a immédiatement suivi d'induire artificiellement ce phénomène réverse. La communauté scientifique de la dystrophie de Duchenne était assez petite et les travaux de Matsuo ont rapidement trouvé leur écho. Il était théoriquement possible de tirer profit du mécanisme d'épissage pour sauter des exons et ainsi restaurer artificiellement le cadre de lecture. Comme décrit dans le chapitre 6 et l'appendice – 1, la machinerie d'épissage s'agite, se liant à des séquences spécifiques de part et d'autre des exons. Puis elle coupe l'ARN pré-messager aux frontières exon-intron. Les introns sautent et les exons sont raboutés, créant l'ARN messager apte à être transporté hors du noyau pour être ensuite traduit en protéine. La connaissance fine de la séquence de la dystrophine permet de distinguer très précisément les zones frontières de chacun des exons et introns et les séquences qui lient les complexes protéiques de la machinerie d'épissage qui coupent l'ARN pour faire sauter les introns. Avec des molécules synthétiques conçues de manière appropriée, il est possible de masquer les sites d'épissage. Ces molécules se lient chimiquement à ces sites sur l'ARN pré-messager et empêchent ainsi les molécules d'épissage de les reconnaître. Ainsi, en masquant les sites d'épissage d'un exon donné, celui-ci se déroulera normalement partout le long de l'ARN pré-messager, sauf de part et d'autre de l'exon considéré, et ce dernier sautera en même temps que les introns qui le bordent. Matsuo utilisa une famille de molécules appelées « oligonucléotides antisens », des molécules synthétiques qui miment en quelque sorte des bases nucléotidiques. Ces molécules antisens sont capables ainsi de s'apparier aux séquences d'ARN correspondantes. Il est possible de générer des antisens à façon pour masquer n'importe quelle séquence d'ARN. En 1997, l'équipe australienne de Steve Wilton confirma le mécanisme du saut d'exon naturel chez la souris *mdx*, le modèle murin de la myopathie de Duchenne. Et celle de l'équipe londonienne dirigée par l'Écossais George Dickson réalisa le saut d'exon par antisens sur des cellules musculaires de souris *mdx* en culture. Wilton le réalisa sur l'animal vivant en 2001. La même année, une jeune scientifique de l'université de Leiden, en Hollande, réalisa le saut d'exon par antisens sur des cellules musculaires humaines en culture. Ces travaux furent reproduits par plusieurs équipes en Europe, en Australie et aux États-Unis. Les souris malades pouvaient gagner en force.

Matsuo avait aussi avancé de son côté. Il décide en 2006 de se lancer pour la première fois chez un malade. Il utilisa un oligonucléotide antisens (de la famille chimique des phosphorothioates) injecté par voie intraveineuse. La dose était très faible mais logique pour une première mondiale. Ce type de molécule avait été utilisé pour d'autres usages (pour traiter l'ARN de la bêta-globine responsable d'une maladie rare du sang, la bêta-thalassémie). Son concepteur est un chercheur américain, Richard Kole, en lien avec une jeune société de biotechnologie, Isis. L'essai de Matsuo sur un malade Duchenne ne fut pas un franc succès mais sans être un échec pour autant. Aucun effet secondaire de ce traitement transitoire n'a été observé. L'analyse de cellules sanguines montrait que l'ARN messager présentait bien un taux (certes faible) de saut de l'exon 19 visé chez ce malade. Rien de très probant n'a en revanche été observé sur une biopsie musculaire réalisée après l'injection.

Matsuo avait mis le doigt sur une stratégie thérapeutique originale. L'observation et l'idée initiale étaient de lui. Une armada d'équipes universitaires et privées s'est emparée de cette fulgurance scientifique. Il fallait confirmer ces résultats, préciser le bénéfice clinique sur des organismes entiers, notamment la souris *mdx* mais aussi de plus grands animaux témoignant de contraintes anatomiques et physiologiques (notamment la biodistribution des antisens dans un organisme de grande taille) plus proches de l'homme, tels que le chien myopathe. Accumuler des données d'efficacité et de sécurité avant de poursuivre tout développement chez l'homme. Comme pour toutes les avancées de ce domaine, la recherche fondamentale a permis de comprendre et d'inventer de nouvelles thérapeuties. Nombreuses ont été les associations de malades, en particulier européennes, qui ont favorisé cette éclosion du saut d'exon, des travaux initiaux jusqu'aux expériences précliniques (modèles vivants animaux) et aux premiers essais chez l'homme.

Sur la base des travaux de l'équipe hollandaise, une jeune start-up, issue de l'université de Leiden tentait d'avancer à grandes enjambées sur le saut de l'exon 51. Cette cible permet en théorie de traiter près de 15 % des malades Duchenne. Sa recherche préclinique avait besoin de fonds cruciaux. Mais plus aucun investisseur n'était prêt à la suivre sur cette voie, certes innovante mais complexe et donc risquée sur le plan scientifique. Aucun industriel de la pharmacie prêt à partager ce risque. En ce début des années 2000, seules les associations ont eu la vision et la détermination nécessaires pour permettre à la biotech de passer le cap financier jusqu'à la réalisation des premiers essais thérapeutiques de faisabilité. Plus tard, le géant de l'industrie pharmaceutique anglais GSK prendra le relais assumant les essais de phase II et de phase III et en portant le dossier scientifique et réglementaire en Europe et aux États-Unis. Parallèlement, et toujours avec le soutien associatif, d'autres biotechs se lançaient dans la compétition avec des chimies antisens alternatives. Ne pas mettre tous ses œufs dans le même panier ; l'AFM et d'autres associations les soutiendront également. L'inconvénient des oligonucléotides antisens est la nécessité de les réadministrer régulièrement (toutes les semaines souvent) car le saut d'exon s'adresse à l'ARN dont la demi-vie (sa persistance) est réduite. L'ARN messager de la dystrophine est produit et dégradé continuellement. Il faut donc le corriger en permanence.

De nouvelles chimies sont envisagées avec des propriétés de distribution dans l'organisme et de persistance améliorées. Parallèlement, sur la base de travaux originaux d'un artiste de la biologie moléculaire, Luis Garcia, l'AFM avec Généthon met au point une stratégie originale de saut d'exon induit par thérapie génique. Il s'agit ici d'un virus administré dans les membres (et demain par voie générale) portant un gène artificiel capable de produire des nucléotides antisens à vie.

Nombreux sont les chercheurs ayant contribué au saut d'exon. Nombreux aussi sont ceux qui s'en arrogent la paternité. Les travaux pionniers de Matsuo, considérés dans un premier temps avec condescendance, sont à peine rappelés aujourd'hui par la communauté scientifique. La science regorge de ce type de petites injustices. Les résultats cliniques montrent maintenant que le saut d'exon permet effectivement de transformer des formes Duchenne en formes Becker. L'état clinique de jeunes malades ainsi traités s'améliore et de plus en plus de fibres de leurs muscles font de la dystrophine. Même si GSK n'est plus impliqué, nous sommes à deux doigts de l'enregistrement du produit réalisant le saut de l'exon 51. Il conviendra néanmoins de s'assurer de la tolérance au long cours de ce nouveau traitement.

Au fond, qu'est-ce qui justifiait l'intérêt d'un industriel de la pharmacie comme GSK pour une maladie rare telle que la myopathie de Duchenne, qui plus est pour un sous-type de patients représentant 15 % de la maladie? Sans doute le fait que les oligonucléotides antisens sont en pleine effervescence. On peut interférer avec n'importe quel ARN, sauter n'importe quel exon de n'importe quel gène, y compris des exons indispensables à la fonction des protéines. Si ces protéines sont par exemple des protéines de tumeurs ou d'agents infectieux, les antisens trouvent ainsi leurs applications comme nouveaux anticancéreux ou anti-infectieux. L'histoire ne fait sans doute que commencer. Quant aux associations comme l'AFM, elles poursuivent leur rôle d'impulseurs et de défricheurs pour le compte des malades qu'elles représentent. Conformément à ses missions, l'AFM finance une partie du développement clinique de nouvelles chimies d'antisens pour les appliquer aussi aux exons concernant des sous-groupes de patients peu fréquents (par exemple celle de l'exon 7 pour bien moins de 5 % de malades) qui n'intéresseront pas nécessairement les industriels. Il faut aussi mettre à disposition cette thérapeutique pour les malades ayant déjà perdu la marche. Pour ce faire il est indispensable de disposer de méthodes de mesures fonctionnelles adaptées. L'Institut de myologie a ainsi mis au point toute une panoplie d'appareillages et de tests cliniques adaptés pour les malades en fauteuil. Il faut aussi mentionner un investigateur clinique unanimement reconnu pour ses qualités d'expert tant clinique que scientifique, le Pr Thomas Voit, « débauché » de son université d'Essen en Allemagne par l'AFM. Autour de lui, toute une équipe de jeunes pousses médicales.

Bien d'autres pistes thérapeutiques sont également explorées : thérapie génique, thérapie cellulaire régénérative, amélioration pharmacologique, avec les associations comme partenaires essentiels. Le monde des micro-ARN et de tous ces petits ARN régulateurs dont nous ne ferons que lever un très modeste voile dans le chapitre 6 et l'appendice – 1, est un nouveau domaine en pleine effervescence, porteur d'avenir.

Agir sur l'ARN offre de nombreux avantages. On ne modifie pas durablement le patrimoine génétique de l'individu. En cas de problèmes particuliers (par exemple des effets secondaires) il suffit d'interrompre le traitement pour que s'estompent les effets du traitement au fur et à mesure du recyclage des ARN. La versatilité de la thérapie de l'ARN est sans limite. On peut par exemple inactiver l'ARN de n'importe quel gène, le détruire momentanément ou à l'inverse le stimuler. Selon le produit protéique prévu par cet ARN, on peut donc interférer positivement ou négativement avec n'importe quelle fonction. Le futur nous réserve une richesse d'applications telle que l'on peut certainement parler de révolution médicale. Dans tous les cas, c'est une nouvelle classe de médicaments qui prend peu à peu naissance. D'ores et déjà les premiers médicaments sont autorisés (les AMM) pour une maladie infectieuse de l'œil et pour une maladie rare, l'hyperlipidémie familiale. Plusieurs essais de phase III sont en cours en oncologie, Alzheimer, diabète, maladies cardiovasculaires. De plus en plus de maladies rares pour lesquelles par nature les preuves de concept sont plus rapides à établir, et qui offrent ainsi des preuves de concept pour des maladies fréquentes.

Parallèlement, la « neutralisation » d'ARN est évaluée pour les maladies neuromusculaires les plus fréquentes de l'adulte, comme la dystrophie musculaire de Steinert, et qui se caractérisent par l'accumulation anormale de certains ARN sous forme toxique. D'autres maladies présentent ce type d'anomalies (la chorée de Huntington, une maladie génétique neurodégénérative du cerveau), avec quelques points communs avec des maladies fréquentes.

À l'inverse, en masquant d'autres sites d'épissage, il est possible de forcer l'inclusion d'exons fragilisés par certaines mutations. Cette inclusion d'exon trouve son application dans l'amyotrophie spinale, la maladie des neurones moteurs la plus fréquente. On le voit : si le saut d'exon est un aspect seulement de cette diversité thérapeutique, il ouvre néanmoins de nombreux horizons. L'ARN est un monde fascinant dont on entrevoit à peine les abondantes perspectives d'application (voir l'appendice – 1).

Les maladies rares, sources et accélérateurs d'innovation

La myopathie de Duchenne a été donc l'occasion de l'émergence d'une nouvelle classe de médicaments, les antisens appliqués au saut d'exon, ouvrant la voie aux applications du saut d'exon aux maladies fréquentes. Une autre forme de thérapeutique a pu éclore notamment grâce aux avancées permises par les maladies rares : la thérapie génique, qui, par essence, a d'abord été imaginée pour les maladies génétiques. Les premiers essais chez l'homme avaient justement concerné des maladies rares du sang. Depuis, une première autorisation de mise sur le marché a été obtenue en Chine dans le cancer tête-et-cou et des demandes sont en cours d'examen pour divers cancers, pathologies cardiovasculaires et vaccinations. Une première homologation a été accordée en octobre 2012 en Europe pour une maladie génétique (l'hyperlipidémie familiale) et est en cours d'examen pour une immunodéficience héréditaire.

Une véritable « chirurgie du gène », permettant de corriger ou modifier l'ADN *in situ* commence à être explorée en médecine humaine (les premiers essais cliniques concernent le Sida mais les mises au point ont naturellement impliqué des maladies génétiques). Le domaine est encore très jeune mais plein de promesses. Le principe consiste, avec des outils enzymatiques synthétiques à couper l'ADN à l'endroit voulu (par exemple dans le gène malade) pour ensuite profiter des mécanismes naturels de réparation de l'ADN ou par l'intervention d'outils génétiques adaptés (on appelle cela la « recombinaison homologue ») pour corriger le gène cible. Un premier essai clinique de cette technologie est donc en cours aux États-Unis pour le Sida. De son côté, l'AFM s'est engagée pour explorer les techniques de chirurgie du gène pour 7 maladies différentes.

D'autres outils de transfert de gènes mis au point et validés pour des maladies rares (c'est l'exemple de la neuropathie optique de Leber) pourront ensuite plus aisément être confirmés pour des maladies fréquentes (la cécité liée à l'âge ou au diabète).

Plusieurs exemples, notamment dans le chapitre 2, concernant les travaux sur la progeria, illustrent parfaitement le propos. On y voit tout l'intérêt de la recherche fondamentale (le vieillissement nous concerne tous) puis de la mise au point du traitement de cette maladie hyper-rare du vieillissement et de son extension d'application pour contrecarrer le vieillissement prématuré induit par les chimiothérapies anti-Sida et anti-cancer.

Moins dramatique et assez croustillante, l'histoire des myostatines peut venir agréablement éclairer le propos. Tout pourrait débuter dans un pré quelque part en Belgique, dans un alpage piémontais ou au milieu d'une vaste prairie de l'Ouest américain. Des grosses touffes d'une herbe bien grasse sont arrachées dans un bruissement sourd et tranquille par une puissante mâchoire semée de molaires taillées pour la besogne. Un mâchonnement régulier réduit peu à peu la verdure en bouillie bienfaisante. De nouvelles touffes sont découpées et viennent compléter la croustillante ration chlorophyllée. Patiemment, automatiquement, consciencieusement, l'animal broute sa portion végétale quotidienne. Un souffle rauque et puissant rythme cette musique alimentaire. L'animal est imposant; plus d'une tonne de viande sur pattes, dont l'activité n'a qu'un seul but : ruminer et faire toujours plus de viande. Le monstre fait partie de ces quelques races bovines hypermusclées (dites « culards ») qui ont été sélectionnées et multipliées depuis plus de deux siècles pour leur intérêt économique majeur du fait de leur rendement élevé en viande. Ces animaux impressionnent par leur masse musculaire et constituent les attractions des concours agricoles. Ces animaux sont des mutants. Cette curiosité de la nature entretenue par élevage sélectif a été évidemment largement étudiée par les généticiens. En 1997, le gène culard a ainsi été identifié. Ces bêtes-à-concours se trouvent être porteuses d'une mutation affectant le gène d'une hormone, la myostatine. Cette hormone contrôle habituellement la masse musculaire en inhibant la croissance du muscle. Il existe, comme dans beaucoup de fonctions biologiques, des mécanismes de stimulation et une boucle de rétrocontrôle négative. C'est l'équilibre entre les inducteurs et les inhibiteurs qui permet la construction harmonieuse et adaptée à son environnement. Ainsi la masse musculaire est déterminée par tout un ensemble de mécanismes inducteurs (des gènes de prolifération des cellules-souches, des gènes de fusion de ces cellules et de différenciation en fibres musculaires, des hormones de croissance et bien d'autres). À l'opposé, sont mis en œuvre des freins à la croissance musculaire. La myostatine est ainsi produite par le muscle lui-même, passe dans la circulation sanguine pour finalement pénétrer l'ensemble de la musculature et y jouer un rôle d'inhibition de sa croissance. La myostatine doit être évidemment produite en quantité suffisante pour exercer pleinement son action inhibitrice. Certaines mutations peuvent apparaître spontanément çà et là dans le gène de la myostatine. Certaines d'entre elles peuvent ainsi se révéler délétères pour la fonction de l'hormone. On connaît désormais les mutations responsables de cette abondance de musculature chez les bovins. Toutes les espèces de vertébrés semblent concernées. On connaît par exemple des lévriers whippet à la musculature surdéveloppée et à la rapidité fulgurante. Suivant une démarche scientifique désormais classique, pour mieux comprendre comment la myostatine agit, des équipes scientifiques ont d'abord cherché à reproduire le phénomène dans leur animal de laboratoire favori, la souris. Des souris transgéniques ont ainsi été créées, mutées artificiellement dans leur gène de la myostatine. Et celles-ci présentent en effet une musculature bien plus étoffée que leurs congénères non mutées. Un décryptage précis de la voie métabolique a pu être réalisé et c'est tout un ensemble de mécanismes qui a ainsi été précisément élucidé. Pour approcher le contexte humain, le recours aux familles volontaires est encore indispensable. C'est ainsi qu'une première famille avait été identifiée en Allemagne, dont le grand-père était un homme réputé pour sa force herculéenne ainsi que sa fille, une athlète de haut niveau (non dopée...). Elle eut elle-même un petit garçon né avec des cuisses d'haltérophile. Là aussi c'est la consanguinité (et sans doute même quelque forme d'inceste) qui a abouti à cette ségrégation familiale, rare mais si propice à l'étude génétique. L'analyse du gène de la myostatine de cette famille s'est ainsi révélée positive. C'était la première démonstration de la réalité de la voie de la myostatine chez l'homme. La myostatine intervient dès la vie fœtale en contrôlant la prolifération des cellules musculaires et donc le nombre total de fibres musculaires. Pendant la vie postnatale elle participe au contrôle de la taille des fibres musculaires en régulant l'activité des cellules-souches satellites et la synthèse protéique.

L'histoire ne s'arrête pas là évidemment. L'élucidation de ce mécanisme a été le prélude à une stratégie originale de traitement de myopathies. Le principe repose sur le fait que tant que la masse musculaire est suffisante, même si les fibres musculaires sont fragilisées par l'atteinte myopathique (il existe des dizaines de myopathies purement musculaires) le muscle maintient sa force. Tant que les fibres qui cassent et dégénèrent sont remplacées par de nouvelles fibres, les muscles sont préservés. C'est ce qui explique que beaucoup de myopathies ne se déclarent pas immédiatement après la naissance. Le principe thérapeutique ici est donc d'inhiber chez les malades leur myostatine pour faire remonter leur masse musculaire et ainsi leur fonction locomotrice. Pour ce faire, diverses stratégies sont expérimentées actuellement, dont la mise au point d'anticorps monoclonaux dirigés contre l'hormone, son récepteur musculaire ou une autre protéine chargée de la dégradation de la myostatine. Ces produits ont déjà été testés avec plus ou moins de bonheur chez les malades atteints de diverses myopathies. L'industrie pharmaceutique s'intéresse particulièrement à cette innovation non pas spécifiquement pour les myopathies mais pour un marché bien plus lucratif : celui de la cachexie, la fonte musculaire qui survient dans les phases avancées du cancer, du Sida et au cours du vieillissement. Le muscle est un réservoir d'énergie indispensable à notre organisme. La cachexie est un facteur essentiel qui précipite le décès dans ces conditions. L'industrie s'intéresse donc aux moyens de rétablir une masse musculaire apte à prolonger la survie des malades dans ces phases pathologiques avancées. La myostatine est également impliquée dans la fonte musculaire. Il semblerait qu'elle intervienne aussi dans le contrôle de l'adipogenèse et de l'ostéogenèse. On a ainsi observé une baisse de la masse graisseuse chez les femmes post-ménopausées sous l'effet d'un anti-myostatine (on imagine l'intérêt économique que cette observation représente...).

D'autres intérêts se manifestent aussi dès qu'un sujet de ce type émerge. Ainsi, à peine leurs travaux publiés dans la littérature scientifique, des équipes spécialisées dans la myostatine ont été contactées par des entraîneurs de chevaux de course, d'équipes de sports collectifs ou individuels professionnels. Le dopage a encore de beaux jours devant lui. La veille technologique en la matière est particulièrement efficace et les intérêts extra-sportifs, peu scrupuleux. Mais ce que nous retiendrons ici c'est d'abord l'illustration de ce que nous avons déjà affirmé : des concepts thérapeutiques mis au point pour des maladies rares ouvrent la voie à des applications répandues.

Plus prosaïquement, on pourrait multiplier les exemples de thérapeutiques de maladies rares utilisées largement aujourd'hui pour des affections fréquentes. Beaucoup de maladies rares sont des formes extrêmes de maladies communes et procurent un accès privilégié à la connaissance des mécanismes pathologiques. Les statines, utilisées dans le monde entier en tant qu'hypocholestérolémiant avaient été développées initialement pour une maladie rare, l'hypercholestérolémie familiale. Les biphosphonates, une classe thérapeutique développée pour l'hypophosphatasie, autre maladie rare (un cas sur 100000), sont très largement utilisés aujourd'hui contre l'ostéoporose.

À l'inverse, l'application de thérapies de maladies fréquentes à des maladies orphelines est également possible. Le Viagra en est un bon exemple. Autorisé en 1998 pour le traitement des troubles de l'érection, Pfizer a obtenu en 2005 l'autorisation de médicament orphelin pour appliquer le Viagra au traitement de l'hypertension artérielle pulmonaire. Un dérivé de ce même produit est en essai clinique pour la myopathie de Duchenne.

Une organisation à la mesure des ambitions

Ce qui caractérise l'action scientifique de l'AFM est son ambition et sa flexibilité. Voir grand pour aller plus vite et éviter la dispersion. Le développement thérapeutique est coûteux et risqué. De ce fait, l'association ne peut que privilégier les maladies qui correspondent à ses missions et éviter une trop grande dispersion sous peine d'éparpillement et d'isolement. La prise de décisions stratégiques pour une mise en œuvre rapide fait de l'AFM une organisation qui a su plusieurs fois changer d'activités, mais sans perdre de vue la ligne stratégique : la guérison. Cette flexibilité permet à l'association de se concentrer sur ce qui est novateur, en laissant le soin aux autres de continuer l'exploration de pistes qu'elle a contribué à ouvrir. En jouant ce rôle d'accélérateur, de facilitateur, en s'employant à faire sauter les verrous scientifiques et technologiques, l'AFM a constitué des infrastructures collectives. Les engagements de l'AFM sont le plus souvent pluriannuels et obligent l'association à une gestion financière et administrative rigoureuse, professionnelle et évaluée par des organismes indépendants.

Les moyens mis en œuvre sont multiples : appels d'offres (plus de 200 programmes de recherche et 50 bourses doctorales ou post-doctorales par an), une politique de sites et de plateformes (criblages de molécules, plateaux d'expérimentation animale, production de produits à usage clinique) et des programmes stratégiques ambitieux dont les montants excèdent les 500 000 € annuels pendant plusieurs années. Le détail de ces actions et de leur organisation figure dans les rapports annuels et de nombreux documents accessibles sur le site Web de l'association.

L'AFM et Eurordis, qu'elle a contribué à créer, ont été les chevilles ouvrières qui ont permis de faire évoluer la législation européenne en matière de maladies rares. On leur doit en particulier les mesures incitatives en faveur de la recherche industrielle, regroupées sous le statut de Médicament orphelin en 1999, de Règlement sur les médicaments à usage pédiatrique en 2006, de Règlement sur les thérapies avancées en 2007. Ces mesures ont permis la mise sur le marché de plus de 70 médicaments orphelins en Europe, dont la majorité ne s'adressent d'ailleurs pas aux maladies neuromusculaires.

L'AFM s'est aussi engagée dès la fin des années 1980 aux côtés d'une douzaine d'associations (neuromusculaires et non neuromusculaires sous forme de soutien financier ciblé ou de programmes conjoints) et des partenaires publics français, en particulier l'Inserm, le CNRS et le CEA, l'AP-HP, l'Institut Pasteur ou des écoles vétérinaires. De grands chercheurs ont pu ainsi émerger.

Plus globalement, c'est la reconnaissance de ces malades, longtemps exclus de la vie économique et sociale, qui a constitué une priorité. La création et le financement majoritaire de la plateforme Maladies rares, depuis 2001, qui regroupe les principaux acteurs dans ce domaine (Maladies rares info services, Orphanet, Eurordis, la fédération européenne d'associations Maladies rares qui rassemble actuellement une vingtaine d'alliances nationales et 600 associations de 50 pays représentant plus de 4000 maladies rares ; l'Alliance maladies rares qui rassemble plus de 200 associations françaises et des malades et familles isolés « orphelins » d'associations et représente environ 2000 pathologies rares et 2 millions de malades). Ce centre de mobilisation associative, d'expertises et de ressources unique en Europe est qualifié de *French Model* au niveau européen. Cette mobilisation associative a abouti à la mise en place d'un premier plan national Maladies rares de 2004 à 2008 qui a permis, notamment, la création de 131 centres de référence, la mise en réseau de la recherche fondamentale et l'ouverture vers la recherche appliquée à la clinique.

C'est ce qui a amené l'État (ministères de la Recherche et de la Santé notamment) à considérer l'AFM comme un interlocuteur pour la programmation de la recherche sur les maladies rares (plan Maladies rares 2004-2008, nouveau plan Maladies rares 2010-2014) et plus généralement pour la recherche médicale (groupes de travail pour l'Institut de génétique et développement ; SNRI, Sciences du vivant). Parmi les réalisations de ce plan national, la Fondation des maladies rares qui a succédé au GIS-Institut des maladies rares (créé en avril 2002 et financé à 90 % par l'AFM) facilite le développement de réseaux de recherche et d'actions ciblées (bases de données pour les maladies rares, développement de modèles murins, criblage de molécules à visée thérapeutique grâce au partenariat avec des grands groupes pharmaceutiques, plateforme de séquençage des micro-délétions). L'AFM est également partenaire fondateur de l'Institut des maladies génétiques Imagine au sein de l'hôpital Necker aux côtés de l'AP-HP, de l'Inserm et de l'université Paris-IV.

L'AFM est devenue partie prenante de groupes de travail à l'AFSSAPS (aujourd'hui ANSM, l'Agence nationale de sécurité du médicament), à la Haute Autorité de santé et au ministère de l'Enseignement supérieur et de la Recherche. Aujourd'hui les maladies rares sont reconnues comme un véritable enjeu de santé publique en France et cet intérêt se prolonge à l'échelle européenne. À l'origine de cette avancée, il y a le rôle précurseur de la France qui, sous l'impulsion des associations de malades et particulièrement de l'AFM, a su instaurer une dynamique originale associant patients, chercheurs, médecins, industriels et pouvoirs publics. En juin 2009, l'Union européenne demande aux gouvernements des pays européens la mise en place de stratégies nationales pour les maladies rares. Sur la base de l'exemple français (plan Maladies rares 2004-2008, et second plan pour 2010-2014), cette recommandation met l'accent sur la nécessité d'une approche globale permettant la reconnaissance, la prévention, le diagnostic, les soins et la recherche pour ces maladies.

On retrouve ici le principe d'intérêt général de nos actions. La similitude des problèmes scientifiques et médicaux à résoudre, qui, d'une maladie génétique rare à une autre, sont souvent les mêmes, fait que les concepts à développer, les stratégies thérapeutiques à explorer présentent des affinités très fortes. Les savoirs obtenus sur les unes sont ainsi transposables aux autres.

Le médicament est de nature industrielle. Depuis longtemps, et sans avoir abandonné la forme associative, l'AFM a développé des actions en coopération avec l'industrie. C'est peut-être aussi ce qui m'a valu d'être débauché de l'industrie par l'association. Il s'agit pour l'AFM de contribuer à des projets et des programmes ambitieux avec des objectifs et des résultats précis, ne supposant pas une logique de profits destinés à rémunérer des investisseurs et des actionnaires. Nos actionnaires à nous, ce sont les malades. Dans tous les cas les accords avec le secteur privé supposent des conventions. L'argent des donateurs n'a pas vocation à alimenter les caisses des industriels ; son objectif est de permettre l'accès au traitement. Les aspects négociables des conventions portent sur les formes que peut prendre le « retour sur investissement » consenti par l'AFM (co-propriété sur les brevets, redevances plafonnées ou non, multiples de l'investissement, ou dans de rares cas participation au capital). La logique de ces compensations financières réside dans le réinvestissement intégral des retombées sur d'autres programmes de recherche de l'association. En somme ce qui est en jeu c'est le passage d'une économie du « shareholder » (porteur d'actions) à une économie du « stake-holder » (porteur d'enjeux).

Entre 20 et 40 % des programmes financés par l'AFM sont orientés vers des partenaires étrangers, souvent sous forme de projets collaboratifs avec des équipes françaises. Par ailleurs, le recrutement de patients pour des essais cliniques doit le plus souvent s'envisager à l'échelle supranationale étant donné la faible prévalence de ces maladies. L'AFM a permis la mise en place de nombreux réseaux d'excellence européens. Elle est engagée dans de nombreux partenariats avec des associations étrangères. Elle mène une politique active de concertation avec les instances européennes (statut de médicament orphelin, réglementation sur les nouvelles thérapies...).

En organisant le soutien, l'émergence et l'accompagnement de centaines de programmes de recherche annuellement, en échafaudant une stratégie volontariste à finalité thérapeutique, l'AFM contribue ainsi au rayonnement de la recherche française.

L'Institut des biothérapies des maladies rares, « bras armé » de l'AFM

C'est un aspect fondamental de l'action scientifique de l'AFM mais que je ne détaillerai pas ici, dans la mesure où les rapports annuels et bien des documents publics de l'association en dressent les résultats. Cette force de frappe mutualisée couvre l'ensemble du processus de recherche, de la science fondamentale aux essais cliniques et la prise en charge des malades. Avec ses 10 000 m² de laboratoires, c'est le plus grand centre en Europe dédié aux biothérapies des maladies rares. Il réunit 650 personnes dont la mission est la conception et le développement préclinique et clinique de biothérapies innovantes pour les maladies rares. C'est un centre intégré permettant de passer de la recherche au développement clinique puis à la précommercialisation en intégrant la production selon les normes réglementaires appliquées aux produits pharmaceutiques. Ce savoir-faire permet actuellement à cet institut de préparer et mener à lui seul 19 essais thérapeutiques de thérapie génique, cellulaire, pharmacogénétique ou de pharmacologie classique, pour presque autant de maladies différentes.

Fédérer les compétences publiques et privées au sein de pôles de compétences avait conduit à la naissance en 1996 (mais après 10 ans de tractations !) de l'Institut de myologie, au sein de l'hôpital de la Pitié-Salpêtrière, où les partenaires de l'association sont l'Inserm, l'AP-HP, le CEA et l'université Pierre-et-Marie-Curie. Créé à l'initiative de l'AFM, il contribue à l'émergence et à la reconnaissance d'une nouvelle spécialité médicale, celle de la myologie. Sur le plan national, l'Institut de myologie est un acteur majeur du réseau de consultations spécialisées dans les maladies neuromusculaires. Sur le plan international, ce centre de référence se veut ouvert à tous les acteurs œuvrant dans le domaine des pathologies neuromusculaires. Les progrès sur la connaissance du muscle peuvent bénéficier à d'autres disciplines (gériatrie, traumatologie, sports...).

L'année même de la création de l'Institut de myologie, Généthon abordait sa deuxième vie, celle de la thérapie génique. Après avoir acquis une solide expertise de la conception de vecteurs de gènes, il a fallu innover en matière de bioproduction, un domaine balbutiant à l'échelle mondiale. Généthon est devenu le premier laboratoire non pharmaceutique à recevoir en France la labellisation BPF (Bonnes pratiques de fabrication) délivrée par l'ANSM pour la production et le contrôle de lots de vecteurs de thérapie génique destinés aux essais cliniques. Maître d'œuvre pour l'établissement d'un centre de bioproduction à grande échelle de vecteurs de thérapie génique sur la Genopole d'Évry, en partenariat avec les collectivités locales et territoriales, Généthon s'est lancé dans l'ère industrielle. C'est ainsi qu'est né en 2013 Généthon Bioprod. Depuis juin 2013, Généthon a obtenu le statut d'établissement pharmaceutique (sa vocation étant bien sûr d'être à but non lucratif) ; une première mondiale encore. Pour la première fois une structure associative obtient le droit de commercialiser des médicaments de thérapies innovantes. L'objectif n'est pas le profit mais l'assurance de mettre à disposition des traitements remboursables pour les malades. Si un industriel décide de s'impliquer dans le développement de la thérapeutique en question, il ne sera évidemment pas de la vocation de l'association de le faire à sa place. En attendant, il faut bien que quelqu'un s'en charge. Le vaisseau amiral de l'AFM est ainsi devenu une biotech à but non lucratif, engagée dans plusieurs programmes au stade des essais cliniques, dont des premières mondiales dans des maladies rares du système immunitaire, du foie, de l'œil et bien entendu du système neuromusculaire.

Un autre des quatre piliers de l'Institut des biothérapies est AGT (Atlantic Gene Therapies), basé à Nantes. Expert de la mise au point de vecteurs de gènes et des évaluations dans les grands modèles animaux, il abrite plusieurs équipes dont certaines Inserm, qui développent des produits de transfert de gènes dans la rétine, le système nerveux central, le foie et le muscle strié.

Enfin I-Stem, proposé aux administrateurs de l'AFM par Marc Peschanski en 2004. Ce centre de recherche et développement, dédié à l'élaboration de traitements de maladies rares fondé sur l'énorme potentiel offert par les cellules-souches, s'étend depuis la recherche fondamentale de mécanismes pathologiques jusqu'à l'utilisation thérapeutique des cellules-souches. À l'époque, les cellules-souches embryonnaires commençaient à être étudiées et des perspectives d'essais cliniques basés sur ces cellules étaient entrevues. L'AFM était déjà engagée dans les recherches sur les cellules-souches adultes, celles que l'on trouve dans les tissus post-nataux, fœtaux ou de cordon ombilical, et qui ont un potentiel thérapeutique plus ou moins bien marqué. C'est ainsi que la peau, le sang (grâce aux cellules-souches présentes dans la moelle osseuse), le foie ou les muscles recèlent des cellules-souches capables de se multiplier en grand nombre et d'achever leur différenciation en l'organe auxquelles elles sont destinées. Mais ces cellules n'ont qu'un pouvoir limité de prolifération et de plasticité tissulaire. Plusieurs essais, en particulier de greffe de cellules-souches musculaires n'ayant pas encore apporté de résultats suffisamment convaincants pour le traitement de grands muscles, les cellules-souches embryonnaires ont donc été explorées. Elles ont un pouvoir de prolifération illimité et la capacité de se spécialiser en n'importe quel tissu. Ces cellules ne sont présentes qu'à un stade très précoce d'amas cellulaire à quelques jours de gestation. Passés les 10 jours de gestation, elles perdent leur caractère embryonnaire. Une poignée de lignées de cellules-souches embryonnaires commençaient à circuler dans la communauté scientifique. Elles sont issues de prélèvements de cellules sur quelques embryons surnuméraires avant leur destruction car ne faisant plus l'objet de projet parental (ce qui signifie qu'ils ne seront jamais implantés dans l'utérus de la mère et ne donneront jamais un nouveau-né, ni même un fœtus). Cette recherche était déjà très encadrée, supposant notamment l'accord des parents pour le prélèvement de cellules pour le compte de la recherche scientifique. La France n'autorisait pas encore ces recherches mais une loi était en préparation qui allait permettre dans des conditions très restrictives de se lancer dans la course.

Il fallait donc se tenir prêt et, dans l'intervalle, définir les contours d'un programme dédié aux maladies rares et un nouveau laboratoire apte à le mener. La compétition internationale était déjà vivace et la France, très en retrait. L'AFM se devait de permettre l'exploration de toutes les pistes susceptibles de bénéficier aux malades.

L'ambition d'I-Stem était de représenter un centre de référence internationale pour les thérapeutiques issues des cellules-souches, appliquées aux maladies rares d'origine génétique. Mais aussi comme une structure de promotion de la recherche sur les maladies monogéniques, que ce soit directement par les équipes du laboratoire ou par le transfert de ressources et de compétences à d'autres équipes. C'est ainsi qu'I-Stem a été créé en réponse à l'ouverture législative qui a permis aux chercheurs français d'entrer dans le champ des cellules-souches pluripotentes humaines d'origine embryonnaire. La loi était votée tout début 2004 ; les financements octroyés immédiatement par l'association aux initiateurs du projet. Janvier 2005 : I-Stem, fruit d'un partenariat entre l'AFM, l'Inserm, Genopole et l'université d'Évry, ouvre ses locaux à Évry non loin de Généthon. Les équipes sont formées et les premières lignées de cellules-souches embryonnaires arrivent en avril. Une unité Inserm dédiée est ainsi mise en place et parallèlement, une équipe se structure, spécialisée en robotisation et en industrialisation des techniques de culture et de différenciation des cellules-souches. En 18 mois, la faisabilité de cette recherche était réalisée et I-Stem pouvait fonctionner à plein régime. À l'instar des cartes du génome et de la création de Généthon, l'AFM se lançait résolument dans une nouvelle aventure scientifique et humaine, dans un quasi-désert scientifique national. Cela deviendra vite le prétexte à une polémique largement relayée par les médias que lancèrent les anti-avortement, religieux ou extrémistes. L'AFM défendra sa stratégie et le public se démarqua largement des polémistes. Le chapitre 5 y consacre un paragraphe.

I-Stem réussit rapidement plusieurs percées scientifiques : la différenciation des cellules-souches embryonnaires en toutes sortes de populations de neurones moteurs ou cérébraux, puis en épiderme, en cœur et plusieurs autres tissus. La voie était ouverte pour deux types de recherche, les applications de ces cellules à la régénération d'organes et à la modélisation de maladies héréditaires à partir de cellules-souches issues d'embryons pathologiques.

Quelques années plus tard, une nouvelle avancée allait permettre d'étoffer le champ de recherches. Une équipe japonaise avait trouvé la recette de cuisine qui pouvait redonner à des cellules adultes un caractère proche des cellules embryonnaires. L'adjonction de 4 gènes précis transformait des cellules adultes en cellules induites à la pluripotence (ou cellules iPS). Le Vatican y voyait immédiatement le moyen d'abolir les recherches sur les cellules embryonnaires, les lobbies anti-avortement aussi. Les mêmes qui professaient la prudence et l'absence de résultats probants en matière de cellules-souches embryonnaires oubliaient bien vite ces grands principes pour parer les iPS de tous les attributs immaculés de sécurité et d'efficacité.

Fidèle à ses principes d'exploration de toutes les pistes qui méritent d'être poursuivies, L'AFM poursuivait son soutien aux recherches sur les cellules-souches qu'elles soient embryonnaires, adultes ou iPS. Comme toujours, chacune a ses avantages et ses inconvénients qu'il convient de bien appréhender et maîtriser. Pour ce faire, il est indispensable de disposer de connaissances approfondies sur tous ces types cellulaires pour être en mesure de les comparer. C'est précisément à partir de connaissances acquises au travers des recherches sur l'embryon que Yamanaka a pu mettre au point sa méthode de génération des iPS (qui lui vaudra le prix Nobel en 2010).

Alors que se déroulent les premiers essais cliniques employant les cellules-souches embryonnaires (pour des affections de la moelle épinière, de l'œil et bientôt de la peau et du cœur), personne n'est encore en mesure aujourd'hui d'administrer des iPS à l'homme. La modification artificielle des iPS rend leur matériel génétique particulièrement instable. Ces cellules ne sont pas encore maîtrisées à un niveau suffisant nous prémunissant de risques de tumeurs et de dégénérescence. Pendant que les anti-cellules-souches embryonnaires focalisaient leurs attaques sur leurs supposés dangers, ils étaient aveugles aux dangers réels et documentés des iPS. Ils n'hésitent pas à mettre dans la bouche de Yamanaka des déclarations qui contredisent sa propre pensée. Non, Yamanaka ne considère pas les iPS comme mûres pour remplacer les cellules-souches embryonnaires. Les lobbies ne sont pas ceux qu'on croit.

À côté de la thérapie cellulaire encore inaccessible, les cellules-souches pluripotentes permettent d'explorer de nombreuses autres pistes susceptibles d'ouvrir sur des thérapeutiques, parmi lesquelles la modélisation des défauts moléculaires associés à l'expression d'un gène muté responsable d'une maladie monogénique. Exprimant spontanément le gène causal, des cellules-souches dérivées de malades comme d'embryons porteurs, représentent un outil privilégié pour explorer les mécanismes de ces maladies et proposer des tests de criblage à haut débit. Grâce aux techniques robotisées mises au point à I-Stem, des criblages systématiques ainsi que des recherches ciblées et raisonnées ont permis à I-Stem d'isoler des molécules potentiellement thérapeutiques pour un certain nombre de maladies dégénératives génétiques ou acquises, rares ou fréquentes. Ces recherches conduisent I-Stem à se lancer dans plusieurs essais cliniques, de greffe de peau dérivée de cellules-souches appliquée aux ulcères drépanocytaires, aux maladies de la rétine ou au traitement pharmacologique de la dystrophie myotonique de Steinert avec la Metformine, une molécule bien connue et aux vertus pléiotropes.

L'aventure ne fait pourtant que débuter. Pendant ce temps-là, son concepteur, courtisé aussi bien par les grands instituts internationaux que par les sociétés pharmaceutiques, renvoyait poliment les sirènes à leurs affaires. Marc Peschanski, fidèle à ses principes moraux et creusant patiemment son sillon scientifique, reste aux côtés des malades et des parents de malades.

De nombreuses maladies rares d'origine génétique peuvent donc déjà représenter des cibles thérapeutiques pour la médecine régénératrice fondée sur les cellules dérivées des lignées pluripotentes ES et iPS. Le premier essai clinique a ainsi visé la maladie de Stargardt, une rétinite pigmentaire, pour laquelle des patients reçoivent des cellules de l'épithélium pigmentaire rétinien entièrement produites en laboratoire. Plus d'une dizaine d'autres rétinites pigmentaires font aujourd'hui l'objet d'études précliniques visant à étendre l'application des mêmes cellules. Des essais cliniques sont également programmés pour des complications cutanées de la drépanocytose ou des maladies neurodégénératives (maladie de Huntington). L'extension des indications à de nombreux autres organes et pathologies est envisagée dès que les conditions d'une médecine régénératrice sont réunies, c'est-à-dire dès que l'on sait produire une population cellulaire dont le remplacement est rendu nécessaire par une dégénérescence associée à une pathologie, et que le geste chirurgical requis paraît réalisable.

Un bilan dont nous pouvons être collectivement fiers

«*Frappante,* constate Philippe Even dans son ouvrage polémique sur la recherche[16], *est l'absence quasi totale de la France dans les thématiques nouvelles les plus actives, qui exigent jeunesse, concentration de gros moyens, et qui sont recensées chaque année et depuis cinq ou six ans par la revue* Science *: cellules-souches embryonnaires, cellules-souches induites par rétrodifférenciation et transdifférenciation de cellules adultes, interférence ARN, séquençage génomique individuel rapide, étude du microbiome humain, nouvelles technologies optiques permettant de suivre* in vivo *le parcours ou le mouvement de molécules marquées. Hormis en thérapie génique,* ajoute-t-il, *la France est aussi absente, comme de 2005 à 2008, des dix percées 2009 publiées par la revue* Science *(lasers X, monopôles magnétiques, Hubble, graphènes, effet de la rapamycine sur le vieillissement, thérapie génique de l'amaurose de Leber et de l'ADA-SCID).»* N'est-il pas aussi frappant de constater que ces avancées de la thérapie génique reconnues par la communauté scientifique internationale ont un point commun, le support tenace des associations de malades, en particulier l'AFM? Nous pouvons nous enorgueillir d'en avoir été les précurseurs obstinés. À commencer par le soutien sans faille aux chercheurs cités par P. Even parmi les cinq grandes percées saluées (Patrick Aubourg, Philippe Leboulch, Marina Cavazzana-Calvo). La thérapie génique apparaît aux yeux de P. Even comme le seul domaine où la France est au premier rang mondial, citant Alain Fischer, Marina Cavazzana, Patrick Aubourg et Marc Peschanski; autant de chercheurs, rappelons-le, soutenus de longue date par l'AFM.

Au-delà de la thérapie génique, l'impact du Téléthon est reconnu. Le rapport *Innovation santé 2015, Plaidoyer pour les sciences du vivant* (Les Entreprises du médicament ou LEEM, novembre 2007) indique : «*La France a une réelle avance dans ce domaine des maladies rares et orphelines, avec l'Association française contre les myopathies (AFM) qui couvre 70 % des recherches sur l'ensemble de ces maladies...*» Ce chiffre est peut-être surestimé aujourd'hui mais il illustre un constat déplorable. Si le seul Téléthon couvre un champ de recherche en France pourtant aussi stratégique

16 Philippe Even, *La recherche biomédicale en danger*, Le cherche midi, 2010.

que celui que nous avons décrit plus haut, cela signifie que la France n'a consacré que des moyens ridiculement faibles aux maladies rares.

Plusieurs études pointent l'absence de bioréacteurs en France. Là encore, l'AFM apporte au sein de la Genopole d'Évry sa contribution (soutenu en cela par les collectivités locales) à ce manque criant.

L'association a soutenu des projets ambitieux et novateurs, misant sur le long terme sur des équipes d'excellence (par exemple Arnold Munnich, David Klatzmann, Nicolas Lévy, à l'Institut Pasteur, à Necker et dans nos universités majeures) ou favorisant le retour de chercheurs d'excellence. Cette politique visionnaire n'a certes pas été initiée par un collège de prix Nobel mais par un groupe de malades et de parents de malades qui ont apporté sur la table leur expertise de malades et leur rage de refuser/résister/guérir. Mais nous nous entourons aussi d'un conseil scientifique étoffé et indépendant (il y a 3 fois plus d'étrangers par exemple que dans ceux des principaux organismes publics de recherche) à l'opposé justement de ce que P. Even dénonce au sujet de nos organismes publics, monolithiques, juges et parties. Cette place si atypique, si particulière et si précieuse de l'AFM, nous la revendiquons et nous la défendons.

À l'heure où l'on se désole du manque de moyens pour la recherche française, où la place du secteur associatif (comme du capital-risque) reste modeste dans notre pays (6 fois inférieure à celle de l'Angleterre, incommensurablement plus modeste qu'aux États-Unis), la générosité publique est plus que jamais indispensable. Les enquêtes le montrent (voir celles en particulier de France Générosités[17]), la France peut encore largement augmenter la part de la générosité publique (deux fois inférieure aux autres pays occidentaux). Le Téléthon est une forme d'appel aux dons qui a engendré le don. Tout ce qui consiste à amplifier la générosité pour une cause, bénéficie aux autres associations (les 450 millions d'euros de dons lors du tsunami de décembre 2004 n'avaient en rien entamé les remontées concomitantes de fonds pour les autres associations dont nous-mêmes, bien au contraire). À l'inverse, tout ce qui contribue à affaiblir une association rejaillit mécaniquement sur les autres associations (voir le scandale de l'ARC du temps de Crozemarie, qui a coïncidé avec une collecte Téléthon en forte baisse). L'AFM a toujours considéré qu'une dispersion du Téléthon sur plusieurs associations, serait dramatiquement contre-productive ; elle conduirait au saupoudrage dénoncé par ailleurs, à l'affaiblissement du

17 Voir le site www.francegenerosites.org.

Téléthon lui-même car les donateurs ne s'y retrouveraient plus, et donc immanquablement à un affaiblissement du secteur caritatif déjà trop faible dans notre pays. Ce sujet est développé dans le chapitre qui suit.

Un contrôle de la ventilation de ces fonds caritatifs par les services de l'État dont pourtant le processus d'évaluation, l'absence de prise de risque, le monolithisme sont dénoncés, conduirait inéluctablement à précipiter ce déclin de la recherche française attribué à cet interventionnisme de l'État. L'État a actuellement de maigres moyens à allouer à la recherche biomédicale française ; il ne peut se permettre de se couper d'une source éprouvée et crédible de fonds privés. Il est sans doute tentant de chercher à récupérer la « manne » du Téléthon dans ce qui se résumerait à un impôt déguisé que les 5 millions de Français, donateurs, organisateurs ou participants aux manifestations du Téléthon, refuseront de cautionner. Il est crucial de ne pas se laisser abuser par les fausses bonnes idées, par la malveillance d'intérêts calculateurs leurrés (et leurrant) par le mirage d'un hypothétique système de vases communicants qui n'existe pas en matière de générosité publique, et ceci au prix de la destruction de ce formidable élan de générosité que nous avons su initier et amplifier pour le bénéfice du plus grand nombre. Il y va non pas de l'intérêt d'une association, ni même de l'État mais de la Nation dont nous sommes tous, et de manière complémentaire, les serviteurs.

L'innovation en matière de parcours de santé[18]

Souvenons-nous du témoignage de Yolaine de Kepper, décrivant l'isolement des familles et la désolation dans laquelle se trouvaient les maladies rares. Parallèlement à la recherche, il a fallu parer à l'urgence (la mort n'attend pas) et innover en matière de prise en charge des malades et d'organisation des soins.

Sous l'impulsion de sa directrice générale, Claire Hamon, l'AFM aborde également la question plus générale du handicap. Elle introduira la classification de l'OMS et théorisera la profession de technicien d'insertion qui fut une création de l'AFM. L'AFM a évidemment considéré qu'il ne suffisait

18 Avec la contribution de Christian Cottet, directeur général de l'AFM-Téléthon.

pas d'avancer sur le chemin du médicament. Beaucoup de maladies neuromusculaires sont gravement invalidantes. Les déficiences physiques, et quelquefois mentales, s'aggravent avec le temps et transforment la vie en un véritable calvaire, pour les malades comme leurs accompagnants. Il était donc inévitable que l'AFM aborde la question plus générale du handicap et joue un rôle moteur pour faire bouger les lignes en France, faire reconnaître que le handicap n'existe pas, mais que seules existent des situations de handicap.

Le Téléthon a contribué à changer le regard de la société sur les personnes malades ou en situation de handicap. Les maladies rares ont été longtemps les oubliées du système de santé. Si leur diagnostic s'est affiné grâce au développement de la génétique, il est resté longtemps une simple étiquette collée au patient sans perspective de thérapeutique ou de prise en charge complète. Ainsi, après une longue phase d'errance diagnostique, le malade qui avait eu la chance de rencontrer un médecin pertinent était renvoyé à son domicile avec, dans le meilleur des cas, un nom sur sa maladie, mais sans autre avenir que l'évolution naturelle de sa pathologie.

En règle générale, les associations de malades ont trois missions : l'information, l'aide et le soutien aux malades et aux familles (aider avant de guérir, améliorer les soins et la qualité de vie, gagner des années de vie contre la maladie) et le soutien à la recherche quand les moyens le leur permettent. À partir du début des années 2000, la problématique des maladies rares, identifiée enfin comme une vraie question de santé publique, commence à s'imposer en France sous l'impulsion des associations de malades. Trois arguments, liés à la rareté propre à chaque maladie orpheline, soutiennent cette vision politique :

- les maladies rares sont mal prises en compte dans l'organisation du système de santé publique, fondé sur la territorialisation des dispositifs de santé ;
- dans toute maladie, les expertises sont rares et les différents domaines (la recherche, le diagnostic et le soin) doivent s'imbriquer dans une approche globale, mais ici plus qu'ailleurs, les expertises doivent être articulées pour une meilleure prise en charge du malade ;
- une coordination internationale (partage des expertises, soins transfrontaliers, réseaux de références européens, réseaux internationaux d'essais cliniques) est nécessaire.

Notre système de santé a été pensé et construit pour les maladies fréquentes. Il était fondamental de mettre en place pour les maladies rares une stratégie définie comme une priorité politique et pilotée nationalement, en réponse aux enjeux identifiés, tant nationaux qu'européens. C'est ce qui a donné lieu aux deux plans nationaux Maladies rares, qui ont fédéré tous les acteurs (associations de malades, cliniciens, chercheurs, politiques, agences sanitaires, ministères...) sur l'ensemble des champs de la recherche, de la santé publique et de la vie quotidienne des personnes concernées par des maladies rares, et sont désormais promus à l'échelon européen (le *French Model*).

Bien entendu, l'AFM-Téléthon n'a pas attendu la reconnaissance des pouvoirs publics pour agir afin d'améliorer la prise en charge des malades et leurs familles. Durant les années 1990, l'AFM, Vaincre la mucoviscidose et l'ARSLA (Association pour la recherche sur la sclérose latérale amyotrophique) avaient, chacune dans son domaine, soutenu le développement de centres d'expertises pluridisciplinaires et les avaient incité à s'organiser en réseaux nationaux. Le premier plan Maladies rares s'en est inspiré pour créer les centres de référence et les centres de compétences. Dans le domaine de la recherche, la fondation Maladies rares a été créée pour consolider les moyens d'une politique de recherche coordonnée. On doit regretter, cependant, le peu d'argent apporté par la puissance publique ; depuis sa création, son financement a été quasi exclusivement assuré par les fonds de l'AFM. Aujourd'hui, poussées par les associations, des filières de santé maladies rares se mettent en place, dont la mission est de créer ou de renforcer le continuum entre la recherche, le diagnostic et le soin, tout en assurant le lien avec la médecine de proximité et les réseaux d'accompagnement des parcours de santé.

La mission Aider de l'AFM représente un tiers des investissements de l'association pour environ deux tiers pour la recherche. Elle comporte différentes facettes très complémentaires. Parmi celles-ci, un centre d'information sur les maladies neuromusculaires (Myoinfo) capitalise les connaissances (informations scientifiques et médicales, savoir-faire, pratiques, vie au quotidien, expérience des familles) et les met à la disposition de différents acteurs professionnels et particuliers (grand public, personnes atteintes de maladie neuromusculaire et leur famille, réseaux AFM-Téléthon, étudiants et professionnels médicaux, paramédicaux et sociaux...). Une direction des actions revendicatives est chargée de faire reconnaître les besoins et de mobiliser l'ensemble des acteurs autour d'une ambition forte, refonder le système de santé français pour une meilleure prise en charge des maladies neuromusculaires et par extension de l'ensemble des maladies rares. La direction des actions auprès des familles porte les actions d'accompagnement de milliers de familles au plus proche de leur domicile. Les délégations départementales et les groupes d'intérêt de malades, organisés en un maillage territorial de réseaux bénévoles, sont les acteurs majeurs de la mobilisation individuelle et collective des malades et de leurs familles. Leur objectif : faire face aux conséquences de la maladie, au handicap, au danger et à l'isolement, mais aussi créer une dynamique et transformer la société. Des services professionnels régionaux (ils sont 25, répartis sur tout le territoire métropolitain, plus l'île de la Réunion) ont été développés sur le maillage des régions. Un métier original a été créé : le référent de parcours de santé (RPS). Les services régionaux emploient un peu plus d'une centaine de ces médiateurs qui œuvrent à la fois dans le champ sanitaire et dans le champ médico-social et dont le nouveau métier est aujourd'hui en passe d'être reconnu par l'État. Ils conseillent et accompagnent les familles dans leur parcours de soins, dans leur rapport à la recherche (en particulier dans le cas de participation à des essais cliniques pour la gestion de l'attente des résultats), dans leur vie sociale (intégration et suivi de scolarisation ou de projet professionnel) et dans leur citoyenneté (projet de vie). Au-delà de cette proximité, ils sont aussi mobilisés pour interpeller, avec les grands partenaires associatifs, le monde politique sanitaire et médico-social, mais aussi pour créer des collaborations avec ces mêmes acteurs. Enfin, la mission Aider, c'est aussi la mise à disposition d'aides techniques (fauteuils roulants, fauteuils verticalisateurs, véhicules automobiles aménagés, baignoires adaptées, etc.) et leur prise en charge par l'État.

Les maladies rares sont pour la plupart des maladies chroniques, évolutives et très invalidantes. Leur prise en charge n'est donc pas seulement médicale, mais elle relève tout autant de la compensation des incapacités et de l'accompagnement des situations de handicap. Après la recherche et l'organisation des soins, les maladies rares sont, aussi à ce titre, un modèle pour une population beaucoup plus vaste qui est celle des maladies chroniques invalidantes. Dans ce nouveau modèle, le malade et sa famille deviennent pleinement acteurs et responsables de leur parcours de soins, de santé, de vie.

Ces droits minimums, pour être durables, devaient déboucher sur des textes de loi et sur des décisions administratives conduisant à imposer la transformation des pratiques. La loi du 11 février 2005[19] a représenté une rupture, largement soutenue et nourrie dans son contenu par la force de proposition des associations des maladies rares et du handicap. Cette loi a inscrit dans la législation française le droit à la compensation des incapacités tout en exprimant la volonté du législateur d'aller vers une société réduisant les situations de handicap.

Aujourd'hui, l'AFM-Téléthon a l'ambition de faire promulguer un nouveau droit, le droit à l'accompagnement, pour les personnes atteintes de maladies chroniques générant des situations complexes, afin d'éviter des situations de ruptures dramatiques au niveau individuel, familial et social et d'un coût extrême au plan sociétal. Il y a là un enjeu de prévention et d'efficience globale de notre système de santé, mais également un enjeu de solidarité humaine et un projet de société. Les services régionaux de l'AFM et leurs référents de parcours de santé constituent le dispositif concret de mise en œuvre de ce nouveau droit.

Mais l'AFM est aussi l'organisme gestionnaire de plateformes de services médico-sociaux au bénéfice de personnes en très grande dépendance. Ces plateformes nécessitent un recours important à la fois aux aides humaines et aux aides techniques. Plusieurs établissements répartis sur le territoire sont ainsi concernés, et parmi eux les Villages Répit, une autre innovation de l'AFM. Ces structures s'adressent aux aidants familiaux, dont le droit au répit doit être reconnu. La maladie handicapante suppose en effet des soins constants 24 heures sur 24, qui ne laissent aucun répit aux familles et aux aidants. Ainsi, en accueillant et en prenant en charge, pendant de petites périodes planifiées, des adultes en situation de handicap lourd neurologique ou neuromusculaire, ces centres offrent aux aidants des plages salutaires de répit au cours desquelles elles peuvent se ressourcer et lâcher prise. Ces innovations inspirent la loi sur la dépendance et l'autonomie, et orientent les études sur le front de la dépendance et du grand âge, un vecteur de progrès pour l'ensemble de la société.

Plus globalement, la combinaison d'une meilleure prise en charge des malades avec certains traitements (par exemple les corticoïdes pour certaines myopathies ou un médicament contre l'insuffisance cardiaque pour soulager le cœur qui est souvent touché dans les maladies neuromusculaires) a permis de gagner en espérance de vie. Vers 1980, il était rare

19 Loi du 11 février 2005 pour l'égalité des droits et des chances, la participation et la citoyenneté des personnes handicapées.

qu'un enfant « Duchenne » arrive à vivre jusqu'à 20 ans. Actuellement il y a de nombreux malades de plus de 30 ans voire de 40 ans. Ils ne peuvent plus bouger, ils utilisent les muscles de leurs lèvres ou leurs paupières pour faire fonctionner leur ordinateur, mais ils veulent continuer à vivre. D'un point de vue statistique, on ne dispose pas de chiffres pour la France, mais en Angleterre et au Danemark, des études montrent un gain de 5 à 15 ans en moyenne dans cette population de patients.

Depuis plus d'un demi-siècle le chemin a été tracé par les malades eux-mêmes[20]. L'État doit s'y inscrire pleinement, considérant qu'une politique publique dans le domaine des maladies rares n'est pas une politique pour une simple minorité. Non seulement parce que les malades sont nombreux, mais aussi parce que les maladies rares sont porteuses de progrès pour l'ensemble du corps social et de modèles pour la société d'aujourd'hui et de demain, que ce soit dans les domaines de la recherche, du développement des thérapeutiques, de l'organisation des parcours de santé ou de la mobilisation des citoyens.

L'histoire de l'association s'est forgée dans la mobilisation de ces familles qui, touchées par la maladie, ont choisi de refuser la fatalité et de faire progresser la recherche, le système de santé, et la société dans son ensemble.

Comme l'indique Michel Callon : *« Que ce soit dans le domaine scientifique et médical ou dans celui de la citoyenneté, les personnes atteintes de maladies neuromusculaires, ont évidemment été les bénéficiaires des actions entreprises par l'AFM et des résultats obtenus. Mais il faut souligner que les effets produits sont allés bien au-delà : il n'est pas faux de dire que l'association a œuvré pour l'intérêt général. »*

---

20 Jean-Claude Cunin, *Le handicap en France : Chroniques d'un combat politique*, Dunod, 2008.

CHAPITRE 5

Les polémiques

●●● *« La vérité ne se dégage pas de la polémique, mais des œuvres qu'on a faites. »*

Paul Gauguin

Dans son témoignage à Histrecmed (site consacré à l'histoire de la recherche médicale en santé publique dans la France du XXe siècle), René Cadoret, ancien administrateur de l'AFM, décrit les convoitises que suscita immédiatement le succès du Téléthon :

« On se sentait prêt à gérer ces financements du Téléthon. Beaucoup ne nous jugeaient pas aptes à le faire. Les pouvoirs publics, les médecins, mais aussi les médias. Des gens comme Alain Delon – premier parrain du Téléthon – qui, devant le succès, a dit : « Bon, maintenant le Téléthon, c'est moi qui le gère. » *Avec Jerry Lewis, il avait décidé que ce n'était pas à ces pauvres petits malades de gérer tout cet argent...*

Il y a eu aussi, sur un autre plan, le secrétaire d'État Gillibert qui a dit – je ne sais plus si c'est après le premier ou le deuxième Téléthon – : « Maintenant, le Téléthon cela peut continuer, mais il faut financer les différentes associations. Il y a tant de millions que je gérerai... » *Ou le commandant Cousteau ! Un jour, il nous a demandé à visiter Généthon. Il est venu avec sa jeune femme et ses deux petits, et cela s'est très bien passé. Puis il a dit :* « Tout ce que vous faites, c'est bien, mais il y a besoin d'un nouveau bateau pour la recherche sous-marine, donc le prochain Téléthon, c'est pour moi. »

Le CNRS, qui était en difficulté financière, a aussi essayé, en 1994 ou 1995. Deux médecins chercheurs, au conseil d'administration du CNRS certainement, nous ont dit lors d'une réunion du conseil scientifique de l'AFM : « Le CNRS, c'est quand même quelque chose de formidable, il y a des recherches dans tous les domaines qui sont très importantes – *ce qui est vrai* – cette année, voilà, vous renflouez les caisses du CNRS. » *Je me suis fâché tout rouge, ce qui n'est pas du tout mon habitude, et j'ai dit qu'il était hors de question, que cela n'était pas du tout notre rôle, et que c'était dévier de la volonté des donateurs. Il n'y a pas eu d'insistance. Cela a été réglé sur le champ. En fait, cela leur semblait une démarche logique : un organisme puissant avec lequel on collaborait beaucoup, était en difficulté, et il nous demandait notre aide… Je crois que ce n'était pas mesquin, mais ce n'était pas notre rôle.* »

J'ai été témoin aussi d'exigences à la limite du chantage, surfant sur les polémiques qui risquaient de nous affaiblir, y compris de la part d'associations dont on n'aurait pas pu imaginer l'agressivité à notre égard ; mais avaient-ils seulement conscience que c'est l'ensemble du tissu associatif qui pâtit des déboires d'un seul de leurs membres par effet d'amalgame ? En plein cœur de la « polémique Bergé », certains n'ont pas hésité à venir nous voir et nous expliquer, même pas à demi-mot, que si nous ne leur « lâchions » pas quelques millions ils se rallieraient à lui.

Le Téléthon si souvent pris en otage

Le Téléthon est populaire et offre une fenêtre médiatique qui tente bien des esprits chagrins, tels les coléoptères attirés par le lampadaire éclairant la nuit. À l'approche du Téléthon, nos amis-qui-nous-veulent-du-bien s'agitent comme tombent des arbres les feuilles jaunies par le froid et le manque de sève. Ainsi, chaque année à la même période, ils s'activent, mus par des objectifs qui leur sont propres. Souvent les attaques visant le Téléthon et les missions de l'association qui l'organise ne sont que le prétexte détourné de revendications partisanes : ici un syndicat exigeant davantage de moyens pour la recherche publique, là un lobby anti-OGM, anti-avortement, antigénétique, anti-je-ne-sais-quoi encore, un scientifique retraité autoproclamé éthiciste de la recherche, un dirigeant associatif jusqu'au-boutiste n'hésitant pas à s'approprier chez ses camarades ce qu'il ne peut réaliser lui-même, comme le coucou qui s'installe dans le nid des autres, etc. Les objectifs leur sont propres : politiques, syndicaux, religieux ou vénaux (la proximité de la publication d'un livre avide de publicité ou la concurrence sur un prétendu marché de la générosité). Tous les moyens sont bons pour arriver à leurs fins. Peu leur importent les dégâts collatéraux. La plupart des associations ne se livrent pas à une guerre fratricide, leur combat est commun. Le danger de laisser à penser le contraire existe, car le Web et d'autres médias fourmillent de logorrhées malveillantes, et la tentation de l'amalgame qui les accompagne inévitablement exige donc la plus grande vigilance.

Transparence

La transparence dans la gestion des dons du Téléthon est un engagement solennel prononcé sur Antenne 2 par Bernard Barataud dès la clôture de la première émission, le 5 décembre 1987. Cette exigence, il la martèle à nouveau devant le conseil d'administration de l'association quatre jours plus tard : le public, prévient-il, sera informé régulièrement et par tous les moyens possibles «*des affaires de l'AFM*». Face au succès du Téléthon, il invite à raison garder : l'argent reste uniquement un moyen : «*L'âme de l'association n'est pas en danger et jamais l'association ne se comportera en nouveau riche. Le Téléthon est un outil. Il importe de travailler comme par le passé.*»

L'exigence de transparence pourrait être un vœu pieux. La suite de l'histoire prouve qu'il n'en est rien : non seulement l'association fait un état régulier de ses comptes, mais elle se prête volontiers à tous les contrôles extérieurs et souvent même les devance[21]. Il y a un certain nombre d'erreurs et de contre-vérités assez manifestes dans l'argumentaire que l'on oppose au Téléthon et à l'AFM. Parmi ces erreurs en voici ne serait-ce qu'une mais qui en dit long sur le fossé qui nous sépare de nos détracteurs.

On sous-estime volontairement le nombre de patients myopathes. Certains prétendent moins de 4000. Cela ne recouvre même pas ceux atteints de myopathie de Duchenne en France ! Or, on néglige que nous avons à faire face non pas à une mais à près de 300 maladies neuromusculaires ! J'ai déjà eu l'occasion de citer ces chiffres : il y a au moins 100000 malades neuromusculaires en France (on pourrait aussi ajouter les 80000 personnes touchées par la sclérose en plaque ou les milliers de malades atteints de sclérose latérale amyotrophique). Plus largement, on néglige

21 Denis Guthleben et Odile Le Faou, *Une course pour la vie : l'AFM et la recherche biologique et médicale*, Armand Colin, 2011.

les 3 millions de personnes touchées par une maladie rare en France, soit 3 fois plus que de Français diagnostiqués avec un cancer dans les 5 dernières années (chiffres INCa, Institut national du cancer[22]). Il y a dans le monde 10 fois plus de personnes touchées par les maladies rares que de personnes infectées par le virus du Sida (37 millions : chiffres ONU-Sida). Les maladies rares sont reconnues aujourd'hui comme un véritable problème de santé publique tant en France qu'en Europe. Et pourtant, nous vivons un handicap supplémentaire : 10 à 15 fois moins d'efforts de recherche que pour chacune des maladies dites fréquentes. Car on oublie l'industrie pharmaceutique qui investit, à raison, des sommes colossales dans le cancer, le Sida ou les maladies cardiovasculaires, mais très peu pour les maladies rares. La tendance évolue plutôt favorablement mais elle reste encore trop timide. C'est pourtant cette dimension cruciale qui fait le fondement d'une association comme l'AFM.

De quelle hégémonie parle-t-on? Une autre association occupe pendant 3 jours toutes les chaînes du service public, de nombreuses chaînes de la TNT et plus de 15 radios. Bien plus que le Téléthon en cumulé! Et cela ne nous rend pas jaloux. Le combat ne se situe pas entre les associations mais au niveau de la biologie.

La contribution de l'État au Téléthon via les réductions d'impôts sur les dons : l'État récupère davantage qu'il ne donne. Plus de 40 % du Téléthon est représenté par les manifestations dans les villes et les villages, qui sont organisées par des bénévoles et des salariés de l'AFM. En achetant une crêpe ou en participant à un concert ou un parcours sportif, le public donne de l'argent qui n'est évidemment pas déductible de l'impôt. Cela représente environ 40 millions d'euros. Les dons téléphoniques ou Internet, qui sont de l'ordre de 45 millions d'euros, viennent en majorité des personnes modestes qui ne sont pas assujetties à l'impôt. Ainsi, la part susceptible de réduction d'impôts représente moins de 25 millions d'euros. 66 % de réduction d'impôts sur cette somme = 16 millions d'euros (que l'État récupère largement à travers des laboratoires que nous subventionnons).

Au-delà de cette somme. C'est bien d'autres associations qui bénéficient au travers de partenariats avec l'AFM de fonds du Téléthon. Les maladies rares non neuromusculaires ont bénéficié du Téléthon à hauteur de plus de 400 millions d'euros! Les malades neuromusculaires le disent

22 *La situation du cancer en 2011*, rapport de l'Institut national du cancer.

avec beaucoup de dignité : « *Nous sommes fiers des avancées que nous permettons au travers du Téléthon et nous savons très bien que nous n'en bénéficierons pas.* » La maladie les rattrape trop vite. Comme le montrent les chapitres suivants, des maladies telles que l'adrénoleucodystrophie, la bêta-thalassémie, les immunodéficiences et d'autres maladies du sang, de la peau ou de la vision bénéficient des fonds du Téléthon. Les résultats de la progeria ouvrent la voie au vieillissement général et à des essais dans le cancer et le Sida. Pour cette raison également l'AFM continue de soutenir des travaux pionniers de greffe de cellules dans l'infarctus du myocarde en prélude aux applications pour les cardiomyopathies.

L'AFM a toujours affiché sa volonté de soutenir des travaux innovants de biothérapies (la thérapie cellulaire en fait partie) appliqués aux maladies rares. I-Stem a mis au point une technique de culture de peau à partir de cellules-souches. Cela pour l'appliquer aux maladies rares telles que les épidermolyses bulleuses ou le *Xeroderma pigmentosum*. Pas pour les grands brûlés. En revanche, ce savoir-faire est valorisable. Les applications industrielles ne seront pas gratuites. Cet argent reviendra automatiquement à la recherche. Donc, non, nous ne nous intéressons pas aux grands brûlés mais nous montrons en quoi des travaux à finalité maladies rares sont pertinents pour le plus grand nombre dans une démarche gagnant-gagnant. Pourquoi vouloir opposer les recherches et leurs applications ? La stratégie d'intérêt général, l'innovation applicable à des maladies rares et au-delà à bien des maladies fréquentes sont un bien public qu'il faudrait cultiver plutôt que dénigrer.

Laisser à penser que l'AFM a trop d'argent, revient à tirer la recherche française vers le bas. Le budget de l'Inserm (Institut national de la santé et de la recherche médicale) est de 600 millions d'euros annuels (salaires compris). Celui des NIH (National Institutes of Health), l'équivalent américain : 26 milliards de dollars ! Le problème est bien là. La recherche biomédicale n'est pas une priorité en France. Le Téléthon est une goutte d'eau dans un océan de besoins que ni l'État ni l'industrie pharmaceutique ne peuvent ou ne souhaitent combler. Les malades se sont « levés » et organisés pour se sortir du désert.

Développer des médicaments coûte tellement cher que l'industrie hésite à s'intéresser au marché étroit des maladies rares. Les défis auxquels l'AFM est confrontée actuellement portent sur 300 maladies neuromusculaires et plusieurs dizaines de maladies rares non neuromusculaires.

Il faudrait au contraire permettre de lancer d'autres initiatives et faire preuve de créativité pour démultiplier le don (il y a de la place pour plusieurs fois les 3 milliards de dons en France comme le montrent les travaux menés sur la générosité en France par Recherche & Solidarités et France Générosités[23]).

Ce débat et l'inévitable polémique qu'il contribue à entretenir ne feraient que réduire encore plus les maigres moyens dont notre recherche dispose. Non, l'AFM ne prétend pas s'occuper de toutes les maladies rares. C'est impossible ! En revanche, elle soutient des programmes qui portent sur de nombreuses maladies rares car ils permettent de valider des connaissances et des thérapeutiques qui pourront bénéficier ensuite plus facilement aux maladies neuromusculaires.

Oui, des applications peuvent concerner des affections fréquentes et nous le revendiquons, c'est justement ce qui commence à intéresser l'industrie et certaines agences publiques. Les maladies rares peuvent servir l'intérêt général. Par ailleurs, si des travaux initialement portés sur les maladies rares peuvent être valorisés par des applications sur les maladies fréquentes (que nous laissons à d'autres) pourquoi s'en priver ? Ces fonds sont d'autant plus importants qu'ils sont destinés à être reversés à la recherche.

La France est en pointe dans le domaine de thérapies innovantes telles que la thérapie génique, ce qui est reconnu par la communauté internationale mais paradoxalement dénigré en France. La recherche est un processus itératif qui peut parfois fonctionner aussi par rupture. La force d'une association est justement de s'inscrire dans la durée et de ne pas raisonner comme un capital-risqueur mais de se placer en « scientifique-risqueur ».

Tout le monde ne devrait-il pas se féliciter du succès du Téléthon ? Comme l'a montré l'étude publiée par Recherche & Solidarités, le Téléthon a été une « école du don ». Avec le Téléthon, c'est tout le secteur associatif qui a pris de l'essor en France. Toutes les associations en ont bénéficié car la population a pris conscience de l'importance du don. Elle a aussi changé son regard sur le handicap (quel qu'il soit, et pas seulement neuromusculaire). Mais, contrairement à ce que certains veulent faire croire, cela ne fonctionne pas comme les vases communicants. En réduisant le Téléthon, on ne récupère pas des fonds pour d'autres et inversement. Si le don appelle le don, la polémique le détruit encore plus facilement.

23 Voir les sites www.recherches-solidarites.org et www.francegenerosites.org.

En conclusion, il nous faut veiller à ne pas tomber dans le piège de l'affrontement qui ne peut que produire le résultat inverse à celui escompté. C'est vrai pour les associations comme pour les agences publiques. Au final, on risque de lasser les gens qui perdront toute confiance dans la recherche et dans la capacité de tous les acteurs à travailler ensemble pour le bien commun, et où les intérêts particuliers rejoignent l'intérêt général. Il est très dommageable que ce message soit aussi inaudible dans notre pays alors qu'il est salué par nos collègues étrangers.

Lettre ouverte aux avocats et détracteurs de la thérapie génique et de l'AFM

Un long article de *Décision Santé* paru en août 2007 sur l'avenir de la thérapie génique rapporte les propos du généticien Bertrand Jordan citant et jugeant à plusieurs reprises l'action de l'AFM. Il m'était paru légitime d'apporter les précisions qui s'imposent, eu égard aux raccourcis et aux erreurs reprisent dans cette interview.

Bien entendu, il ne m'appartient pas de discuter de la qualité scientifique de Bertrand Jordan ni de celle de ses ouvrages vulgarisateurs. Ses propos lui appartiennent et nous les respectons. Cependant, sa description de la stratégie et du mode de fonctionnement de l'AFM apparaît erronée et parfois caricaturale.

Bertrand Jordan salue l'action de l'AFM, ce dont on peut lui savoir gré. Cependant, il assortit ce bon point d'une série d'assertions qui ne reflètent pas la réalité : L'AFM est présentée comme ayant mis l'accent exclusivement sur la thérapie génique. En réalité, au moment où il s'exprime, sur les 35 essais cliniques bénéficiant de financements de l'AFM, un tiers d'entre eux seulement reposent sur la thérapie génique. L'AFM continue, comme elle l'a toujours fait, de soutenir la recherche fondamentale (car c'est d'elle que peuvent émerger les pistes thérapeutiques). En matière de thérapie, nous avons toujours été fidèles au principe que toutes les pistes devaient être explorées, tout simplement parce que nous ne pouvons pas en faire l'économie. La pharmacologie classique ainsi que la thérapie cellulaire occupent une place équivalente à la thérapie génique. Pendant que certains nous accusent de mettre l'accent exclusif sur la thérapie génique, d'autres nous reprochent de soutenir les cellules-souches, avec le même argumentaire réducteur qui voudrait confiner l'action de l'association à telle ou telle approche thérapeutique.

Pendant les premières années du Téléthon, nous avons porté nos efforts au travers de Généthon sur l'identification quasi industrielle des gènes. La publication des cartes du génome remises à la communauté scientifique mondiale a ainsi permis l'explosion de la découverte des gènes, dont ceux à l'origine des maladies rares. Nous avons ensuite remis ce formidable outil entre les mains de l'État pendant que notre stratégie a pu se tourner vers la compréhension des mécanismes physiopathologiques de la maladie qui sont autant de pistes thérapeutiques potentielles.

L'AFM est une association de malades et de parents de malades. Certains scientifiques, de ce fait, la jugent avec une certaine condescendance (c'est le cas de Bertrand Jordan qualifiant de superficielles les connaissances scientifiques de l'AFM), comme si la science devait être la propriété exclusive des scientifiques. Cette vision caricaturale tranche avec l'organisation que l'association a mise en place : des personnels issus du monde scientifique et industriel, un conseil scientifique composé de 75 à 100 membres (chercheurs, cliniciens, vétérinaires, industriels, spécialistes du développement de médicaments) et de 6000 experts français et étrangers, qui accompagnent la stratégie de l'association et examinent tous les projets soumis par les laboratoires ou proposés par l'AFM. Si débat il peut y avoir au sein du conseil scientifique de l'AFM, celui-ci reflète tout simplement le débat qui fort logiquement s'exprime au sein même de la communauté scientifique. Cette vision caricaturale est contradictoire avec le poids que l'on veut prêter à l'AFM en matière de recherche. Bertrand Jordan émet l'hypothèse que l'influence de l'AFM en matière de maladies rares serait telle qu'elle expliquerait la proportion plus faible (un tiers) des essais de thérapie génique du cancer en France par rapport aux autres pays. La réalité est beaucoup plus simple. Le nombre d'essais de thérapie génique en France est faible parce qu'on compte sur les phalanges d'un doigt les sociétés de biotechnologies françaises spécialisées en thérapie génique. Celles-ci compensent donc mal les essais portant sur les maladies rares (une demi-douzaine).

On devrait s'interroger plutôt sur la politique de la recherche en biothérapies en France plutôt que de focaliser son attention sur la cible associative qui apporte sa contribution aux avancées de la recherche bénéficiant aussi bien aux maladies rares qu'aux maladies fréquentes.

La thérapie génique est une discipline encore très jeune, même comparée aux autres biothérapies. On ne peut donc exiger qu'elle se situe d'emblée au même niveau de développement[24]. L'intérêt qui lui est porté, comme pour toutes les avancées qui ont marqué l'histoire de la médecine, est à la mesure des attentes. Les déceptions qui jalonnent le développement de nouvelles voies médicales aussi. Comme le dit fort justement Bertrand Jordan, la thérapie génique trouvera sa place dans l'arsenal thérapeutique, aux côtés des autres stratégies. Il est donc d'accord avec l'AFM. Simplement peut-être ne le sait-il pas.

Réponse aux malades qui se plaignent que l'AFM ne s'occupe pas de leur pathologie

L'AFM s'est toujours refusée à tomber dans l'ornière de la confrontation entre maladies. Il ne s'agit pas de comparer des maladies entre elles, aussi graves, aussi insupportables soient-elles. On ne saurait mettre en balance la mort brutale, l'inexorable dégradation d'un enfant asphyxié par la paralysie et le déclin intellectuel et physique d'un adulte. La maladie est aveugle, elle frappe toujours injustement.

Des voix malveillantes se sont élevées, prétextant une sorte de hiérarchie de la souffrance et laissant croire qu'une association mériterait moins qu'une autre la bienveillance télévisuelle au motif qu'elle concernerait moins de malades et des pathologies moins injustes. Ce matraquage finit par envahir les esprits, ravivant parfois des sentiments bien humains d'iniquité chez des personnes confrontées à une maladie différente, devenue par nature LEUR priorité.

Nous nous refusons à comparer les maladies entre elles mais, puisque le sentiment d'injustice parfois exprimé s'appuie avant tout sur un critère d'incidence ou de prévalence, nous nous permettons d'y apporter quelques éléments complémentaires.

Injustice, oui, mais doit-on ne la rattacher qu'au seul critère statistique ? Les maladies rares représentent 6 à 8 % de la population. La moitié s'exprime dès l'enfance et tue très tôt. Il est probable que leur diagnostic échappe à beaucoup de consultations de ville ; le plus grand nombre est détecté et

24 Voir aussi l'appendice – 5.

suivi dans les consultations spécialisées. On estime à 900 000 le nombre de patients Alzheimer en France. Ce nombre augmente au fur et à mesure du vieillissement de notre population (il devrait atteindre 1,3 million en 2020). Au moins ces personnes auront-elles eu la chance de vieillir. Nous ne souhaitons pas en venir à ces comparaisons morbides d'autant que les 50 % d'adultes paralysés progressivement par leur maladie neuromusculaire sont susceptibles eux-mêmes de contracter un jour la maladie d'Alzheimer. En tout état de cause, les maladies rares, tout comme la maladie d'Alzheimer sont aujourd'hui considérées comme de véritables problèmes de santé publique. Mais bénéficient-elles des mêmes moyens?

La brutalité de la maladie n'est pas le seul paramètre à considérer si l'on se place dans le comparatif. Les maladies, dites fréquentes, telles que le cancer, les maladies cardiovasculaires, certaines maladies infectieuses ou neurologiques – dont l'Alzheimer – représentent des marchés particulièrement attractifs pour l'industrie pharmaceutique. Les chiffres sont, là aussi, implacables, nous l'avons déjà vu : le budget de la recherche mondiale (industrie et états confondus) consacré aux maladies rares est 10 à 15 fois inférieurs à celui dévolu pour chacune des maladies dites «fréquentes», cancer, Sida ou Alzheimer (pour les maladies fréquentes, la part de l'industrie représente 90 % des efforts financiers; ce qui manque cruellement aux maladies rares).

La première des injustices ne réside-t-elle pas dans le manque d'espoir? Sans recherche, pas de perspective. Puisque des moyens colossaux y sont consacrés, il ne fait pas de doute que des traitements seront mis au point pour ces maladies fréquentes; ils le sont déjà pour bon nombre d'entre elles. Pour les maladies neuromusculaires, il y a 25 ans, on n'entrevoyait aucun espoir de traitement puisqu'aucun intérêt de la part des industriels, des organismes publics de recherche et des gouvernements. Le Téléthon les a fait sortir de cette indifférence, en donnant à des malades des moyens pour se défendre eux-mêmes contre la maladie, devenir des acteurs de la recherche, nourrir l'espoir, se lever contre cette terrible injustice qui les frappe. Il est remarquable de constater que les maladies rares représentent d'excellents modèles pour les maladies fréquentes. Les scientifiques nous le montrent : c'est l'étude des formes génétiques (rares) de la maladie d'Alzheimer qui a permis de comprendre les mécanismes physiopathologiques de la maladie d'Alzheimer, en identifiant les gènes, et donc les protéines et les voies biochimiques, et demain les facteurs de risque, impliqués dans la maladie d'Alzheimer. Autant de cibles pour la thérapeutique.

Les chercheurs nous disent que la maladie rare neuromusculaire, appelée myosite à inclusion, reproduit au niveau du muscle les mêmes anomalies biochimiques que celles retrouvées dans le cerveau Alzheimer. Or les muscles sont plus aisément accessibles à l'examen que le cerveau. Les thérapeutiques qui sont expérimentées dans la myosite à inclusion vont apporter des informations précieuses pour Alzheimer.

Les thérapies innovantes, telles que la thérapie génique, à l'étude pour des maladies rares du système nerveux central, permettent de valider des outils thérapeutiques qui demain seront appliqués (et avec célérité par l'industrie !) aux maladies fréquentes du cerveau (Parkinson ou Alzheimer).

L'impact ne porte pas uniquement sur la recherche. Ce soutien exceptionnel du « pouvoir médiatique », que nos détracteurs nous reprochent, a été le moyen de faire sortir ces malades de l'oubli, de changer le regard sur le handicap, sur tous les handicaps, d'organiser la pratique médicale intégrée au sein de consultations pluridisciplinaires, un système qui a fait école. Les actions revendicatives en matière sociale que l'AFM a initiées et portées tant au niveau français qu'international ont fait évoluer les lois et ont amené nos décideurs à se pencher sur la prise en charge du handicap, qu'il soit neuromusculaire ou neurologique. Ce rôle d'aiguillon a servi toutes les causes. Le Téléthon est le seul moment de l'année où l'on parle des malades neuromusculaires et de bien des maladies rares. C'est en tous les cas la source essentielle de financements pour l'AFM. Démanteler le Téléthon signifie le retour irrémédiable des maladies neuromusculaires et de bien des maladies rares à l'oubli. Quand bien même les malades ne seraient qu'une poignée, est-il juste de les laisser disparaître dans l'indifférence au seul motif de leur rareté ? (Pourtant les malades neuromusculaires sont nombreux).

Le Téléthon a été un moteur du don, une prise de conscience collective de l'importance des associations. Avec le Téléthon, la générosité publique s'est accrue dans notre pays. Elle a impacté positivement toutes les causes. Pourquoi détruire ce qui fonctionne ? La télévision publique pourrait peut-être ouvrir davantage son antenne pour davantage de causes et sous des formes différentes et complémentaires tout au long de l'année ? Détourner le Téléthon de son objet initial, transformant l'AFM en agence de moyens pour le compte d'une multiplicité de causes, conduira immanquablement à un saupoudrage par nature inefficace. Les donateurs ne s'y retrouveront plus et s'en détourneront. Tout le monde y perdra. L'injustice suprême. C'est contre cela que nous nous battons de toutes nos forces.

« Le plus cher cabaret du monde »

Dans des sorties dont il est coutumier, surtout à l'approche du Téléthon ou à l'occasion de la sortie d'un de ses livres, Jacques Testart, directeur de recherche honoraire de l'Inserm, nous accorde régulièrement la faveur de son fiel médiatique. Le Téléthon a ainsi un jour été caricaturé par ses soins sous la forme du «*plus cher cabaret du monde*».

Le Téléthon est pourtant un événement d'une portée sociale dont la dimension déborde le seul cadre d'une émission télévisée de collecte. Des sociologues, des scientifiques, des économistes et des politiques se sont penchés sur ce « 14 juillet en hiver», formidable rencontre du citoyen avec les médecins et les chercheurs, formidable convergence entre générosité, recherche scientifique et médicale. Soudainement, des malades que l'on cachait, auxquels la société ne laissait pas la moindre chance d'insertion (mais oui, Monsieur Testart, le budget de l'AFM est aussi consacré à cet objectif non scientifique) et souvent de survie, se sont dressés, prenant leur destin en main autour d'une valeur fondatrice de refus de la fatalité et de la résignation. Refuser, résister, guérir. Parce que personne ne se décidait à le faire pour eux. La recherche sur les maladies rares, neuromusculaires comme non neuromusculaires, était quasi inexistante. Ni la puissance publique et encore moins les entreprises privées ne s'intéressaient à ces domaines scientifiques trop longs à générer des publications et trop petits pour constituer des marchés lucratifs. Isolement social, désert scientifique, autant de handicaps qui condamnaient les maladies rares à l'oubli.

Les mots assénés habilement par un esprit aussi acéré que Monsieur Testart ne sont pas innocents, lorsqu'il fustige les préoccupations vénales de l'Association française contre les myopathies à qui il oppose son affirmation «*Les maladies infectieuses pourront bien continuer à tuer des millions d'enfants chaque année.*» Un raccourci qui revient à accuser le Téléthon de précipiter la mort d'autres enfants. Opposer des morts à d'autres morts.

Jacques Testart s'appuie sur l'étude de Recherches & Solidarité pour souligner que le Téléthon représente («*capte*» selon Jacques Testart) 3 % de la générosité des Français. Mais c'est occulter ce que justement l'étude précise, à savoir que ce pourcentage n'a pas changé depuis le premier Téléthon en 1987. Or, la collecte du Téléthon a été multipliée par 3,5 depuis 1987, sans que ce pourcentage de 3 % occupé par le Téléthon dans la générosité publique n'ait changé (il s'est même réduit à environ 2,5 %). Ainsi le Téléthon n'a pas capté 3 % de générosité (il ne l'a pas «*parasité*» comme l'a affirmé un autre détracteur aussi célèbre et médiatisé), il a permis à l'ensemble du tissu associatif de multiplier sa capacité de collecte par 3,5.

Le Téléthon a ainsi eu une vertu essentielle, soulignée par les études socio-économiques telles celle de Recherches & Solidarités : «*Le Téléthon a été une école du don : il motive toutes les générations, permet de présenter des résultats établis sur plusieurs années, et sa médiatisation permet de toucher de nombreuses personnes n'ayant encore jamais donné, qui ne sont donc jamais sollicitées par les associations. Les actions mises en place sont, pour une large part, collectives, dans les quartiers, dans les villages et dans les associations : cette dynamique crée un environnement pour une générosité active et partagée, qu'aiment tout particulièrement les plus jeunes. Le Téléthon, c'est aussi la fête, et cette atmosphère joyeuse construit un souvenir positif d'un premier don qui sera alors plus facilement suivi de beaucoup d'autres. Le Téléthon, c'est aussi, dans bien des cas, le premier engagement bénévole, aux côtés d'une association ou dans un village. Et cet engagement sera le plus souvent suivi de beaucoup d'autres, à l'écoute des autres.*»

Comme l'explique Jacques Mallet, président de l'association Recherches et Solidarités : «*Le Téléthon constitue un déclencheur incomparable de la générosité : il rappelle en temps utile, que des besoins existent et que d'autres sont en grande difficulté.*»

Toutes les enquêtes montrent que les différentes causes s'enrichissent mutuellement, car les Français s'intéressent à plusieurs causes. Non seulement les opérations les plus médiatisées n'assèchent pas la collecte des autres, mais elles permettent de sensibiliser les citoyens à la notion de solidarité, encore trop peu partagée dans notre pays (un Français sur quatre, seulement, donne régulièrement aux associations[25]). Ainsi, on ne doit pas opposer une cause à une autre. Toutes valent que l'on se batte pour elles. Justement, la diversité de notre société leur permet de se nourrir

25 Voir les sites www.recherches-solidarites.org et www.francegenerosites.org.

mutuellement et non de se concurrencer. Au lieu de suivre la règle des vases communicants, la tendance est à l'amalgame (voir comment le scandale de l'ARC a affecté l'ensemble du tissu associatif). Ainsi, en pensant servir d'autres activités caritatives en détruisant le Téléthon, on ne fait que tirer la générosité publique vers le bas.

Fête, générosité, actions collectives : tout l'inverse des termes caricaturaux (exhibitionnisme, indécence, mendicité) employés insidieusement par Monsieur Testart. Le Téléthon c'est la fête mais c'est aussi la réalité présentée au grand public pour la nécessaire prise de conscience et pour susciter l'action. Est-ce la faute de l'AFM si 80 % des maladies rares sont génétiques ? Est-ce sa faute si la plupart sont très graves et mortelles ? Est-ce sa faute si 50 % d'entre elles touchent les enfants ? Doit-elle refuser aux malades qui le souhaitent de témoigner, lutter, exister ?

Les textes succincts de Testart regorgent d'insultes : le Téléthon est indécent, manipulateur de masse. Nous sommes assimilés au détour d'une phrase à des chrétiens «*autoflagellateurs*», à des islamistes. Il reprend à son compte les accusations de groupes extrémistes qui nous gratifient d'eugénisme (oublie-t-il que le diagnostic préimplantatoire est réglementé pour un nombre précis et limité de pathologies et choisi par les familles dans l'indépendance et la liberté de conscience individuelle ? Il n'est pas décidé par une association quelle qu'elle soit. L'AFM accompagne les familles quel que soit leur choix).

Victime, Testart ? Voilà l'AFM accusée, via une douteuse dénonciation indirecte, d'avoir dans un passé obscur menacé physiquement Monsieur Testart. Méprisable stratégie du gifleur cherchant à se muer en martyr. L'injure prend même subrepticement une connotation raciste (les allusions aux «*bébéthons*» bien blonds, aux handicapés bien blancs). Incompréhensible et vomitif. La maladie n'a pas de frontière et ne se préoccupe pas de la couleur de peau. C'est aussi un enseignement du Téléthon.

Il reprend des accusations de placements financiers qui ont valu à un autre détracteur médiatique une condamnation pour diffamation. Une boue dans laquelle je ne le rejoindrai pas.

Caricaturant la cause de l'AFM au travers de l'équation qu'il lui prête : argent = recherche = guérison, il semble oublier que, pour espérer guérir, la recherche est indispensable. Et, sans argent, la recherche est inexistante. En voulant assécher le Téléthon, on vise donc à empêcher la recherche sur les maladies que l'association veut combattre. Mais c'est aussi tirer la recherche française vers le bas, en fustigeant le budget recherche du Téléthon, jugé trop élevé comparativement au budget de fonctionnement de l'Inserm. Est-ce la faute de l'AFM si la recherche biomédicale est insuffisamment soutenue par l'État? Dénigrer le Téléthon pour aiguillonner l'État, curieuse partie de billard, au détriment du Téléthon et au résultat nul.

La logorrhée testartienne accouche d'une solution toute faite : l'impôt plutôt que le Téléthon. Nous l'avons vu plus haut, les incitations fiscales en faveur des dons ne comptent que pour une part minoritaire des fonds récoltés. Plus de 40 % de la collecte est le fruit des milliers de manifestations organisées par l'AFM durant le Téléthon. Ces ventes de crêpes, lancers de ballons, places de concerts et autres « petites » contributions ne donnent pas lieu à liasse fiscale. Aucun apport de l'État. Quant aux promesses téléphoniques, la moitié d'entre elles nous sont offertes par des personnes dont les revenus modestes ne donnent pas lieu à impôt. Ainsi, chaque année, c'est au mieux une vingtaine de millions d'euros susceptibles d'une réduction fiscale partielle et plafonnée. En retour, l'État est loin d'être perdant puisque les financements de l'AFM sont, eux, soumis à l'impôt (pour ne citer que la TVA) et qu'une bonne partie des fonds de l'AFM retourne à la recherche française. La haine rend aveugle.

Cette recherche et ses résultats permis grâce au Téléthon ne manquent évidemment pas d'être dénigrés. Comme si les malades (pourtant secondés par un conseil scientifique international indépendant) étaient incapables d'une véritable stratégie de recherche. Cette recherche a pourtant offert à la communauté scientifique les cartes du génome, publication scientifique la plus citée dans le monde pendant plus de 10 ans (peu de prix Nobel pourraient se targuer d'un tel impact). Et libre de tout brevet. Ces travaux ont fait faire un bond de géant à la recherche génétique mondiale. Lorsque les premières guérisons par thérapie génique ont été démontrées, voilà aussi ces experts à la science infuse qui en avaient nié le potentiel, réduits à en minimiser la portée à ces seules avancées. Comme si le processus de la découverte et de ses applications allait s'arrêter à ses premiers fruits. La thérapie génique n'a guère plus de 20 ans de développement. Il a fallu 30 ans aux transfusions sanguines pour s'imposer, autant pour les greffes d'organes, les protéines recombinantes ou plus récemment les anticorps monoclonaux. Les détracteurs, sûrs de la dangerosité et de l'inefficacité de ces thérapies, n'avaient pas manqué non plus. L'histoire de la médecine n'est qu'un éternel recommencement. Rassurons tout de même

Monsieur Testart, la recherche de l'AFM ne se borne pas à la thérapie génique ; les deux tiers de ses efforts portent sur la recherche fondamentale (dont le nombre de publications et leur facteur d'impact sont au-dessus de la moyenne nationale) et les thérapies cellulaires et pharmacologiques. C'est bien parce que l'AFM est sur tous les fronts de la recherche que son exposition médiatique l'amène à essuyer les foudres des opposants aux cellules-souches, à l'expérimentation animale, au tout-génétique, aux collaborations avec l'industrie pour la fabrication de médicaments (qui pour l'instant ne fabrique pas de produits de thérapie génique). Et chacun de caricaturer l'AFM en la confinant de manière fatalement contradictoire dans tel ou tel domaine d'activité.

Nous sommes sur ce point dans l'ordre du débat. Au moins peut-on ici déboucher sur des considérations plus constructives. Oui, la recherche fondamentale est un passage indispensable sur le chemin du médicament. Mais c'est faire preuve d'une méconnaissance abyssale des contraintes de la mise au point du médicament que de penser qu'il suffit de s'appuyer exclusivement sur la biologie fondamentale et la recherche publique. Un médicament ne se conçoit pas, ne se produit pas et ne se valide pas sur un coin de paillasse. Et les moyens nécessaires sont colossaux. Par son action et la stratégie d'intérêt général (détails dans nos rapports et sur d'autres documents publics et archivés) l'AFM avance pour ses malades et pour le bien commun.

«*Soyons réalistes,* écrit Jacques Testart, *il sera en fauteuil d'ici quelques années. Alors pourquoi créer cette terreur plutôt que de se concentrer sur comment ce gamin pourrait être accompagné du mieux possible vers la perte de la marche?*» Quant à sa conception de la recherche, il reprend à son compte une affirmation syndicale : le but premier de la recherche en biologie n'est pas de soigner mais de comprendre les mécanismes du vivant. Alors donc, les malades doivent retourner dans l'ombre, disparaître de la vue chaste des bien-pensants effarouchés, se contenter d'un fauteuil plus confortable (beaucoup ne vivent même pas assez longtemps pour acquérir la position assise) mais surtout ne pas ambitionner la guérison. Le combat de l'AFM se porte sur le terrain du handicap comme sur celui du médicament. Il est frappant de constater que, dans ce débat souvent biaisé, l'AFM est tantôt accusée de ne pas financer suffisamment de recherche pour des maladies qui sortent de son cadre tantôt, à l'inverse, de ne pas se préoccuper de la prise en charge des malades. Nos détracteurs ne sont pas à une contradiction près.

Appelant de ses vœux *« un contrôle citoyen de la science »* (autrement dit, une reprise en main des fonds du Téléthon par les organismes publics), il n'accepte pas le principe du Téléthon, où s'exerce précisément non seulement le contrôle d'activités scientifiques mais une part active de sa conception par le citoyen. L'élite bien-pensante ne supporterait-elle pas de perdre un peu de son pouvoir, celui de la connaissance ? La démocratie, appelée au secours de cet argumentaire assez confus, ne consiste-t-elle pas précisément à permettre à tout un chacun de participer à la quête de la connaissance et d'y accéder ? Ne supporterait-on pas que les malades soient eux aussi acteurs de la recherche ?

Comme le rappelle Jacques Mallet, l'AFM tire son originalité du fait qu'elle mobilise de véritables « *donacteurs* », donateurs très impliqués et bénévoles particulièrement attachés à la cause qu'ils défendent. Le cercle vertueux est ainsi complet ; s'y rejoignent bénévoles, professionnels, anonymes et célébrités, spot-lights télévisés et réunions villageoises. Chaque année, c'est le peuple, souvent modeste qui, dans un élan de générosité sublime, qu'il pleuve, qu'il vente ou qu'il gèle, au travers d'activités ludiques, sportives, festives, main dans la main avec les malades et leurs familles, et dans une alchimie délicate entre terrain et show télévisuel, offre aux familles touchées par la maladie des moyens pour la combattre. À leur tour, les malades, organisés et entourés, prenant à bras-le-corps le risque scientifique comme financier, incitent, aiguillonnent et accompagnent les chercheurs dans leur quête de connaissance et de découvertes. Comprendre les maladies et porter les traitements potentiels jusqu'au lit du malade. Vingt-huit Téléthons, une explosion des connaissances, des traitements reconnus pour plusieurs maladies, beaucoup d'autres au stade des essais cliniques pour une trentaine d'autres, des classes thérapeutiques nouvelles et des applications qui ouvrent la voie à bien des affections fréquentes. Ainsi le cercle parti du grand public revient-il au grand public.

Il est semble-t-il difficile pour certains de résister à la tentation de la dénonciation et du dénigrement. Débat oui, insultes non. La vraie noblesse, Monsieur Testart, Monsieur Bergé, et autres bien-pensants, vous la trouverez chez ces malades, enfants et adultes, qui vous disent : *« Je sais très bien que tout ce que nous sommes en train de réaliser, je ne pourrai en bénéficier moi-même, mais je suis fier d'y participer. »*

Des réseaux sociaux poubelles

Lorsqu'on veut la mort du chien on dit qu'il a la rage. On trouve par exemple sur le Web, sur des sites dont les noms évoquent le handicap ou la science, des qualificatifs qui pourtant ne préjugent pas du contenu bien éloigné du combat qu'ils laissent deviner. Surprise d'y trouver des articles tels que «Téléthon, la grande escroquerie», assortiment informe où tout est mélange et confusion. Ce qui est intéressant est d'en décrypter la construction. Elle est éclairante car assez symptomatique.

Tout commence par l'image dérangeante de la souffrance. On lit : le Téléthon *«montrant de pitoyables images d'enfants atteints des maladies dites «orphelines» (belle trouvaille publicitaire pour faire pleurer dans les chaumières)»*. Pourtant est-il encore besoin de rappeler que 50 % des maladies rares touchent les enfants? Leur souffrance est un miroir qui dérange et fait peur. Faut-il pour autant les maintenir dans le secret et l'isolement? N'est-ce pas en affirmant leur existence et l'injustice de cette souffrance qu'on se donne les moyens de l'affronter? Quant au terme «maladies orphelines», il correspond à une dénomination internationale qualifiant les maladies orphelines de traitement curatif.

La polémique enchaîne ensuite sur la thérapie génique dont on affirme tantôt qu'elle est un vaste «*bluff et qui ne marche* pas» ou que l'on assimile aux «*manipulations génétiques*» qui perdureraient par-delà les générations, quand on ne la suspecte pas d'être soumise à *«des impératifs économiques entre les mains d'apprentis sorciers, des «savants fous», pour la plus grande joie d'Hitler et le plus grand désarroi de Dieu, lui qui avait fait naître des noirs, des handicapés, et toutes ces erreurs...»* Restreindre les choix scientifiques de l'AFM à la thérapie génique est réducteur, nous l'avons vu. Pourtant, si la France est un pays leader dans ce domaine elle le doit en grande partie à l'AFM qui en a fait un engagement fort et sur la durée. Affirmer que la thérapie génique ne marche pas est une contre-vérité. Les preuves de concept, et parfois de véritables guérisons ont été obtenues, des avancées saluées par la communauté scientifique internationale. Faudrait-il en avoir honte et les passer sous silence? Par ailleurs, la thérapie génique n'est pas une manipulation génétique, elle est extrêmement encadrée juridiquement et scientifiquement. Il est par exemple strictement prohibé de modifier les cellules germinales, support de la transmission de l'hérédité. Tout produit de thérapie génique qui pénétrerait les cellules germinales est interdit pour un usage humain (voir aussi l'appendice – 5). L'attaque bascule vers l'ignoble lorsqu'elle assimile les chercheurs et l'association qui les soutient à des nazis. La comparaison est d'autant plus infâme qu'elle insulte l'action altruiste des biologistes et les malades qui doivent pouvoir en bénéficier, et elle banalise le nazisme, idéologie génocidaire vouée ostensiblement à la destruction de peuples opprimés[26].

On y pointe ensuite un hypothétique «*lobby de l'ADN*», porté par le Téléthon et qui trusterait tous les crédits au détriment des autres recherches. Bien entendu, aucun chiffre ne vient étayer cette affirmation. Les chiffres sur la prévalence des maladies rares et l'insuffisance des moyens pour les combattre illustrent une réalité qui se situe à l'exact opposé de l'affirmation fantaisiste précitée.

On caricature la recherche scientifique pour ensuite avancer des affirmations scientifiquement aussi burlesques que : la myopathie de Duchenne pourrait se traiter par un simple gel de progestérone à 2 €. Aucune publication scientifique ne vient bien entendu l'étayer. De surcroît, vendre l'illusion d'un traitement simpliste pour une maladie dont le mécanisme moléculaire est très bien établi (et certainement pas celui, très fumeux, avancé par ce site), revient à inciter les malades à se précipiter vers des traitements illusoires au détriment d'une prise en charge standardisée. Là est justement le comportement dangereux de savant fou.

Pour compléter la parodie, on dénonce ces ignobles laboratoires qui justifieraient leurs gros frais par la torture d'animaux volés à leurs maîtres, alors qu'il serait si facile de tester les médicaments sur les cellules. Autre débat biaisé. Rappelons simplement que les agences de santé exigent des données scientifiques solides chez l'animal avant d'autoriser tout essai clinique. Pour aussi imparfaits que peuvent être les modèles animaux, ils constituent une étape incontournable ne serait-ce que pour vérifier la sécurité des produits destinés à être un jour administrés à l'homme.

La cerise sur ce gâteau indigeste est l'innovation de certains sites, c'était inédit : l'argent du Téléthon «*alimenterait en grande partie les «progrès» de l'arme bactériologique et l'arme au laser ainsi que la recherche sur la conservation dans la glace des cadavres* [de millionnaires uniquement, bien entendu] *dans l'attente d'un traitement pour leur maladie*». Mieux

26 Petit aparté : ainsi donc, selon ce site, les noirs et les handicapés seraient des *erreurs*?

vaut en rire qu'en pleurer. Tout ceci relève évidemment de la caricature, mais la puissance destructrice des réseaux sociaux n'est pas à sous-estimer.

Les cellules-souches : vade retro satanas!

Le débat autour du recours aux cellules-souches fait rage, y compris au sein de la communauté scientifique. Les chercheurs sont évidemment avant tout des êtres humains, porteurs de leur propre notion de l'éthique et guidés comme tout un chacun par un référentiel philosophique ou religieux que leur éducation et leur parcours de vie propre ont contribué à façonner. Cela a été le cas par exemple après les travaux de l'équipe d'I-Stem parus dans *Cell Stem Cell* montrant comment, à partir de cellules-souches embryonnaires porteuses d'une anomalie génétique (en l'occurrence responsable de la dystrophie myotonique de Steinert), les chercheurs ont réussi à identifier un mécanisme physiopathologique de cette maladie. Ces travaux ont également permis d'identifier plusieurs molécules potentiellement thérapeutiques (évidemment à valider ensuite sur les modèles d'organisme vivants puis chez l'homme).

La portée scientifique de ce travail n'est pas contestée, c'est l'intérêt des cellules-souches qui est pointé d'un doigt accusateur. Comme les scientifiques qui rejettent le recours aux cellules-souches se réclament d'une objectivité scientifique, je me permettrais ici de leur renvoyer l'argument en reprenant certains de leurs propos très éloignés de cette objectivité qu'ils revendiquent.

Souvent leur argumentaire commence par une caricature décrivant les tenants des recherches sur les cellules-souches comme enfermant le public, les médias et les responsables politiques dans l'idée que seules les cellules-souches embryonnaires sont susceptibles de faire progresser la recherche sur les maladies génétiques. Il suffit de comparer les efforts budgétaires dans le domaine pour se convaincre du contraire. Les recherches portent sur bien des domaines excluant les cellules-souches (à tel point que les mêmes opposants contre-argumentent souvent que, puisque la recherche sur les cellules-souches embryonnaires est marginale, autant l'abandonner complètement). Chaque domaine véhicule ses avantages et ses inconvénients et c'est la convergence des travaux et des modèles qui permet le progrès. Se priver d'une voie de recherche contribue à affaiblir ce potentiel de progrès. Enfin, il n'est pas très objectif de caricaturer ses contradicteurs, cela ne fait que décrédibiliser le propos.

Les opposants aux cellules-souches embryonnaires évoquent les nombreuses publications scientifiques portant sur les cellules induites à la pluripotence (c'est-à-dire que l'on fait retourner artificiellement à l'état quasi embryonnaire) comme alternatives aux cellules-souches embryonnaires tant pour la modélisation de maladies que pour le criblage de molécules. Parmi les critiques qu'ils émettent à l'égard des cellules-souches embryonnaires figurent les dérives génomiques observées sur des lignées de cellules embryonnaires utilisées depuis un certain temps. Cet argument se retourne pourtant contre leurs auteurs qui n'ont sans doute pas pris le temps de lire les articles scientifiques démontrant les limites des cellules iPS truffées de modifications génétiques. Des études systématiques de plusieurs milliers de lignées de cellules iPS par plusieurs équipes anglo-saxonnes et parues dans plusieurs revues scientifiques majeures dont *Nature*, montrent que les cellules iPS obtenues par les méthodes actuelles portent des altérations génétiques et épigénétiques telles qu'on ne peut les utiliser en l'état pour la thérapeutique et avec des réserves pour la modélisation de pathologies génétiques. À la dérive génétique inhérente au risque statistique lié à la multiplication infinie des cellules (vraie autant pour les cellules iPS que les cellules-souches embryonnaires ce que semblent négliger les opposants) s'ajoute pour les iPS celle liée aux méthodes de manipulations génétiques utilisées pour faire retourner les cellules adultes à l'état embryonnaire. Les cellules iPS sont de ce point de vue plus risquées à utiliser que les cellules-souches embryonnaires. La rigueur scientifique impose justement d'en maîtriser totalement les implications avant de se précipiter sur cette alternative comme une panacée. La rigueur scientifique aurait-elle été occultée par un certain aveuglement idéologique ?

On était allé jusqu'à dénoncer l'annonce de la publication d'I-Stem jugée intempestive par son calendrier (elle coïncidait plus ou moins avec la période du Téléthon). Comme si un laboratoire français soutenu par une association avait le poids suffisant pour imposer un calendrier de publication à une prestigieuse revue scientifique anglo-saxonne. Argument ridicule, anachronique et malveillant. Tout comme celui laissant entendre que l'industrie pharmaceutique et « *celle de la procréation assistée* » ne seraient pas étrangères « *à cette chasse aux cellules-souches embryonnaires* ». On bascule ici dans le discours idéologique. Le sujet est tellement brûlant que les industries déjà vouées aux gémonies en tant qu'industries (autre réflexe idéologico-politique) ne souhaitent pas y investir les moyens qui seraient pourtant nécessaires.

La France est en retard dans le domaine de la recherche sur les iPS. Non pas que celle-ci ait été sacrifiée au profit de celle sur les cellules-souches embryonnaires, contrairement à ce que laissent entendre les détracteurs, mais beaucoup plus simplement parce que la recherche biomédicale en général et celle sur les cellules-souches embryonnaires et les iPS souffrent de sous-investissements en France. Nos contradicteurs eux-mêmes n'y contribueraient-ils pas ?

La loi qui tue

Le sujet est difficile car il se situe à la frontière de l'éthique et de la nécessité. Et où trop d'éthique tue l'éthique. Où les convictions religieuses ou individuelles prennent le pas sur des considérations rationnelles et scientifiques.

La nuit du 10 février 2012 a été le théâtre de négociations discrètes à l'Assemblée nationale et qui ont conduit à un vote de mesures rédhibitoires pour la recherche française sur les cellules-souches. La loi de bioéthique comporte de multiples facettes. Les médias se sont fait l'écho de quelques-unes d'entre elles mais peu ont abordé la question des cellules-souches embryonnaires. Marc Peschanski, un pionnier dans le domaine en particulier des greffes de cellules-souches dans le cerveau et dans les recherches appliquées sur les cellules-souches embryonnaires, a relaté dans un quotidien national ce qui s'est joué cette nuit-là dans un bureau feutré de l'Assemblée nationale, où une trentaine de députés ont imposé une rédaction encore plus restrictive de la loi pourtant déjà bien décriée.

La rédaction de la loi révisée de bioéthique 2004 proposait de maintenir l'interdiction de tout travail sur l'embryon, donc sur les cellules-souches embryonnaires, réservant tout de même sous une forme dérogatoire le droit à quelques équipes de contribuer à l'effort mondial de recherche dans ce domaine. Il ne s'agit pas ici de s'interroger sur la manière dont peuvent s'exercer les lobbies anti ou pro. Au fond, le débat oppose deux conceptions, chacune déterminée à préserver la vie. La recherche sur les cellules-souches embryonnaires, en tant que recherche en biologie, vise d'abord et avant tout à préserver la vie. Nier le contraire, insulter les chercheurs en les assimilant à des génocidaires est doublement diffamatoire, aussi bien à l'égard des chercheurs que des victimes des génocides dont on banalise ainsi la tragédie.

La loi introduisant l'amendement 49 excluait les recherches liées au criblage pharmacologique. Grâce aux cellules-souches il est en effet possible de modéliser *in vitro* des pathologies (en particulier des maladies rares) et en un temps très court de passer au crible des centaines de milliers de molécules potentiellement thérapeutiques. L'image évoquée par Marc Peschanski est élégante : «*en criblant d'énormes quantités de composés pharmacologiques, comme on tamise le sable pour trouver une pépite, ici un médicament capable de s'opposer aux mécanismes d'une maladie*». La moitié des efforts de recherche dans ce domaine porte sur cette voie qui consiste à créer en laboratoire des cellules-souches embryonnaires porteuses de pathologies, soit parce qu'elles en sont naturellement atteintes, soit parce que nous pouvons les y introduire, et sur lesquelles on peut en quelques semaines identifier des pépites thérapeutiques. En une réunion occulte, à l'écart de tout débat contradictoire, on tirait un trait sur tout un pan de recherche en France.

Ces détracteurs pensent ou veulent faire croire que l'on détruit des centaines de milliers d'embryons à des fins de recherche. Cette affirmation ne tient pas puisque, par définition, les cellules-souches embryonnaires se multipliant à l'infini, une seule d'entre elles suffirait à alimenter une infinité de programmes de recherche. Des études ambitieuses, telles que le criblage de molécules sur des cellules malades ou reproduisant certaines anomalies pathologiques, demandent que soient établies des lignées de cellules issues d'embryons porteurs de ces caractéristiques pathologiques. Ces embryons sont accessibles car voués à la destruction. Il revient toutefois aux parents de décider du devenir de ces embryons qu'ils ont conçus et qui ne seront pas implantés dans l'utérus maternel. Tant qu'ils ne sont pas implantés, les embryons n'ont pas de finalité de vie ; ils sont incapables de donner un être intègre et viable ; ils ne sont pas «à naître» ; ils ne sont ni fœtus, ni bébés.

Les alternatives représentées par les cellules iPS ne sont envisageables qu'à condition que l'on puisse comparer leurs caractéristiques biologiques à celles de cellules embryonnaires. Cela suppose donc que l'on dispose de connaissances approfondies des cellules embryonnaires. Comment accéder à cette connaissance sans recherches sur l'embryon ? Il apparaît aujourd'hui que les cellules-souches iPS et cellules-souches embryonnaires ne sont pas strictement identiques. Il est probable que l'on ne pourra pas toujours se passer de cellules-souches embryonnaires. En tout état de cause, pour être en mesure de s'en passer, il est indispensable de les étudier. Cercle vicieux à défaut d'être vertueux.

Priver la France de recherches fondamentales et appliquées sur les cellules-souches embryonnaires revient à freiner l'accès aux traitements de demain. Ce temps perdu est un luxe que ne peuvent se payer les malades. Sous prétexte d'une idéologie exprimée à l'extrême, on contribue finalement à brider la vie. L'histoire se répète ; à la sacralisation moyenâgeuse du corps succède aujourd'hui celle des cellules embryonnaires. La dissection des corps a été longtemps interdite. La lecture intégriste du texte de la bulle de Boniface VIII (1235-1303) destinée à limiter la pratique du démembrement des corps, mais étendue au respect de l'intégrité du cadavre pour la sauvegarde de l'âme, conduisit à une très lente évolution de notre connaissance de l'anatomie et, par voie de conséquence, des pratiques médicales. Les médecins et les artistes (on se rappelle par exemple Léonard de Vinci) devaient œuvrer dans le secret. Un nouveau coup de frein idéologique a donc frappé cette nuit du 10 février 2012. On le sait, ce qui se joue en filigrane dépasse le cadre des cellules-souches, c'est l'avortement, fût-il thérapeutique, qui est visé en réalité. Quoi qu'il en soit, il reste que la France se met doublement en danger : celui de perdre le fil de la compétitivité scientifique déjà mise à mal par le manque de moyens, et de mépriser le sort des malades confrontés à la réalité de la souffrance et, pour beaucoup, à la course contre la mort. Cette loi a été heureusement modifiée par le Parlement mais après de lourdes batailles juridiques et politiques, pour finalement en juillet 2013 autoriser les recherches sur les cellules-souches embryonnaires dans des conditions bien précises.

La polémique sur l'expérimentation animale

En préambule il convient d'admettre que l'état des connaissances actuelles ne permet pas de se passer de l'expérimentation animale. Il est vain en effet de penser que l'on pourrait réduire la physiologie et la physiopathologie d'un organisme entier à des cellules sorties de leur contexte. Comment en effet modéliser des systèmes aussi complexes que le cerveau, le système immunitaire, la chirurgie ou la biodistribution (dans l'organisme entier) d'un médicament par exemple ? En tout état de cause, pour pouvoir les modéliser encore faut-il en connaître tous les aspects, ce qui suppose que nous savons tout de l'ensemble des organismes vivants (bien évidemment, ce n'est pas le cas).

Quoi qu'il en soit, les chercheurs ont besoin de modéliser la maladie pour plus aisément et plus efficacement la comprendre et trouver la parade. Les modèles animaux y jouent un rôle clé. Parfois, en caractérisant finement la maladie apparue spontanément ou induite artificiellement chez l'animal on peut identifier le gène encore inconnu responsable de la maladie chez l'homme (un exemple savoureux est l'identification chez le porc du gène du récepteur à la ryanodine[27]). À l'inverse, une fois le gène connu chez l'homme, on met au point des modèles animaux dont le gène correspondant est inactivé artificiellement. L'analyse précise des fonctions biologiques impactées par le dysfonctionnement du gène ciblé renseigne ainsi sur la fonction du gène. En d'autres termes, pour comprendre à quoi il sert, on observe les conséquences de son absence. Même responsable directement d'une maladie, le gène n'agit pas seul. Il s'inscrit dans un ensemble d'interactions complexes avec son environnement : d'autres gènes, d'autres protéines, d'autres organes ou les conditions extérieures (par exemple l'alimentation, le milieu ambiant, les autres organismes – par exemple infectieux –, etc.). L'analyse comparative des différents modèles, tant du point de vue des similitudes que des différences, permet de réunir un ensemble toujours plus fin de connaissances. À la complexité des processus biologiques de la vie et de la maladie ne peut répondre un processus expérimental simpliste *in vitro*.

On pourrait multiplier les exemples illustrant ce propos. Pour compléter, on peut tenir ce raisonnement par l'absurde : être capable de reproduire le fonctionnement de l'organisme humain entier par ordinateur ou par des cultures cellulaires adaptées, suppose que nous en maîtrisions absolument tous ses aspects. Or, nous sommes encore bien loin de ce Graal. Et cela signifierait d'ailleurs qu'ayant fait le tour de la question, nous avons donc

---

27 Des recherches actives avaient permis cette découverte, car il fallait résoudre un problème majeur de l'industrie porcine représenté par l'hyperthermie maligne. Cette pathologie provoque des anomalies neurologiques et des dommages hépatiques et rénaux sévères. Un traitement par une molécule pharmacologique, le dandrolène, a ainsi été mis au point. Il se trouve que la maladie existe aussi chez l'homme. Elle peut se révéler fatale chez les porteurs de cette mutation lors d'une anesthésie. Un à quatre cas mortels toutes les 50000 anesthésies. Grâce à l'identification du gène chez le porc, on a pu identifier le gène responsable de la maladie humaine et proposer un traitement. Décidément, tout est bon dans le porc !

toutes les parades à toutes les maladies. Échéance encore plus lointaine. Restreindre la recherche médicale à un seul modèle, *a fortiori* cellulaire, reviendrait à augmenter les probabilités d'erreurs et empêcher définitivement l'accès à ces connaissances. Oui, même si l'animal est différent de l'homme, il permet de comprendre bien davantage que ce que nous offre la seule culture de cellules humaines. Les cultures cellulaires sont biologiquement différentes de l'homme entier, comme l'animal entier est différent de l'homme entier. Elles expriment parfois aussi des similitudes, comme l'animal peut aussi être similaire. Les analogies sont informatives. Mais les disparités le sont peut-être encore plus. C'est souvent de l'analyse des différences que surgit la vérité scientifique. Bref, la conjonction des modèles est absolument nécessaire pour s'approcher de la connaissance. Ainsi donc des modèles animaux de la myopathie de Duchenne et de Becker ont été obtenus dans des dizaines d'espèces animales, des plus simples jusqu'aux plus évoluées, chacun apportant sa pierre à l'édifice de la compréhension de la maladie.

Des recherches sont actuellement impossibles sans recours à l'étude des êtres vivants. À titre d'exemple :

- comment mettre au point des recherches sur la douleur puisque on ne peut la reproduire dans un ordinateur ou à l'échelle de la cellule ;
- de même, comment développer de nouveaux traitements destinés à contrecarrer les résistances aux traitements de la tuberculose (qui touche un tiers de la population mondiale) par exemple.

Les cultures de cellules, les modèles mathématiques et d'autres méthodes substitutives ne fournissent qu'une réponse limitée et incomplète. Ces méthodes alternatives ne peuvent en aucun cas remplacer un être vivant. L'homme et l'animal sont des êtres vivants complexes, composés de multiples systèmes biologiques qui interagissent entre eux. Les méthodes alternatives ne permettent d'étudier qu'un secteur limité d'un être vivant. Elles ne peuvent donc pas permettre de prévoir l'ensemble des effets pharmacologiques d'une substance sur un organisme vivant complexe tel que l'homme.

Nous avons aussi des exemples spectaculaires de différences majeures existant entre la réponse de cellules en culture et celle d'organismes entiers : par exemple, en ce qui concerne la thérapie génique, le rapport Motulski-Orkin, publié par les National Institutes of Health américains (http://www.

nih.gov/news/panelrep.html), insiste sur la nécessité pour développer les outils de la thérapie génique de pratiquer l'expérimentation animale avant toute évaluation chez l'être humain. La thérapie génique ne peut se passer de l'expérimentation animale, les tests sur les cultures cellulaires, préalables aux études *in vivo*, ne permettent pas de prendre en compte l'ensemble des interactions cellulaires complexes ni le problème important que représente la voie d'administration du produit pour qu'il atteigne sa cible cellulaire. Ainsi des produits de thérapies géniques sont parfaits pour porter des gènes dans les cellules mais incapables de le faire dans un organisme entier animal ou humain.

C'est pourquoi les études précliniques sur l'animal sont indispensables et font partie du dossier d'enregistrement de tout médicament. Ces études précisent notamment les effets nocifs et la toxicité du produit, les risques de son utilisation, ce qui amènera à prendre les précautions adéquates lors des premiers essais chez l'homme.

Interdire toute utilisation d'animaux reviendrait par exemple à empêcher :

- de produire des vaccins sur les œufs embryonnés de poulet ;
- ou, préalablement à tout essai clinique humain, d'évaluer la tératogénèse (malformations fœtales) de produits et médicaments qu'il n'est pas possible de mettre en évidence autrement qu'en les administrant à des mammifères gestants.

Dans certains cas, le recours aux expérimentations sur les grands singes est un prérequis pour ces agences, en particulier pour répondre au principe de disposer des données générées dans les modèles animaux les plus pertinents pour la pathologie ou la physiologie humaine. Il serait donc dangereux et contre-productif de vouloir bannir ce type d'expérimentation, tout comme pour la mise au point de vaccins contre le Sida ou d'autres grandes épidémies ou pour l'étude de maladies neurodégénératives.

L'application stricte de renoncement à l'expérimentation animale reviendrait aussi à abandonner les recherches à but cognitif (contribuant à la connaissance) alors que par définition nous ne connaissons pas tout (et de loin) de la biologie.

De même comment résoudre la question des expérimentations animales nécessaires à la mise au point de traitements à destination des animaux (20 % des recherches animales) ?

Les différences de résultats entre espèces constituent même des informations très utiles pour notre compréhension de la biologie. L'élevage de souris a permis de découvrir qu'elles présentaient des mutations spontanées responsables de maladies semblables à celles observées chez l'homme, ce qui a contribué à accélérer les découvertes des gènes équivalents responsables de maladies humaines. Il en est de même pour d'autres espèces telles que les chiens, qui souffrent comme l'homme de maladies neuromusculaires et métaboliques. Par exemple, le chien Golden retriever GRMD est naturellement atteint d'une maladie génétique proche de la myopathie de Duchenne de même que le chien briard atteint d'une rétinite pigmentaire conduisant à la cécité ; ce dernier a fait l'objet d'essais thérapeutiques qui ont ensuite permis la transposition à l'homme.

Ainsi, l'étude de tels animaux permet-elle de mieux comprendre la pathologie humaine, d'identifier les mécanismes physiopathologiques qui rendent l'organisme malade, d'étudier l'expression des protéines codées par les gènes dans les différents tissus et d'analyser le mode de transmission de l'affection au fil des générations.

Pour guider nos choix, il est essentiel que le législateur et chacun d'entre nous se posent en permanence la question du niveau de sécurité que l'on souhaite voir appliquer au médicament qu'on accepterait d'ingérer ou de faire ingérer à nos enfants. Les agences de santé imposent que préalablement à leur expérimentation chez l'homme, les candidats médicaments aient fait auparavant leur preuve dans des organismes vivants entiers (en général, 2 espèces différentes sont exigées). Certes, des différences importantes existent entre les animaux et l'espèce humaine, mais une toxicité majeure et/ou un manque d'efficacité chez l'animal constituent une barrière incontournable sur le chemin du médicament avant toute autorisation chez l'homme.

Article R.5131 du Code de la santé publique

Les comptes rendus des experts pharmacologues et toxicologues indiquent les méthodes utilisées et comportent une évaluation de la toxicité et de l'activité pharmacologique du médicament sur l'animal afin de permettre à l'expert clinicien d'entreprendre des expertises sur l'homme avec toutes les garanties nécessaires.

Les nombreux textes élaborés sont appliqués sur le plan national (par exemple les articles du code de la santé publique) et international. En France, la réglementation est fondée sur une série de lois, de décrets et d'arrêtés ministériels, dont les textes sont en conformité avec la législation européenne dont ils sont la transposition. Ils s'appuient sur plusieurs principes : réduire au strict nécessaire le nombre d'animaux impliqués, contrôler les conditions de transport, d'élevage et d'hébergement, donner aux expérimentateurs la formation adéquate pour une bonne connaissance de l'animal et de ses besoins.

L'interdiction des essais chez l'animal (tant en matière de sécurité/toxicologie que de démonstration statistique de l'efficacité) serait en totale contradiction avec les principes et réglementations affichés par les agences de santé régissant l'accès aux essais cliniques ou à la mise sur le marché du médicament.

Les modèles animaux ont bien sûr leurs limites ; ils ne reproduisent pas toujours parfaitement les conditions humaines mais ils restent un passage obligé. On n'admettrait pas en effet un accident de traitement chez l'homme qui aurait pu être évité par des études préalables chez l'animal.

Les mesures encadrant l'expérimentation animale visent précisément à préserver autant que possible le bien-être animal. Elles constituent le cadre le plus abouti au monde (accréditation des animaleries spécialisées, espace vital, certification des expérimentateurs, vétérinaires, comités d'éthique...).

Ce système s'apparente presque à la législation encadrant les essais cliniques humains ! Cette réglementation est par ailleurs très pragmatique puisque le stress et le mal-être induisent des biais expérimentaux, ce qui impacterait les résultats.

L'AFM a pour objectif de développer des traitements efficaces pour les malades, mais pas à n'importe quel prix. L'association est particulièrement vigilante et sensible aux conditions dans lesquelles sont réalisées les expérimentations. Nous exigeons des chercheurs subventionnés qu'ils respectent la réglementation et les recommandations en vigueur.

Il est indispensable d'encourager les recherches en vue d'alternatives à l'expérimentation animale, et l'AFM est aussi engagée sur ce terrain, mais celles-ci doivent nécessairement être confrontées à l'organisme entier. Pour tenter de modéliser l'organisme entier, il est essentiel d'en connaître toutes les dimensions, et donc de l'étudier à l'échelle de l'*in vivo*. Il ne faut pas perdre de vue non plus que les alternatives sont gouvernées par les sciences et la technologie. Une démarche inverse consistant à imposer les seules alternatives reviendrait à stériliser la recherche.

Il apparaît plus avantageux de favoriser les mesures incitatives en vue de l'amélioration des connaissances et de la modélisation mais sans compromettre les conditions de l'innovation.

Ainsi l'AFM soutient des projets de modélisation informatique et sur des cultures de cellules humaines (ce qui nous vaut par ailleurs des critiques virulentes de la part d'autres groupes de pression).

De même nous soutenons des recherches portant sur des modèles d'espèces non mammifères, telles que la mouche drosophile, les vers parasites nématodes, les larves de poisson-zèbre ou de grenouilles xénopes. Ces modèles apportent des données extrêmement précieuses tant en matière de recherche fondamentale que d'expérimentation de thérapeutiques, mais le recours aux mammifères, par définition plus proches de l'homme, lui-même mammifère, sont une condition *sine qua non* pour l'immense majorité des médicaments qui ont été et seront mis au point.

C'est par cet équilibre, conforme à la pratique scientifique et éthique, que les scientifiques avancent.

Le microcosme scientifique et médical

Le monde scientifique est un univers étrange où se mêlent une multitude de personnalités, de natures humaines, d'esprits fulgurants ou d'âmes perdues, de brillants utopistes, de requins sans foi ni loi. De ce microcosme effervescent jaillissent çà et là les découvertes qui bouleversent notre connaissance du monde et améliorent (parfois ce terme peut faire débat, j'en conviens) notre quotidien. Il m'arrive souvent de sourire, un sourire jaune, à l'évocation des grands principes dont se drapent parfois les tenants de la recherche publique. Que mes propos ne soient surtout pas mal interprétés ; j'éprouve un profond respect pour la recherche publique. J'en ai fait moi-même partie pendant 10 ans. Je l'ai vécue de l'intérieur, j'en ai apprécié la beauté et les vicissitudes. J'ai connu bien des chercheurs académiques animés par une soif viscérale et sincère de la découverte. Des professeurs Tournesol, en apparence déconnectés du monde terre à terre qui les entoure, mais témoignant d'une ténacité sans faille, d'un esprit créatif fécond qui confine à l'œuvre artistique. La science peut parfois se voir comme un art, soumis à des règles strictes et universelles mais où s'expriment talents et créativité, intelligence pure et rigueur, abstrait et figuratif. Tirer des lignes bien droites peut quelquefois conduire à une œuvre d'art touchant le plus profond de l'âme et suscitant émotion et réflexion.

Les biologistes que j'ai côtoyés représentent au fond une confrérie à laquelle j'appartiens toujours. Ce sont des êtres humains, j'allais dire comme vous et moi. Ils transportent sur le chemin tortueux de leur carrière scientifique leurs propres contradictions. Je me souviens de cet ami, chercheur au CNRS auquel la notion de brevet est complètement étrangère. Sa seule motivation : faire progresser les connaissances, creuser patiemment et laborieusement son sillon dans le champ du savoir. Semer une à une les graines de la découverte. Procéder par tâtonnements ou par intuition, pas à pas. Étanche à la notion de valorisation industrielle, par principe, par conviction, par éducation. Hermétique à mes arguments que je voulais pragmatiques : pour mettre à disposition du plus grand nombre un médicament, un procédé, un appareil, une découverte, on transite nécessairement par le secteur industriel. Celui-ci ne peut s'affranchir de la notion de propriété intellectuelle ou industrielle sans quoi les investissements massifs qu'il doit consentir pour en assumer le développement ne seront jamais ne serait-ce qu'amortis, puisque n'importe quel concurrent pourrait se contenter d'attendre tranquillement que tout le travail de défrichage et d'industrialisation soit achevé pour ensuite cueillir le fruit bien mûr, le copier en toute impunité et subtiliser à peu de frais le marché à celui qui avait pris tous les risques avant lui. Cette notion de concurrence n'est pas réservée au monde industriel. Elle s'exprime différemment mais est tout aussi féroce dans le monde de la recherche publique. Les exemples de conflits d'intérêts, de malhonnêteté foisonnent aussi bien chez les académiques que chez les industriels. Les mêmes parfois qui se drapent de la toge de la probité académique se livrent sans vergogne à des vols qualifiés des résultats de leurs collègues. La compétition est sans pitié pour obtenir les subventions, les dotations et autres subsides. Il y va de la survie du laboratoire et du salaire des chercheurs, ingénieurs, techniciens et administratifs. Rien de très différent au fond de la compétition objective à laquelle se livrent entre eux les laboratoires privés. Une question d'argent ; pas toujours au service d'intérêts personnels mais toujours une question de survie financière.

On assiste parfois à des situations choquantes. Il m'est arrivé un jour de fustiger publiquement dans un congrès consacré à une maladie rare neuromusculaire les pratiques d'une équipe américaine dont le directeur du laboratoire, rédacteur influant auprès d'une revue scientifique majeure, avait bloqué pendant un an l'évaluation d'un article proposé par une équipe de Généthon et de l'Institut de myologie, consacré à une thérapie génique innovante de l'amyotrophie spinale infantile. Le vecteur utilisé était pour la première fois administrable par voie sanguine ou intracérébrale et assurait la survie à très long terme (le recul était quasiment équivalent à l'espérance de vie des animaux sains) alors que sans traitement, les souriceaux ne survivent pas au-delà de 15 jours ! Nous avions de fortes présomptions que ce directeur de laboratoire avait contrôlé l'évaluation de cet article rédigé par des Français car la revue prestigieuse en question a finalement publié les travaux de ce directeur, qui portaient exactement sur le même sujet. Ces travaux étaient pourtant moins avancés que ceux de l'équipe française (le suivi des souris était moitié plus court). Pour arriver à ses fins, ce directeur/rédacteur s'était arrangé pour ralentir le processus d'évaluation scientifique de l'article proposé par les Français et avait multiplié les cycles de questions-réponses. Ainsi, au lieu de prendre au plus quelques mois, le jeu des expertises s'est prolongé de plus d'un an, le temps de permettre à l'équipe américaine de griller la politesse aux Français. Des cas comme celui-ci sont légion. J'avais appris trop tard que les NIH américains avaient mis en place un système d'alerte sur les conflits d'intérêts que nous aurions pu évoquer. Un homme averti en vaut deux. Or, le nombre et la qualité des publications scientifiques constituent un indicateur majeur du classement des universités et des instituts à l'échelle internationale. Plus globalement, nous pourrions nous interroger sur les critères de priorisation des publications. Les plus grandes revues scientifiques sont anglo-saxonnes. La compétition impitoyable à laquelle se livrent les pays dans ce domaine peut-elle vraiment être indemne de conflits d'intérêts nationaux ou culturels ? C'est un débat en soit que cet ouvrage n'a cependant pas vocation à aborder.

J'ai connu un directeur de laboratoire dans le sud de la France qui s'agenouillait devant ses expériences de paillasse en priant le ciel pour que ses expériences réussissent. Cette attitude très symbolique me rend encore perplexe. On pourrait se poser mille questions. Comment est possible cette apparente contradiction entre rigueur scientifique, fondée sur l'analyse des faits et la mise à l'épreuve des théories par l'expérience, et la croyance religieuse par nature spirituelle ; la futilité du recours à une puissance supérieure pour satisfaire une ambition personnelle ; l'absurdité à vouloir forcer la puissance divine à modifier l'ordre immémorial des choses. Dieu seul le sait.

J'ai assisté aussi à des confiscations de résultats de jeunes chercheurs par leur patron de laboratoire. Au lieu de favoriser les jeunes pousses, celui-ci a privilégié l'entretien de son propre prestige. Heureusement ces pratiques semblent représenter essentiellement des cas isolés mais qui n'ont pas leur place dans un monde académique que l'on conçoit irréprochable. Ces quelques lignes ne visent pas à le discréditer. Elles n'ont que pour objet de rappeler que le microcosme scientifique est peuplé d'êtres humains qui ont aussi leurs travers. Car l'œuvre collective qui se lit à l'échelle internationale est vertueuse. Souvent la question nous revient de la part du grand public de l'existence ou non d'une forme de communication et de collaboration entre les chercheurs. La recherche scientifique est justement organisée de sorte qu'elle favorise les échanges, les partages d'information et les synergies. Un chercheur, pour être en mesure de poursuivre son activité, se doit d'être reconnu par ses pairs. C'est au travers des publications dans des revues scientifiques à comité de lecture que sont validés et communiqués ses travaux. C'est aussi au cours des congrès scientifiques internationaux que les chercheurs exposent publiquement leurs travaux et débattent de leur pertinence et de stratégies alternatives ou d'améliorations à y apporter. Les jeunes chercheurs, devant leur poster qui résume leur recherche du moment, discutent le bout de gras avec leurs homologues et des scientifiques plus chevronnés. Parallèlement aux tribunes, beaucoup se joue aussi dans des rencontres plus privées, organisées ou improvisées, préludes à des collaborations de recherche.

La science est devenue si complexe et les techniques si sophistiquées qu'il est impossible à un seul laboratoire, même de très grande taille, d'en maîtriser tous les aspects. Les réseaux de recherche fourmillent, les partenariats se multiplient. Une autre vertu de l'activité scientifique est son « auto-remise en question » permanente. Le doute fait partie intégrante des gènes du scientifique. Les théories doivent être mises à l'épreuve des faits. L'interprétation des expériences toujours objectivée par le débat. Une publication scientifique peut révéler des faiblesses méthodologiques et théoriques. Elle peut un jour ou l'autre être remise en question par une autre publication. Des expériences publiées par une équipe, pour être crédibles, doivent être reproduites ailleurs par d'autres équipes. Les affirmations d'un moment peuvent se révéler des erreurs du passé. Mais en tout état de cause, c'est grâce à cette forme de darwinisme intellectuel que nous progressons dans les connaissances et dans la mise en œuvre de pistes thérapeutiques. Évidemment, les mandarins omnipotents existent et il leur arrive de freiner cet élan innovateur, volontairement ou inconsciemment. Mais leur petit pouvoir n'est que provisoire ; ils passent et sont de toute façon très vite débordés par la frénésie créatrice des milliers d'autres groupes de recherche de par le monde. Ainsi va la science, parfois linéaire et programmable, souvent imprévisible et surprenante. Bien des découvertes ne sont que le fruit du hasard ou d'erreurs.

«Les non-conformistes sont aussi nécessaires au progrès des sciences que les mutations à l'évolution», rappelait D. Kostland, éditorialiste en chef de la revue scientifique *Nature*. Il faut être capable de prendre des risques majeurs d'échec ou d'erreur. C'est cette place de scientifique-risqueur qu'occupe l'AFM aujourd'hui dans le paysage biotechnologique, grâce au Téléthon.

L'analyse des rapports entre l'AFM et la science par des sociologues tels que Michel Callon, les résume sous la forme d'une relation de distance et de proximité assez bien représentée dans les relations entre son conseil d'administration et son conseil scientifique. Michel Callon explique : *«C'est François Gros, qui a une tendresse très grande pour l'AFM, et Michel Fardeau, qui ont conseillé à Bernard Barataud, le président de son conseil d'administration, d'installer un conseil scientifique. Placé à sa tête, François Gros a mené ce conseil scientifique avec une grande compréhension vis-à-vis des parents de malades. C'est d'autant plus remarquable que je connais d'autres grands scientifiques qui se comportent de façon cynique vis-à-vis des associations. Il n'est pas cynique, mais il pense que tous les êtres humains le sont, ce qui lui donne une lucidité amusante. Pendant la période où il était conseiller du Premier ministre Laurent Fabius, il continuait de consacrer beaucoup de temps au conseil scientifique de l'AFM. Pourtant, malgré cette notoriété de monopole, elle n'a eu aucune reconnaissance des pouvoirs publics, ni en matière de recherche, ni dans le domaine du soutien médico-social. Le cas de l'ANRS (Agence nationale de recherche contre le Sida) est très différent puisque cette structure correspond à une initiative des pouvoirs publics dans un domaine où la mobilisation de l'opinion était très forte et alors qu'il existait plusieurs associations de malades, défendant des orientations politiques, idéologiques et des conceptions de la recherche très différentes. Enfin, et contrairement aux myopathies qui sont des maladies rares et orphelines, le Sida est un enjeu économique considérable pour les laboratoires pharmaceutiques. Face à l'AFM, il n'y a aucun partenaire industriel. L'association doit aller chercher et mobiliser l'industrie pharmaceutique, ce qui n'est pas le cas pour l'ANRS et le Sida. Les configurations sont donc pratiquement antithétiques.»*

Certains, dont Philippe Even dans son ouvrage, ajoutent que «*l'État ne devrait pas choisir les domaines mais encourager les entrepreneurs (les "éclaireurs") à prendre des risques*»[28]. L'AFM est de ces entrepreneurs. Atypique certes mais dont les apports majeurs sont reconnus par la communauté scientifique dans son ensemble (en témoigne la pétition des 2000 chercheurs en soutien au Téléthon en 2010, voir l'appendice – 4), par le monde associatif dans son écrasante majorité (l'appel des 5000 associations la même année), et par nos élus (la pétition des 150 députés et le soutien explicite de plusieurs ministres), une mobilisation unique dans les annales. À cela pourrait aussi s'ajouter le critère habituel d'analyse bibliométrique des travaux soutenus par l'association (par exemple, sur la seule période 2004-2008, 1800 publications de facteur d'impact moyen > 5,4 dont 40 à facteur d'impact > 20, ce qui est nettement supérieur à la moyenne nationale, et pour moitié provenant des «laboratoires AFM», Généthon, Institut de myologie, I-Stem).

Ces mêmes études constatent aussi «*les innombrables EPST* [Établissements publics à caractère scientifique et technologique] *et agences (ANR, AERES,…) qui condamnent les chercheurs à consacrer 50 % de leur temps à courir, non pas de gros contrats mais d'innombrables minicontrats auprès de multiples organismes nationaux ou européens, publics ou privés*». Des financements externes qui, lorsqu'ils sont obtenus, conduisent les responsables à réduire les dotations publiques des chercheurs qui avaient obtenu des crédits «privés», quand ce n'est pas l'inverse – combien de fois n'avons-nous pas été alertés par le refus d'agences de moyens de l'État d'octroyer des financements publics à des équipes de valeur au motif que «*l'AFM financerait de toute façon*»! Certains fustigent l'échec de la programmation de la recherche qui a précipité le déclin de la France dans des domaines qu'elle avait pourtant initiés (Sida, génomique…) le même risque pèse aujourd'hui sur la thérapie génique qui commence pourtant à faire ses preuves.

Comme tout le monde mais à part

Si les scientifiques sont des individus comme-tout-le-monde, j'ai la conviction qu'ils constituent tout de même des êtres à part. Certains sont tout

---

28 *La recherche biomédicale en danger*, Le cherche midi, 2010.

simplement exceptionnels, aux facettes multiples et parfois contradictoires. Beaucoup méritent éloges et admiration. La majorité d'entre eux ne les recherche pas. Certains si ; et parfois pour de bonnes raisons. Beaucoup sont sincèrement animés par une ambition altruiste. Certains non. Tous sont des esprits brillants ; évidemment dans des spectres de longueur d'onde et d'intensité différents. Il n'en reste pas moins que cette famille si disparate réussit à nous faire progresser sur le chemin de la connaissance et celui du médicament.

Les liens noués avec mes collègues ont eu toutes les formes ; tantôt froides et détachées, tantôt amicales et chaleureuses. Le plus souvent teintées de respect et d'admiration sans éluder quelques exceptions de réelle aversion qu'on me permettra d'omettre ici. Il y en a dont le cœur n'est pas à la hauteur du cerveau.

Il y en aurait tant à citer qu'il m'est impossible d'être exhaustif. Ceux qui ne se reconnaîtront pas dans ces lignes ne m'en voudront pas je l'espère. Cela ne signifie surtout pas qu'ils appartiendraient à la catégorie de la fin de la phrase précédente.

Un article d'un quotidien national décrivait le contraste entre le physique affable et bonhomme du personnage et le révolutionnaire devenu biologiste de haut vol, pionnier des cellules-souches et des maladies génétiques. Ce qui anime Marc Peschanski, c'est une colère viscérale contre l'injustice. Son combat syndical et politique le conduit parfois encore à distribuer les tracts pour le compte de ses amis d'extrême gauche. Imprégné de l'histoire dramatique de ses parents juifs d'Europe de l'Est entrés en résistance, arrêtés par la police de Vichy, torturés et déportés mais échappant au destin funeste de tant de leurs coreligionnaires, il hérite d'une capacité de résilience et d'une ambition de réussite sociale inébranlables au service des autres. En dépit de ses positions politiques affirmées, ses qualités exceptionnelles de scientifique et d'organisateur l'avaient fait pressentir à la direction des Sciences de la vie de l'Inserm et du CNRS. Il refusera de multiples sollicitations de l'industrie pharmaceutique, préférant mener de main de maître comme un véritable chef d'entreprise (ce qui n'est pas la moindre de ses contradictions), l'institut I-Stem de recherche sur les cellules-souches. Mais point d'enrichissement personnel. Sa droiture et sa rigueur compensent largement sa rectitude et son intransigeance dialectiques. Au final, c'est un profond respect (aussi bien de ses ennemis, ce dont il n'a d'ailleurs cure) qu'il suscite. Parmi ses nombreuses initiatives,

Marc a été à l'origine d'une belle opération intitulée « Mille chercheurs dans les écoles ». Initiée en 2013, en partenariat avec l'association des professeurs de biologie et de géologie (APBG), elle a permis à des centaines de chercheurs soutenus par l'AFM d'aller à la rencontre de 26000 élèves de lycées et collèges et de partager leur passion de la recherche, et peut-être de transmettre à certains d'entre eux le virus de la découverte et le sens de l'action de l'AFM.

La rectitude et la brillance intellectuelle caractérisent aussi un autre des directeurs scientifiques de l'Institut des biothérapies, Thomas Voit. Neuropédiatre doué de grandes aptitudes scientifiques, il est un des rares cliniciens maîtrisant la biologie moléculaire, la physiologie et l'expérimentation préclinique. De son père, ingénieur de talent et patron de la recherche chez Porsche (il est l'inventeur entre autres de l'ABS), Thomas a hérité d'une grande rigueur scientifique. Sa taille en impose de surcroît, et son abord direct des relations humaines lui vaut bien des ennemis dans la communauté médicale française. Les développeurs de traitements pour les maladies neuromusculaires ne jurent que par lui et ses grandes compétences. C'est bien là le plus important.

Avec Philippe Moullier, boy-scout talentueux de la thérapie génique, marin au long cours à ses heures, et Fulvio Mavillio, un spécialiste de la thérapie génique des maladies du sang que nous avons réussi à arracher au centre de recherche du Téléthon italien (et sans doute à quelques belles italiennes), ce sont les quatre fantastiques de l'Institut des biothérapies.

J'ai eu la chance de côtoyer de grands scientifiques pionniers de la thérapie génique et de participer modestement à cette grande aventure. Ils sont français (Olivier Danos, jadis directeur scientifique de Généthon, Jean-Michel Heard, Alain Fischer, Marina Cavazzana, Pierre Lehn, un véritable ami, dont il m'arrive de chiper des noix, dans son verger familial, tout près de chez moi. Ils sont aussi étrangers : George Dickson, un Écossais exilé à Londres dont la gentillesse égale le grand talent de biologiste moléculaire ; il a inventé tant de concepts thérapeutiques innovants pour si peu de reconnaissance de la communauté des scientifiques. J'ai en mémoire une soirée mémorable à Edimbourg en compagnie de George et de collègues américains ; je m'étonne encore rétrospectivement de ma capacité à retrouver le chemin de mon hôtel en dépit de mon inaptitude à marcher droit. Si je suis un avocat acharné du vin d'Alsace je n'en garde pas moins quelque tendresse pour la bière écossaise. Il y a Jon Wolff, l'inventeur des vaccins ADN ; si ses présentations scientifiques en congrès ne brillaient pas par leurs qualités didactiques, les travaux qu'il a menés ont conduit à d'importantes découvertes. Je m'honore de la collaboration de plusieurs années que nous avons menée ensemble contre la myopathie de Duchenne. Comme beaucoup de chercheurs américains, il a fait fructifier certaines de ses découvertes en créant une biotech qui a pas mal réussi. Il a fait fortune et goutte au luxe de mener des recherches sur des thèmes pas forcément porteurs mais qui le stimulent intellectuellement et bénéficieront à la collectivité. Il y a aussi Francesco Muntoni, spécialiste des maladies neuromusculaires, qui quitta sa Sicile natale pour exercer ses talents de médecin chercheur en Angleterre. Son anglais teinté d'un délicieux accent italien ensoleille le ciel londonien.

Impossible de ne pas évoquer Jean-Louis Mandel, pionnier de la génétique des maladies rares, et même de la génétique tout court, professeur au Collège de France, formé chez Pierre Chambon dont il deviendra le bras droit à l'IGBMC (Institut de génétique et de biologie moléculaire et cellulaire) de Strasbourg. Ses interventions scientifiques sont un petit bonheur pour ses collègues comme pour les profanes. Un art qui témoigne de la maîtrise absolue de sa discipline et de son empathie pour ses contemporains. Féru de violon (mais je me demande quand il a encore le temps de s'y exercer), il maîtrise la musique des gènes comme personne ; il en a découvert tant. Il est décrit par tous comme un chercheur humaniste. Incapable de dire non à bien des sollicitations, il est conseiller scientifique de plusieurs associations de familles de malades et il accompagne l'AFM depuis de longues années. Il a aussi tout du chercheur distrait (sauf dans sa pratique de la recherche bien sûr) ; il est capable de se perdre, même avec un GPS (mais ce n'est pas le seul). Lui n'en a pas besoin pour voyager au cœur du génome humain ; il continue d'en indiquer le chemin.

Je pourrais citer tous les membres du conseil scientifique de l'AFM (voir l'appendice – 3), tous plus brillants les uns que les autres, sous la houlette (et la cravache) de Naomi Taylor. Une immunologiste de talent, médaillée de l'Inserm, et qui apporte ses lumières à plusieurs autres associations. Le cas est assez rare pour le souligner, c'est un cerveau américain qui a choisi de venir en France. Si, si, ça existe !

Évidemment, j'ai une pensée quasi filiale pour celui qui a guidé mes premiers pas dans le monde de la recherche, Philippe Poindron. J'ai autant appris de lui les subtilités de la culture cellulaire que la noblesse sincère du sachant au service de l'autre et l'enthousiasme débordant qui maintient toujours jeune. Une plume magnifique qu'il aurait dû exploiter, si seulement la recherche et l'enseignement lui en avaient laissé le loisir. Nous discutions presque autant de science que de religion, sujet sur lequel nous débattions amicalement. Sa phobie des avions, des bateaux et des ascenseurs l'ont empêché de faire la carrière qu'il aurait méritée. Il faut aussi savoir se vendre à l'international dans le microcosme scientifique. Et malheureusement, la recherche ne se pratique pas non plus dans des établissements de plain-pied.

Avec lui, Jean-Marie Warter, LE neurologue de la région alsacienne. Il m'a codirigé pendant 3 ans et surtout impressionné par ses connaissances. Un puits de science, vivant exclusivement pour ses patients. Son seul véritable plaisir résidait dans la gastronomie, dont les bons établissements qui la célèbrent ne manquent pas à Strasbourg. Il est mort prématurément d'un cancer du poumon, lui qui ne fumait pas, et il a choisi de vivre son calvaire et ses derniers instants chez lui, dans une chambre de son service de Neurologie.

2e partie

Des découvertes majeures

6

CHAPITRE

Plongée dans l'infiniment petit

●●● *« Le temps et la vie m'ont donné beaucoup d'explications logiques pour tout, mais mon âme se nourrit de mystères. »*

Paulo Coelho, *Le Manuscrit retrouvé*, Flammarion, 2013

Qu'y a-t-il de plus mystérieux que le miracle de la vie ? Petit garçon, j'avais le nez dans les étoiles. Je me rêvais astronaute. J'ai appris que nous étions poussières d'étoiles ; qu'au cœur de ces masses fusionnantes, les forces gigantesques forgent les atomes. De l'énergie pure jaillit la masse et même des assemblages rudimentaires de molécules, elles-mêmes dotées d'énergie et de propriétés physiques élaborées. Les milliers de points brillants que nous distinguons dans le ciel de nuit sont des astres plus ou moins semblables à notre soleil. Mais ils ne représentent qu'une infime partie des 200 milliards de soleils qui peuplent notre galaxie, elle-même un minuscule grain de poussière perdu dans l'infini de l'univers constellé de milliers de milliards d'autres grains de poussière. Des forces étranges d'attraction et de répulsion opèrent un mouvement gigantesque semblant organiser leur position entre elles et au sein d'un univers en expansion. Des planètes tournent autour de leur soleil, parfois accompagnées elliptiquement d'une ou plusieurs lunes. Les étoiles voyagent au sein de bras qui semblent animés d'un mouvement circulaire autour du cœur de la galaxie. Dans l'un des bras de la voie lactée, notre galaxie, se trouve notre système solaire.

Les distances et le nombre de ces mondes sont vertigineux. L'univers serait né de l'explosion originelle, un « big bang », qui du néant (en fait sans doute de l'énergie pure, hors du temps) a fait émerger les forces physiques ordonnées en galaxies. Au sein des galaxies, des étoiles meurent, explosent ou s'effondrent sur elles-mêmes, engendrant des forces destructrices gigantesques et de formidables libérations d'énergie et de matière, préparant un nouveau recyclage d'atomes et de molécules.

Au sein même des atomes opèrent des forces rappelant celles qui régissent les mouvements macroscopiques et que le génie de l'esprit humain tente de concilier au travers d'admirables théories et équations (relativité générale, relativité restreinte, théorie des cordes) que peu de nos semblables (et je n'en fais malheureusement pas partie) sont capables de comprendre. Le grand mathématicien cosmologiste Stephen Hawking nous livre sa synthèse visionnaire dans une série d'ouvrages de vulgarisation scientifique[29]. Il explique, au travers d'un raisonnement érudit, comment il est possible que le hasard soit capable de générer ces incroyables agencements de forces physiques. Comment, à partir des plus pures lois statistiques, un tel enchevêtrement ordonné a pu voir le jour et évoluer. Il nous explique que ce que nous percevons comme l'infini de l'univers ne constitue peut-être qu'un grain de poussière probabiliste, succédant à d'anciens univers ou parallèle à des milliers d'autres univers que le hasard est capable de produire. Pour aussi vertigineuses que soient ces visions de l'ordonnancement de l'univers, pour aussi merveilleusement magique que puisse être cette mécanique céleste et atomique, et même si on réalise intuitivement qu'un tel ordre mathématique (ou divin, selon l'éventail des sensibilités) pourrait régir cette extraordinaire complexité du minéral, tout cela m'apparaît bien moins complexe que l'organisation prodigieusement élaborée du vivant.

Hawking nous fait entrevoir que les milliards d'années qui nous séparent du big bang ont pu concilier ces lois du hasard avec l'organisation harmonieuse de l'univers, des planètes, des étoiles et des atomes, de l'antimatière et de l'énergie noire. Mais que dire alors de l'inouïe complexité des processus du vivant? Que le lecteur me pardonne ce qui pourrait apparaître comme de l'arrogance. Loin de me prendre pour le Stephen Hawking de la biologie, je m'attacherai néanmoins dans ce chapitre à résumer sommairement l'état des connaissances de la biologie moderne et à en faire saisir l'infinie complexité; et les failles. Je crois m'être approché, grâce au talent de vulgarisateur de ce grand esprit de l'astrophysique moderne qu'est Hawking, d'un embryon de compréhension des lois qui régissent l'univers. Même superficiellement, j'imagine, sans en maîtriser les lois mathématiques, comment en effet les éléments subatomiques réagissent entre eux, comment ils s'ordonnent en éléments plus complexes, les atomes et les molécules, et comment ces structures s'organisent elles-mêmes pour constituer les minéraux, les gaz et les systèmes planétaires. Je peux en effet

29 *Y a-t-il un grand architecte dans l'univers?*, Odile Jacob, 2011.

admettre que le hasard soit en mesure de réunir, grâce à l'œuvre du temps par l'effet d'une « sélection naturelle » les conditions propices à cette matérialisation de l'univers. Je peux concevoir que 13 milliards d'années soient nécessaires à cette évolution féconde. Qu'en est-il alors des règles de la biologie ? La vie peut-elle se bâtir dans un tel laps de temps ? Est-il possible que le hasard puisse lui aussi amener ce jeu d'erreurs et de réussites à un tel ordonnancement logique de la mécanique de la vie ?

Il est aujourd'hui impossible d'apporter la réponse à cette question. Mon propos ici a pour seule ambition de permettre au lecteur non spécialiste d'appréhender l'extraordinaire organisation du mécanisme du vivant, ce qui le dérègle et comment tenter d'y remédier. Cette plongée vertigineuse dans le fonctionnement biologique émerveille le scientifique. Comme de surcroît il est conscient des limites encore étriquées de son savoir, le vertige, l'admiration face à l'ingéniosité de la nature le rendent d'autant plus modeste. Libre à chacun d'y voir ou non une œuvre divine ; je me contente de contempler avec respect ce spectacle merveilleux que la recherche scientifique me permet d'imaginer. Le biologiste y voit aussi les mécanismes délétères que recèlent ces lois biologiques, jusqu'à la maladie et la mort. C'est à la fois la soif inextinguible du savoir et celle de la recherche de solutions face à la maladie et à la souffrance qui poussent le biologiste, explorateur de l'infiniment petit, à sonder ce monde invisible si merveilleux et si effrayant. Ce chapitre, tout en dressant une cartographie sommaire de cet univers nanométrique, donnera un aperçu des puissances complexes qui se jouent dans chaque parcelle de nos organismes, selon un enchaînement d'une cohérence et d'une complexité bien plus poussée que le mouvement des étoiles et la fabrication de la matière. Pour en faciliter la lecture au plus grand nombre, la suite de ce chapitre résume un développement plus fouillé et un peu plus complexe figurant dans l'appendice – 1.

L'organisation de la vie biologique

À l'intérieur des étoiles, dans les supernovæ (les énormes résidus issus de l'explosion d'étoiles) et les nuages interstellaires se fabriquent les briques élémentaires de la matière, des atomes les plus simples (l'hydrogène) aux plus lourds. De puissantes forces (pression, énergie, forces électromagnétiques) permettent l'établissement de différentes formes d'interactions physico-chimiques capables de lier les atomes pour former de plus complexes échafaudages, les molécules (on pourrait imager l'atome comme une planète entourée de lunes, les électrons ; les molécules seraient comme des systèmes solaires formés par l'organisation de planètes plus ou moins nombreuses). Le hasard, le temps et une sorte de sélection darwinienne aboutissent à une multitude d'espèces moléculaires, glucides, lipides ou protéines. D'autres molécules relativement simples ont pu s'élaborer, les acides nucléiques adénine (symbolisé par la lettre A), guanine (G), cytosine (C) et thymine (T) ou uracile (U), et par le truchement de règles physico-chimiques simples, les A peuvent se lier à des T ou à des U, et les G à des C. Ces briques élémentaires ont pu se former sur terre ou être importées à partir des météorites. Petit à petit, ces enchaînements s'allongent et s'enchevêtrent, créant une nouvelle super-molécule prenant la forme d'une échelle torsadée ou double hélice, l'ADN, dont la longueur peut atteindre plusieurs milliards de ces briques élémentaires. Ces réactions ont pu se produire dans une soupe primitive réunissant les conditions de proximité statistique, de température, de pression, d'énergie, en présence d'eau et de concentrations salines adéquates. Dans cette soupe primitive, des molécules d'acides aminés, des lipides et des sucres ont également pu se former. À partir de ces matières inertes, le mélange réactionnel s'est peu à peu organisé. Les acides aminés peuvent se complexer sous forme de protéines plus ou moins élaborées et liées ou non à des particules de lipides et de sucres. De ce désordre apparent, par le jeu de phénomènes aléatoires et de règles de la physique et de la chimie, s'est peu à peu assemblé un extraordinaire Meccano en perpétuel mouvement, chaque constituant interagissant les uns avec les autres de manière dynamique. Progressivement des paquetages suffisamment élaborés de nucléotides, d'acides aminés, de molécules essentielles, de liquide, de mini-liposomes et de protéines capables d'interactions dont l'enchaînement a pu devenir suffisamment « logique » se sont formés. Ces mini-organismes, capables de s'alimenter en constituants essentiels baignant dans la soupe primitive, et de grandir, se stabiliser et se reproduire (par autocatalyse et par des processus actifs de plus en plus complexes), sont les premières cellules. Certaines de ces cellules ont pu se réunir pour former des structures pluricellulaires dont chaque élément possède son fonctionnement propre, en harmonie avec les autres éléments toujours plus spécialisés et plus performants. Des plus primitifs (bactéries, virus) aux plus évolués (nous), des règles communes régissent le fonctionnement de ces organismes.

L'ADN est donc formé par l'alignement de 4 types de petites molécules nucléotides, symbolisées par les lettres A, T, G ou C. Dans la cellule humaine, la macromolécule d'ADN est un filament évidemment très fin (2 milliardièmes de mètre) mais qui mesure près de 2 mètres de long. L'ADN est pelotonné à l'extrême (un million de fois plus petit) grâce à des interactions avec tout un ensemble de protéines spécifiques. L'enchaînement des nucléotides est bien déterminé, un peu comme un grand livre où chaque lettre occupe une place précise. Le hasard et les pressions de sélection ont permis d'accoucher d'un sens logique : le code génétique.

Les règles de ce code sont décrites dans l'appendice – 1. Il en résulte qu'à partir de successions de 4 types de lettres, lues trois par trois (soit 64 combinaisons de 3 lettres), l'ADN peut être « lu » par la cellule pour ordonner l'enchaînement d'acides aminés (codés par ces triplets) en protéines. La molécule d'ADN est subdivisée chez l'homme en plus de 25 000 gènes, codant chacun des centaines de milliers de protéines différentes, constituants essentiels de nos cellules. Pour être « lu », le gène doit d'abord être transcrit par la machinerie cellulaire en une molécule miroir l'ARN, lequel est en fin de compte traduit en protéines. Les ARN sont préalablement l'objet de processus complexes de maturation. Ils sont notamment débarrassés de sections non codantes (appelées introns) pour ne garder et raccorder que les sections utiles (appelées exons), avant d'être traduits en protéines. La synthèse des protéines s'achève avec une série de processus de maturation coordonnés par un autre ensemble de protéines, lesquelles, dans un tourbillonnement organisé, vont littéralement sculpter la protéine en voie d'assemblage et lui conférer ses propriétés définitives. Les protéines constituent l'architecture de nos cellules et les ouvrières qui en assurent le fonctionnement. Certaines agissent à l'intérieur de la cellule en tant qu'enzymes ou sous forme de complexes interagissant les uns avec les autres. Des centaines de voies métaboliques sont constituées, capables ainsi de réunir des molécules et des atomes pour fabriquer des lipides, des sucres, recopier l'ARN ou l'ADN, ou transporter des ions pour organiser l'énergie nécessaire aux réactions chimiques. À chaque milliseconde se produisent ainsi des millions de réactions en cascades incessantes.

Tout ceci est régulé très finement par une multitude de facteurs déterminés par les règles physico-chimiques qui régulent l'intégrité des molécules, et des enchaînements d'événements (l'activation ou l'extinction des gènes, d'enzymes ou de voies métaboliques entières) déterminés génétiquement mais aussi influencés par l'environnement de la cellule. Des modifications chimiques de l'ADN activent ou inhibent les gènes et peuvent se transmettre au cours des générations. Ainsi l'organisme est-il capable d'évoluer au gré des mutations spontanées (par le fait du hasard) ou induites (par l'environnement) qui s'opèrent sur lui. Ces mutations peuvent être sans conséquences et même utiles, mais parfois l'impact biologique est tel que la cellule ou l'organisme en sont profondément perturbés, voire incapables de survivre. C'est le fondement des mécanismes génétiques de l'évolution mais aussi ceux des maladies héréditaires.

Les protéines agissent en réseaux de dizaines ou de centaines d'autres protéines, une sorte de toile d'araignée subtile et mouvante, où la moindre action sur l'un des éléments agit sur l'ensemble, en résonance avec d'autres voies métaboliques, selon une cohérence et une flexibilité encore quasi impossibles à modéliser mathématiquement. Chacun de ces acteurs nanométriques intervient selon une partition définie, un équilibre parfait qui n'a plus rien à voir avec une mécanique céleste froide et en apparence bien plus simpliste. La cellule est un bouillonnement permanent mais elle est aussi un mécanisme de précision fait de milliers de milliards de rouages moléculaires ayant chacun un rôle précis et dynamique. La cellule est ainsi une galaxie miniaturisée (il y a à peu près autant d'atomes dans une cellule que de corps célestes dans une galaxie) mais dont les étoiles et les planètes ne se contentent pas de tourner sur elles-mêmes ou de s'entrechoquer. Elles virevoltent et s'organisent, changent de forme et communiquent les unes avec les autres dans un concert aux multiples partitions simultanées. Dans les organismes évolués, les galaxies microscopiques ne se contentent pas de biologie autonome. Elles se joignent à des milliers de milliards d'autres galaxies microscopiques dans une autre symbiose magistrale. Des milliers de milliards d'entre elles organisées en muscles, en peau, en cœur, en matière sanguine. Au sein d'un même organisme, chaque type cellulaire aussi spécialisé soit-il renferme pourtant le même matériel génétique. Mais la symphonie que cet ADN a programmée leur a permis, à partir de l'œuf initial, de se multiplier au rythme et à la fréquence voulue, tout en se spécialisant progressivement sur le plan fonctionnel et morphologique. Grâce aux innombrables combinaisons de régulations dont nous n'avons aujourd'hui qu'un aperçu, les gènes s'activent et s'interrompent en accord parfait, en tous les cas cohérent. C'est une symphonie fantastique qui s'organise lors de l'élaboration d'un individu entier. Il faut imaginer ces milliers de milliards de cellules, à la fois autonomes et interdépendantes, dans un ballet savamment réglé de prolifération puis de spécialisation progressive. Un même génome capable de déclencher et d'arrêter ses gènes à des moments précis, par l'entremise de millions de signaux finement régulés. Des masses de cellules dont les caractéristiques commencent à se distinguer. Des signaux relargués par des groupes de cellules, des gradients de stimulations hormonales qui amplifient l'orchestration. D'incessantes bouffées biologiques. Le filament d'ADN qui s'ouvre et se referme, les libérations saccadées d'ARN messagers, le tourbillon de micro-ARN régulateurs, le bouillonnement de charges électriques et de protéines s'associant, se dissociant, coupant, collant, changeant de forme. Les molécules libérant l'énergie, les ions nécessaires à toutes ces réactions chimiques créant mouvements, remodelages, constructions et destructions. Les cellules sont soumises constamment à des entrées et des sorties de substances de toutes sortes, et à de brusques tsunamis à l'échelle des mers lipidiques membranaires reliées à l'intérieur comme à l'extérieur par de gigantesques remaniements d'échafaudages moléculaires. Se font et se défont de véritables lignes de transport de matières (ADN, ARN, protéines, fluides). La cellule macère, ingurgite et recrache sans relâche. Son activité électrostatique est un orage permanent. Une tour de Babel foisonnante et incessante. De nouvelles cellules se forment ; d'autres disparaissent, une fois leur travail achevé.

Quel ingénieur serait capable, à partir d'une cellule œuf de 0,15 millimètre, d'organiser avec autant de coordination la mise en œuvre à chaque seconde de milliards d'instructions, de milliards de composants pour aboutir 9 mois plus tard à un être entier, 10 000 milliards de fois plus volumineux que la cellule germinale, à un ensemble aussi parfait, apte à réagir et à évoluer dans un nouvel environnement ? (Cela revient, à partir de briques de 20 cm, à construire en 9 mois un gratte-ciel de 1 million de kilomètres !)

Et ces milliers de milliards de galaxies microscopiques constituant cet ensemble organisé appelé « être vivant » ne s'entendent pas non plus en complète autarcie. Elles s'inscrivent dans un super-ensemble de milliards d'autres espèces vivantes, d'une foisonnante diversité mais intimement liées les unes aux autres. Le couronnement de ce voyage déjà bien vertigineux trouve sa plus belle expression dans cette série de cellules spécialisées appelées « neurones ». Leur fonctionnement et leur organisation que l'on commence à peine à effleurer, d'une sophistication telle qu'on ne peut être qu'admiratif, ont réussi à produire un phénomène immatériel et multiforme : l'intelligence, les émotions, la peur, l'amour, la haine, la conscience. Ainsi, en seulement 13 milliards d'années, de l'énergie pure est née la matière et de la matière, la pensée.

«Dieu ne joue pas aux dés», affirmait Einstein (c'était en réalité en réponse aux théories quantiques qui introduisaient la notion de hasard dans les processus atomiques). La biologie nous apporte un niveau de complexité dans l'agencement de la matière qui émerveille, au point que certains scientifiques contestent l'hypothèse énonçant que la vie a pu apparaître spontanément sur la Terre. Cette hypothèse est pour eux plus improbable que celle affirmant qu'une tornade balayant au hasard les éléments d'une décharge peut les assembler pour créer un Airbus A380 en parfait état de marche. Il n'est pas exclu néanmoins que le seul fait du hasard ait pu façonner une architecture aussi extraordinairement subtile que la vie, à partir de la matière inerte et d'un ensemble de règles empruntées à la physique des particules. Au fond, les écritures bibliques, dans leur raccourci imagé, ne se sont pas trompées en affirmant qu'Adam a été créé d'argile (le prénom lui-même signifie *argile* en hébreu). Ce hasard n'a peut-être pas d'explication mystique. Je ne peux m'empêcher de faire référence à un aphorisme du prix Nobel de médecine Jean Dausset : *«Pourquoi croire quand on peut savoir?»* Mais l'évoquer n'est pas faire injure au croyant qui reste libre de considérer que derrière ces règles statistiques et physico-chimiques aussi fécondes, se cache une main divine, une *«intention créatrice»*[30]. Il n'en reste pas moins que la contemplation de la vie suffit à l'émerveillement du modeste observateur que je suis.

30 Claude Tresmontant, *Comment se pose aujourd'hui le problème de l'existence de Dieu*, Seuil, 1966.

7

CHAPITRE

Non, la nature n'est pas parfaite

« Existe-t-il dans la nature quelque chose de réellement "parfait", à l'exception de la stupidité de mon oncle Heyman ? »
Woody Allen, « L'Amour coupé en deux » dans *Destins tordus*

Mon vaisseau spatial ne voyage pas vers les étoiles ; il permet de plonger au cœur de l'infiniment petit. Il ne s'appelle pas fusée mais vecteur. Il ne transporte pas de carburant ou de satellites mais des gènes. L'astronaute en herbe s'est mué en biologiste fasciné par les étoiles et passionné par le vivant. En visitant l'invisible il tente d'en comprendre le fonctionnement pour l'aider à imaginer des solutions capables d'en résoudre les dysfonctionnements.

L'observation de la nature ne cesse de nous étonner. Elle recèle tant de beautés, d'ingéniosités, d'économie de moyens que nous ne cessons de nous extasier. Le fait du hasard, la pression de sélection du milieu naturel, procédant des erreurs de réplication génétique, produit des êtres trouvant provisoirement un équilibre avec leur écosystème au détriment des êtres inadaptés. *« La relative perfection du vivant est donc simplement le fruit d'une élaboration progressive et hasardeuse. »* Mais l'apparition de la vie et de la conscience, certes éblouissante, n'est cependant pas exempte d'imperfections.

Les mutations dans notre génome sont aléatoires, mais leur fréquence d'apparition peut être augmentée par des mutagènes physiques (rayonnements ionisants) ou chimiques. Les connaissances fondamentales nous renseignent sur des mécanismes pathologiques. Lorsque la mécanique si finement huilée se dérègle, les conséquences peuvent être dramatiques. Des gènes impliqués dans la division cellulaire peuvent induire des proliférations anarchiques de cellules (le cancer). Des gènes de réparation de l'ADN sont défectueux et d'autres processus cancéreux se développent. Des enzymes sont altérées et ce sont des voies métaboliques entières qui peuvent être perturbées. Des protéines toxiques sont fabriquées et des processus de dégénérescence prématurés s'installent.

Nous pourrions aussi définir un des processus clé du vivant par la reproduction et la transmission des informations génétiques. La redistribution des cartes génétiques permise par la reproduction est indispensable pour permettre l'adaptation nécessaire à l'écosystème ; elle permet à chaque génération de trouver les combinaisons nouvelles les plus aptes à exploiter le milieu. On comprend que les mutations délétères ou utiles s'accumulent avec le temps. *« Pour que les organismes puissent s'améliorer et se renouveler, la mort est un phénomène aussi nécessaire que la reproduction. »* (Sir Frank Macfarlane Burnet, prix Nobel de médecine 1960). La cellule est capable de s'autodétruire par un mécanisme génétiquement programmé appelé apoptose. L'apoptose survient naturellement au cours du processus d'embryogénèse (c'est ainsi qu'il est nécessaire par exemple que des cellules meurent pour que se séparent les doigts) ou sous certaines conditions de stress toxique. Ce phénomène est lui-même soumis à un contrôle actif. Ses dysfonctionnements peuvent conduire au cancer (par défaut de la répression de l'apoptose).

Les modifications génétiques, les « mutations », sont d'une très grande diversité. Le propos ici n'est pas de les détailler (de nombreux ouvrages sur le sujet sont disponibles) mais d'en donner un aperçu superficiel pour nous permettre de comprendre les stratégies thérapeutiques mises en œuvre. Ces accidents génétiques ne sont pas rares. Notre génome les subit en permanence, à chaque agression environnementale, à chaque division cellulaire et tout au long des générations. Une séquence d'ADN est considérablement longue (rappelons que le génome humain possède 3 milliards de nucléotides et mesure près de 2 mètres de long !). On comprend que la probabilité que son recopiage au moment de la division cellulaire soit entaché d'erreurs est loin d'être nulle, même avec une seule probabilité d'erreur par million de nucléotides. Ces mutations peuvent être ponctuelles. Une seule lettre peut être modifiée. Son impact dépend de la séquence concernée. (Ainsi par exemple un codon CCG dont la deuxième lettre deviendrait un G, au lieu de coder pour l'acide aminé proline, donnerait l'acide aminé arginine.) Selon la position de l'acide aminé dans la protéine, qui peut être cruciale, son remplacement par un autre acide aminé peut avoir une répercussion majeure sur la fonction de la protéine. L'absence d'un nucléotide va nécessairement provoquer un décalage du cadre de lecture (selon la règle de lecture 3 nucléotides par 3 nucléotides) qui va modifier complètement la succession des codons (imaginez le texte de cette phrase ou chaque mot est décalé d'une lettre ; la phrase risque de perdre tout son sens !). Les codons qui se succèdent peuvent donc être radicalement différents et la protéine encodée, complètement anormale. Ce décalage de lecture peut parfois conduire prématurément à de nouveaux codons UAA, UAG ou UGA qui marquent la fin du gène (on parle de codons Stop prématurés). Le ribosome (cette petite usine dans la cellule dont la fonction est de synthétiser les protéines en décodant l'information contenue dans le message génétique) s'interrompra donc prématurément, conduisant à une protéine tronquée moins fonctionnelle, voire complètement anormale ou absente. À l'inverse un ou plusieurs nucléotides supplémentaires peuvent apparaître, qui décaleront aussi le cadre de lecture. On peut trouver aussi des répétitions de triplets dont le nombre va perturber l'ARN messager.

Les mutations peuvent atteindre les exons (les parties codantes des gènes) comme les introns (les parties non codantes des gènes). Des pans entiers de génome peuvent manquer (délétions), conduisant aussi à des protéines tronquées non fonctionnelles ou absentes. Des chromosomes entiers peuvent être concernés (en trop – par exemple la trisomie 21 –, en moins ou ayant échangé de longues portions d'ADN – on parle de translocation ; dans ce cas, les gènes ne sont pas touchés, mais leur expression peut être modifiée, ce qui peut se révéler pathologique). La cellule mutée va ensuite répliquer son ADN avant de se diviser, et la mutation sera donc transmise automatiquement aux cellules filles. Si une mutation génétique survient dans une seule cellule de l'organisme, elle aura probablement peu d'effet, puisque la majorité des cellules du corps contiendra toujours le gène normal. Même si les cellules continuent de se répliquer, la plupart des réplications proviendront de cellules normales. Par conséquent, le nombre de cellules contenant la mutation restera négligeable (sauf si la cellule mutée prend le dessus sur les cellules normales, comme dans certaines leucémies). Si une mutation survient dans un spermatozoïde ou un ovule, le gène mutant pourra être transmis aux descendants lors de la reproduction sexuée. Comme la toute première cellule des nouveaux êtres contient le gène mutant, chaque cellule répliquée ensuite contiendra également la mutation.

Chez l'homme comme chez la plupart des espèces évoluées, les chromosomes vont par paires (sauf les deux chromosomes sexuels masculins qui sont hétérogènes), chaque chromosome de la paire étant transmis par un des deux parents. Ainsi la plupart des gènes sont présents en double (on parle de deux allèles). Les maladies génétiques peuvent être dominantes ou récessives. Si l'allèle responsable est dominant, il suffit qu'un seul des deux chromosomes de la paire soit atteint pour que la maladie se déclare. Dans le cas d'une transmission récessive, les deux chromosomes de la paire doivent être atteints pour que l'anomalie génétique s'exprime.

Parmi les maladies génétiques, on trouve aussi bien des affections bénignes ou faiblement handicapantes (par exemple, le daltonisme) que des affections extrêmement graves. Mais leur caractéristique commune est généralement d'être une affection à vie et qui peut dans certains cas être transmise à la descendance, lorsqu'elle est présente dans les cellules sexuelles de l'individu. Si la maladie génétique transmise à la génération suivante est telle que la personne qui en est atteinte ne peut se reproduire, la maladie s'éteint d'elle-même. En revanche si la personne peut se reproduire, elle transmettra le gène à sa descendance. Nous sommes tous porteurs de mutations génétiques ; plusieurs millions ! La plupart de ces mutations sont sans conséquences (les polymorphismes), mais nous en portons chacun une bonne centaine qui sont potentiellement pathogènes. C'est le hasard des rencontres et de la reproduction, selon que ces mutations sont dominantes ou récessives, qui conditionne l'apparition et la transmission générationnelle de la maladie génétique. Quelque 7 000 maladies trouvent leur origine directe dans une atteinte génétique et sont héréditaires. Parmi elles, les atteintes génétiques peuvent aussi concerner les gènes mitochondriaux (les mitochondries, les petites centrales énergétiques des cellules sont transmises uniquement par l'ovocyte, la cellule sexuelle maternelle). On connaît au moins 1 500 maladies mitochondriales !

Toutes les maladies fréquentes (cancers, maladies cardiovasculaires, diabète, obésité, asthme, allergies, maladies psychiatriques, et même les maladies infectieuses) sont multifactorielles. Elles impliquent à la fois l'environnement et des facteurs génétiques. La contribution des facteurs génétiques est forte, tant à la prévalence des maladies qu'à leur prévention (on parle de susceptibilité génétique) et leur traitement. Le déterminisme génétique des maladies multifactorielles implique un grand nombre de variants génétiques, chacun contribuant à une faible modulation du risque de la maladie. La réponse aux traitements serait même dans certains cas sous un contrôle génétique plus direct que la prédisposition aux maladies multifactorielles. Enfin, et pour compliquer la situation, il y a fort à parier que nous découvrirons de plus en plus d'origines épigénétiques à de nombreuses maladies.

D'autres phénomènes se produisent parfois indépendamment de l'ADN. C'est le cas notamment de l'oxydation des protéines et d'autres constituants cellulaires. Lorsque le taux d'oxydation atteint un seuil de non-retour, la cellule subit un processus de mort active et passive. Les agressions physiques, l'agrégation progressive de certaines protéines toxiques et qui n'ont pas eu le temps d'être détruites (un peu comme l'amoncellement des déchets dans les rues de Marseille après une grève des éboueurs) et l'accumulation graduelle des dommages à l'ADN conduisent à des dégâts irréversibles. Le rythme de ces phénomènes conditionne l'espérance de vie de l'organisme. Il est 7 fois plus rapide chez le chien comparativement à l'homme et 30000 fois plus rapide chez le papillon. Ce processus est à la base du vieillissement[31].

On a coutume de parler de symbiose. Ce très beau terme, entré dans le langage habituel, a été emprunté à la biologie. Il qualifie l'association étroite et durable entre deux espèces vivantes dont chacune tire bénéfice. La nature fourmille d'histoires symbiotiques ; par exemple, le lichen est le fruit de la symbiose entre une algue unicellulaire et un champignon. L'algue en retire le gîte et le couvert (un apport important en eau et en sels minéraux). Le champignon récupère le glucose nécessaire à sa croissance, produit par l'algue par la photosynthèse. Plus près de nous la relation symbiotique de la vache et de bactéries lui permettant de digérer la cellulose. Très utile pour nourrir les veaux et accessoirement les humains. La flore bactérienne qui peuple les intestins des ruminants n'est qu'un exemple visible de l'importance vitale du microbiote intestinal. Nous aussi, êtres humains, avons notre microbiote. Il nous aide aussi à digérer nos aliments. Sans microbiote probablement serions-nous incapables d'assimiler nos éléments vitaux essentiels. Cette masse constituée de corps microbiens étrangers (comme la célèbre bactérie *Escherichia coli*) est tolérée par notre système immunitaire. On estime que 100000 espèces de bactéries différentes vivent dans le corps humain, notamment dans le colon. C'est un organe en soit, dont le nombre de cellules (beaucoup plus petites que les cellules humaines) est

31 Pour plus de détails voir Miroslav Radman, spécialiste de la réparation de l'ADN, *Au-delà de nos limites biologiques ; les secrets de la longévité*, Plon, 2011.

10 fois supérieur à celui des cellules humaines dans le corps (mille millions de millions !). On commence seulement à étudier sérieusement son rôle biologique, qui ne se limite pas à une aide à la digestion. Notre flore intestinale influe sur de nombreuses fonctions biologiques, en particulier sur notre système immunitaire. Les millions d'années de coévolution qui ont amené nos organismes à se tolérer réciproquement ont tissé des relations incestueuses étroites entre les fonctions de notre système de défenses immunologiques et celle des bactéries et autres micro-organismes qui ont réussi à élire domicile en nous, sans dommages et avec de menus services en échange. Ainsi notre microbiote agit comme un véritable régulateur de notre système immunitaire. Son dérèglement peut conduire à perturber complètement nos défenses immunologiques. La très grande diversité du microbiote signifie une production d'une énorme diversité de protéines et substances microbiennes qui assurent au sein de notre organisme des fonctions essentielles. On commence donc seulement à explorer cet aspect de notre biologie et à prendre la mesure de son importance. On n'hésite plus à qualifier le génome de notre microbiote de « second génome ». Le microbiote pourrait aussi expliquer des différences interindividuelles qu'on attribuait exclusivement aux caractéristiques génétiques propres aux individus. Ainsi le microbiote variant d'un individu à l'autre, certaines personnes sont capables d'assimiler ou de détoxifier tel ou tel médicament et pas d'autres. Il est probable qu'un avenir proche nous réserve des traitements alimentaires de notre microbiote, voire un réajustement de celui-ci. D'ores et déjà des projets de recherche sur ce thème s'adressent aux maladies auto-immunes comme la sclérose en plaques, la myasthénie ou le diabète.

CHAPITRE 8

Le rôle de l'AFM et des maladies rares dans la recherche mondiale

« Ce n'est pas parce que les choses sont difficiles que nous n'osons pas, c'est parce que nous n'osons pas qu'elles sont difficiles. »
Sénèque (4 av. J.-C.-65 apr. J.-C.)

Longtemps l'industrie pharmaceutique a négligé les maladies rares. Le désintérêt du secteur privé pour ce champ de maladies a tenu d'abord à des raisons économiques. Le coût de développement des nouveaux médicaments est extrêmement élevé. Les estimations *a minima* le situent à environ 800 millions de dollars (on évoque même 1,7 milliard aujourd'hui, frais de marketing et taux d'échecs inclus). On pourrait estimer à environ 100 millions de dollars le coût moyen de développement des nouveaux médicaments appliqués aux maladies rares. Le « marché » trop réduit de chaque maladie rare, ne permettant pas un retour sur investissement suffisant, explique la désaffection des grands de l'industrie pharmaceutique pour ces indications. Ainsi les maladies rares souffrent-elles d'un handicap supplémentaire par rapport aux affections fréquentes. En l'absence d'intérêt manifeste de la part des acteurs majeurs privés et publics, le rôle du secteur associatif dans le domaine des maladies rares a été, et reste, de ce fait, primordial. Ce rôle est donc de défricher des domaines nouveaux, de faire la démonstration de leur pertinence et de s'assurer que le relais est pris par les acteurs publics et privés. Il consiste à inciter, innover, accélérer. Si, aujourd'hui, l'industrie pharmaceutique commence (certes encore timidement) à s'intéresser aux maladies rares (ce point est développé dans le chapitre 9), ce n'est qu'à l'issue d'essais cliniques de phase I/II, voire plus tardivement encore. Les grands de l'industrie pharmaceutique ne se hasardent pas à assumer le risque des mises au point et des preuves de concept sur des marchés si réduits. Le rôle d'une association comme l'AFM prend alors tout son sens de «scientifique-risqueur»; il lui faut assurer toutes les étapes en amont, depuis la recherche fondamentale jusqu'à la preuve de concept clinique. L'association a été contrainte d'investir le champ de la recherche puisqu'à l'époque personne ne s'en chargeait pour elle. L'AFM est donc devenue un acteur à part entière de la recherche et on peut juger de la beauté de ses fruits.

La mise au point de médicaments pour les maladies communes est déjà prise en charge par l'industrie pharmaceutique et les États. De ce fait, les missions respectives d'associations de maladies orphelines comme l'AFM et d'associations consacrées aux maladies fréquentes sont souvent fondamentalement différentes, tant dans les moyens d'atteindre leurs objectifs que dans le contexte global, nettement plus défavorable pour les maladies rares. Puisque personne ou presque ne s'intéressait aux maladies rares et *a fortiori* neuromusculaires, l'AFM a choisi de faire de la recherche et de la mise au point de traitements sa priorité. Compte tenu de l'incompressibilité des coûts de développement des médicaments, il est évident qu'un saupoudrage des financements serait improductif. Il a fallu adapter une stratégie d'intérêt général pour relever ce défi mais sans négliger le bouillonnement de la recherche fondamentale, source d'innovations. Cette stratégie, à l'image d'un coup de billard à plusieurs bandes, a conduit l'association à s'investir dans le champ plus large des maladies rares et de certaines maladies fréquentes.

Les cartes du génome, une génération de gagnée

Le premier conseil scientifique de l'AFM est créé en 1981 sous l'impulsion de Michel Fardeau, auquel succède François Gros. Le dialogue constant entre les dirigeants de l'AFM et les experts scientifiques est capital. Mais il a plutôt mal commencé, comme en témoigne Bernard Barataud : *«La première réunion du conseil scientifique s'est faite à l'Institut Pasteur et, là, le Pr Schapira qui dirigeait l'institut de pathologie moléculaire de l'Institut Cochin nous dit :* «Vous avez réuni ici des sommités de la science, de quel argent disposez-vous?» *Or, il n'y avait pas grand-chose dans les caisses (600 000 F exactement, ce qui était notoirement ridicule)... Alors, j'ai répondu sèchement :* «Ce n'est pas comme ça qu'on va discuter, Monsieur.

Vous, vous êtes chargé de faire la science et donc de nous proposer des projets et nous, on les finance. Le restant, ça ne vous regarde pas. »

Les bases sont ainsi dressées d'emblée : le dialogue, pour être fécond, doit se dérouler d'égal à égal. Très vite il alimente la réflexion stratégique et la vision à long terme de l'association. Ces échanges sont une constante dans son mode de fonctionnement. Il s'agit de favoriser une véritable éducation réciproque : aider les malades à comprendre les bases scientifiques de leur maladie et des pistes thérapeutiques possibles d'une part, mais aussi compléter la connaissance scientifique des chercheurs et des cliniciens par l'expérience, le vécu et les attentes concrètes des malades, experts au quotidien de leur maladie. Aujourd'hui encore, nous nous efforçons de maintenir ce dialogue permanent. Des groupes de réflexion pour certaines catégories de pathologies se réunissent au moins annuellement pour établir ensemble « l'état de l'art » sur le plan scientifique, médical et de la prise en charge des malades. Ces groupes réunissent les chercheurs, les cliniciens et les malades, l'association jouant en quelque sorte un rôle de modérateur. Les malades expriment leur vécu et leurs attentes. On comprend que le bénéfice d'un traitement ne se mesure pas nécessairement à la capacité à sortir de son fauteuil ou retrouver une vue complète. La simple capacité à préserver par exemple les muscles de la pince pouce-index ou un dixième de capacité visuelle est d'une valeur inestimable car ils permettent de garantir une insertion sociale aussi vitale que la respiration. Comment traduire, en termes techniques, scientifiquement mesurables, la qualité de vie et la capacité à s'insérer dans la société ? Comment calculer le gain pour l'individu et la collectivité ? Enfin, un autre défi consiste à estimer le coût et le bénéfice d'un médicament pour la sécurité sociale (ce point est développé plus loin).

Les recherches soutenues par l'association au début des années 1980 portent surtout sur la biologie de la jonction neuromusculaire et l'étude de la régénération musculaire, les interactions entre les nerfs et les muscles, les causes de leur dégénérescence, les mécanismes de la régénération, mais aussi les conséquences cardiologiques de la myopathie de Duchenne, en soutenant en particulier des équipes de recherche fondamentale travaillant sur le muscle cardiaque. Il s'agit aussi pour les dirigeants de l'association de contribuer à combler certains manques en encourageant des thématiques peu explorées ou en finançant les études de jeunes thésards, un moyen, au passage, de susciter des vocations et d'amener de futures compétences dans le champ neuromusculaire.

La localisation des gènes

La tâche est immense si l'on considère que le gène recherché représente souvent bien moins d'un millionième de l'ADN total. Pour ce faire, il est déterminant de connaître la localisation précise de ce gène sur une certaine région du chromosome.

Une stratégie proposée consiste à chercher le gène correspondant à cette région aux moyens de « marqueurs génétiques » (par exemple la couleur des yeux, les groupes sanguins, l'impossibilité de distinguer certaines couleurs) mais aussi grâce à une nouvelle catégorie de marqueurs appelés « sites de restriction » (des sites de coupures enzymatiques).

Les maladies génétiques elles-mêmes peuvent représenter une catégorie de marqueurs génétiques, où les gènes anormaux, manifestés par des symptômes morbides, sont autant de jalons. On peut ainsi suivre les gènes de génération en génération, et les situer les uns par rapport aux autres.

Une clé de ce travail consiste donc à rechercher au niveau de l'ADN des sites de restriction pouvant servir de marqueurs. Le repérage de ces sites passe par l'utilisation de « sondes » spécifiques. Ces sondes sont des fragments d'ADN obtenus par les techniques du génie génétique. Les différentes sondes doivent être testées sur l'ADN des familles où la maladie a été transmise de façon certaine, et validées en comparant l'ADN de malades et de leurs apparentés sains.

Les rapports remis par Jean-Claude Kaplan en 1984 et François Gros aux responsables de l'association, en septembre 1986, poussent à amplifier le mouvement diagnostic qui s'amorce, étape importante pour connaître la fonction des gènes et comprendre enfin la physiopathologie. L'ADN est facilement obtenu à partir d'une simple prise de sang, mais l'analyse biologique est sophistiquée et les résultats nécessitent des calculs statistiques très complexes où les ordinateurs sont nécessaires. Un certain nombre de laboratoires dans le monde s'y emploient activement mais la très grande lourdeur de cette approche implique une planification rigoureuse et des moyens techniques qui échappent aux laboratoires académiques. Kaplan, qui en mesurait la difficulté, mettait donc en garde les dirigeants de l'AFM de la nécessité d'investir des dizaines de millions, comme les États-Unis sont en passe de le faire. La réponse du président intervient lors d'une réunion de réflexion sur la politique scientifique de l'association : *« Lorsqu'on se heurte à un mur et que l'échelle est trop petite pour le franchir, mieux vaut en construire une plus grande rapidement. »*

Et soudain, le silence absolu devient magique...[32]

Bernard Barataud raconte : *«Les choses ont vraiment basculé en octobre 1986. Mon fils venait de mourir. J'ouvre le congrès des maladies neuromusculaires qui était organisé par l'AFM à Tours. 800 médecins, scientifiques, qui se réunissaient pour parler des avancées de la recherche. Ces congrès étaient de très haute qualité, on y parlait de science pure et dure, rien à voir avec les congrès médicaux traditionnels. C'est passionnant de regarder fonctionner la mécanique scientifique. Autant j'ai une dent contre le pouvoir médical, autant j'adore les scientifiques et leurs turpitudes de divas. Ils sont rongés par le doute et en même temps capables des pires violences verbales, bref ils sont adorables... Dans l'amphi, la rumeur vient de cesser. Les plafonniers s'éteignent pour ne laisser subsister qu'une légère lueur sur le pupitre où vient de s'installer un jeune Américain de 26 ans, Anthony Monaco. Et soudain, le silence absolu devient magique. Au mur, sur les diapositives bleutées, que l'on comprenne ou pas l'anglais, il est évident que l'Américain annonce une découverte : chromosome X, Duchenne Muscular Dystrophy, le gène se trouve en XP21. Le gène. L'origine de la maladie d'Alain, là devant moi. Pour la première fois, la bête est visible.»*[33]

Ce jeune chercheur américain de 26 ans, en blue-jeans et en tennis devant un tableau avec une diapo bleue, venait d'annoncer la découverte du gène de la dystrophie musculaire de Duchenne, la maladie qui avait tué le fils de Bernard huit jours plus tôt... La technique nouvelle, dite de génétique inverse, ouvrait de nouvelles perspectives pour l'identification des gènes. L'événement déclencheur, à la genèse de Généthon. Pour moi, apprenti chercheur, orienté vers la pharmacologie, cette notion de biologie moléculaire était encore très lointaine. J'ai eu vent de cette nouvelle, mais je n'en saisis l'importance que bien plus tard.

---

32 Les témoignages qui suivent ont été colligés à partir des archives de l'AFM, de l'ouvrage *Une course pour la vie : l'AFM et la recherche biologique et médicale* (Denis Guthleben, Odile Le Faou, Armand Colin, 2011) et de la base Histrecmed «Histoire de la recherche médicale et en santé publique dans la France du XXe siècle» (N. Givernaud, J.-F. Picard) http://www.vjf.cnrs.fr/histrecmed/entretiens.html.

33 Bernard Barataud, *Au nom de nos enfants*, Numéro 1, 1992.

En 1986, les États-Unis envisagent un projet ambitieux de séquençage du génome humain dans sa totalité (le Human Genome Project). Il avait été lancé à l'initiative du ministère de l'Énergie (Department of Energy) pour travailler sur les anomalies génétiques liées aux rayonnements ionisants, source d'énergie. Le projet se heurte encore à des obstacles éthiques mais surtout techniques – le séquençage reste une tâche lente et fastidieuse et nécessite des moyens considérables, risquant d'assécher tous les autres champs de la recherche biologique. Le débat passionné enflamme autant la communauté scientifique que le public. La mise en œuvre du projet est néanmoins décidée par le Congrès américain qui en confie la coordination à James Watson, l'un des découvreurs de la double hélice d'ADN en 1953. Cent millions de dollars sont débloqués dès 1989, pour aller croissant d'année en année. Aussi ambitieux qu'ait pu être le projet américain, il lui manquait sans doute une dimension essentielle : l'accès aux ressources biologiques des donneurs sains et malades. Fidèle à son objectif, l'AFM entreprend en parallèle de recenser les malades, en France puis dans les pays voisins, en encourageant la création d'associations similaires là où elles n'existent pas encore. Comme l'expliquent Denis Guthleben et Odile Le Faou, dans leur travail d'historiens du CNRS[34], *« outre l'enrichissement des savoirs, il y a, derrière cette initiative, une stratégie de légitimation. En identifiant tous les malades, en sensibilisant leurs familles, les membres de l'AFM entendent créer un effet de boule de neige favorable non seulement à la connaissance des maladies, mais aussi à leur reconnaissance »*.

Le Centre d'étude du polymorphisme humain (CEPH), créé par le prix Nobel de médecine Jean Dausset, avait très tôt réuni des familles pour ses travaux sur le système d'histocompatibilité HLA (les marqueurs immunologiques qui caractérisent les individus). Les contacts initiaux entre l'AFM et Jean Dausset n'avaient pas abouti. Rencontré pour la première fois en 1981, Dausset avait fini par dire à René Cadoret, un des administrateurs historiques de l'association : *« Il n'y a aucun lien entre ce que nous faisons et une association de malades. »* Quelques années plus tard, l'un de ses brillants élèves, le généticien Daniel Cohen, avait convaincu Dausset qu'en s'appuyant sur une collection d'ADN de familles de référence, utilisée par

34 *Une course pour la vie : l'AFM et la recherche biologique et médicale*, Armand Colin, 2011. Ces deux auteurs, Denis Guthleben, historien, attaché scientifique au comité pour l'histoire du CNRS, et Odile Le Faou, historienne, chargée du projet Histoire du projet génome en France auprès du comité pour l'histoire du CNRS, ont eu accès à toutes les archives de l'AFM. *« Ses responsables nous ont laissé les « clés de la réserve » sans restriction ! »* Ce fonds historique et l'histoire en elle-même étaient si riches qu'ils ont décidé de la retracer dans un ouvrage à part entière.

tout le monde, on pourrait localiser beaucoup plus rapidement les marqueurs génétiques les uns par rapport aux autres et étendre cette cartographie au génome humain entier. Vers le milieu des années 1980, le réseau constitué par le CEPH a donc commencé à construire la carte génétique pour baliser le génome humain, mais elle avançait très lentement et manquait de précision. Un jeune chercheur de talent, Jean Weissenbach, rejoignit l'équipe et travailla en 1989 à améliorer les méthodes de cartographie.

Le balisage du génome

Fin 1983, Dausset et ses collaborateurs ont organisé un petit colloque fondateur à Paris auquel participaient un certain nombre d'Américains. C'est là que fut décidé le lancement d'un pool commun de familles : les familles de Dausset plus celles des Américains, notamment celles de Ray White qui disposait d'un registre de familles de mormons sur trois générations avec beaucoup d'enfants, ce qui était très intéressant (plus les familles sont grandes, moins on a de familles à étudier). En immortalisant les lignées cellulaires sanguines des différents individus de ces familles, il a été possible de préparer des quantités largement suffisantes d'ADN pour les distribuer aux laboratoires intéressés à contribuer à établir la carte génétique. Les données obtenues par les laboratoires du réseau étaient ensuite introduites dans une base de données accessible à l'ensemble des contributeurs et maintenue par le CEPH. À partir du traitement de ces données, une carte génétique humaine pouvait être ébauchée. La carte génétique positionne des variations de la séquence de l'ADN (les polymorphismes) le long du génome. Ces variations sont stables, transmises de génération en génération et permettent de distinguer différents individus ainsi que chaque copie d'une paire de chromosomes chez un individu. Ces points constituent des marqueurs génétiques qui permettent de baliser le génome.

Charles Auffrey, qui dirigeait alors l'unité de génétique moléculaire et biologie du développement à Villejuif, se souvient : *« Conceptuellement et médicalement, le programme génome humain est né en France. Il a surgi de la communauté HLA, des fameux workshops HLA (une forme d'organisation souple où les gens venaient et échangeaient très librement leurs méthodes, leurs réactifs, etc.), grâce à des grands personnages comme Jean Dausset et ses élèves. En 1985, à partir de la région HLA, on avait tous les éléments conceptuels pour la connaissance du génome humain. Il ne manquait que deux choses, une organisation ad hoc et un financement. Or ces deux items sont plutôt l'apanage des Américains. Ils repèrent les gens qui ont des idées et ensuite ils font du lobbying politico-administratif… Ce sont donc les Américains qui ont décidé de lancer un programme génome et toute une série de réunions ont eu lieu de 1986 à 1988 pour trouver la formule du Human Genome Project. Je crois que c'est très important toutefois de rappeler que c'est une aventure humaine, européenne et française au départ, avec des ramifications internationales. Puis tout le monde a commencé à se dire :* « Et maintenant ? » *Nous étions des artisans d'art, on faisait du cousu main, de la haute couture, et on s'est dit qu'il faudrait qu'on change d'échelle. C'est à ce moment-là qu'on a commencé à se réunir avec Bertrand Jordan, Jacques Mallet, Daniel Cohen, le CEPH, la société Bertin. Il y avait Jean Weissenbach aussi, un post-doc strasbourgeois, pharmacien de formation, et qui était également à l'autre bout du fameux couloir de l'immunogénétique à Pasteur... Un endroit finalement assez magique. Au départ, l'idée géniale de Jean Dausset, elle date pratiquement des années 1950, est de reconnaître que pour soigner une personne, il faut connaître la génétique des familles. En réalité, le polymorphisme génétique, les cartes génétiques, c'est depuis le début l'idée de Daniel Cohen et de Jean Dausset, il suffit de regarder la date de création du CEPH. Le rôle de Daniel a quand même été de convaincre Dausset, déjà un grand ancien à l'époque, tout juste honoré du prix Nobel, etc., qu'il fallait s'engager dans cette nouvelle voie. Avec le legs que ce dernier a reçu (d'une riche collectionneuse de tableaux), ils ont donc décidé de créer le CEPH en 1983. Puis, vers 1987-1988, Maynard Olson, un chercheur américain inventeur des YAC (des vecteurs permettant de cloner des grands fragments d'ADN), vient faire un séminaire à Pasteur. C'est là que Jean Weissenbach dit à Daniel Cohen qu'il serait intéressant de faire la carte physique du génome humain. Je veux dire que l'idée de la carte génétique (détermination de la position de marqueurs génétiques ou de gènes sur les chromosomes) revient à Daniel Cohen, et celle de la carte physique (distances génétiques entre les marqueurs) à Jean Weissenbach.»*

Tandis que l'effort américain est réparti entre une vingtaine de laboratoires (en somme un laboratoire pour chacune des 23 paires de chromosomes), dont les moyens sont de ce fait dispersés et avec peu d'émulation, l'intelligence de Daniel Cohen est de privilégier l'établissement d'une carte globale du génome en un seul lieu. Mais ceci implique qu'une nouvelle structure de recherche soit créée, et de s'allier à une entreprise privée prête à risquer des fonds dans la production d'instruments et de méthodes d'automatisation : machines à extraire l'ADN, électrophorèses en batterie, séquenceurs automatiques, analyseurs de séquences. La société de services de développement industriel Bertin accepte de s'associer au défi dans le cadre du programme européen Eurêka, mis sur pied en 1985 à l'initiative de la France. En quelques mois d'échanges et de travail intenses avec les ingénieurs de l'entreprise, une technologie inédite et très sophistiquée pour l'époque est mise au point. De plus, la cartographie du génome (la capacité de localiser les gènes les uns par rapport aux autres) est un préambule technique indispensable au séquençage systématique, base après base. C'est dans ce contexte d'effervescence que se nouent les premiers liens entre l'AFM et le CEPH par l'entremise de François Gros.

Un témoin privilégié, mon prédécesseur à la direction scientifique, Bernard Manaranche, décrit : «*Généthon est né d'abord d'une rencontre, d'une convergence d'intérêts entre Bernard Barataud et Daniel Cohen. Ces deux personnages ont la même présence physique, l'un et l'autre sont des fonceurs, des gens que n'effraient pas les entreprises de grande taille, en tout cas qui n'ont pas le profil habituel du chercheur académique. Daniel Cohen est un homme qui ne craint pas de brasser des millions de francs, ce qui n'est pas courant dans les milieux universitaires ou au CNRS. J'ai assisté à pas mal de discussions entre les deux hommes. J'étais parfois un peu affolé de voir comment ils nous embarquaient dans cette aventure. En effet, l'AFM avait des comptes à rendre, au public d'abord, mais aussi aux organismes qui sont chargés de nous contrôler. Cela dit, s'ils n'avaient pas été des fonceurs l'un comme l'autre, jamais on n'aurait fait Généthon. Généthon n'aurait pu se faire sans Cohen, mais je ne suis pas sûr qu'on aurait pu assurer sa réussite en se reposant seulement sur lui. C'est quelqu'un qui aime bouger, qui hait la routine. Or la recherche en génomique, c'est répéter inlassablement les mêmes manips, c'est éplucher des résultats, recommencer, vérifier…*»

«*Daniel Cohen était un monsieur pour le moins engagé, un peu fou furieux, mais tonique*», dit Bernard Barataud. Beaucoup de ceux qui le connaissent le décrivent comme un scientifique visionnaire avec son corollaire sens de bateleur méditerranéen mégalomane. Cohen, lui, explique : «*Moi, je suis d'une famille où les gens ont des rétinites pigmentaires, une maladie génétique, transmissible, héréditaire, une dégénérescence de la rétine. Ils ont l'impression d'avoir deux tubes devant les yeux, et au bout d'un moment, ils ne voient plus rien. Puis ils deviennent sourds et sombrent dans la débilité… Mais aujourd'hui on sait faire de la génétique inverse. Ça ouvre des perspectives incroyables pour la recherche. Mais le problème est qu'on continue à travailler comme des cons, ou si tu préfères comme du temps de Pasteur. Moi, je n'ai pas envie de passer cinq ans de ma vie à faire et à refaire la même expérience. Il faudrait qu'on arrive à faire de la génétique comme on fait les yaourts chez Danone, c'est-à-dire avec des machines automatiques.»* Bernard Barataud saisit les grandes qualités de ce scientifique atypique et entrepreneur, et entraîne l'AFM dans un virage majeur, avec la mise en place de son premier grand programme de recherche.

Cette décision, cette ambition si lourde à assumer, ce papa d'un jeune myopathe décédé ne la prend pas à la légère. Certains chercheurs étaient réservés, cette histoire de Généthon ne les emballait pas du tout : *«Bon, vous allez mettre des gros moyens dans cette affaire, très bien, mais qu'est-ce qu'il restera pour les labos qui travaillent sur les malades?»* Ce que Jean-Claude Kaplan exprimait aussi, avec le langage imagé que je lui connais : *«Avec votre Généthon vous allez construire un hypermarché, mais moi avec ma petite épicerie qu'est-ce que je vais devenir?»* Manaranche nous rappelle dans son témoignage le soutien engagé de François Gros qui présidait notre conseil et qui avait suscité la rencontre avec Daniel Cohen. Mais aussi celui de Philippe Kourilsky (alors à l'Institut Pasteur) en dépit de son scepticisme initial. Jean Weissenbach résume ainsi : *«Du côté de l'Inserm, c'est peu dire qu'on a loupé le virage du génome humain. Il y avait dans l'entourage de la direction générale de l'époque des gens qui ont freiné des quatre fers et qui exprimaient leur scepticisme quant à l'intérêt scientifique du programme génome [...]. Dans les milieux de la recherche académique on n'aimait pas la génomique, parce qu'un programme de séquençage, c'est avant tout de l'acquisition de données, cela n'a pas ce côté élégant qui motive tant les fondamentalistes.»*

En grand secret, Barataud réunit plusieurs experts[35] et leur demande d'évaluer le projet. Ceux-ci planchent sur les dossiers qu'il leur a remis, et émettent un avis favorable. Barataud se charge alors de ramasser les copies en fin de réunion et de reprendre l'ensemble des documents car rien ne doit filtrer. Ce geste, avant tout symbolique, illustre toute l'indépendance que les administrateurs de l'association revendiquent dans leurs décisions. Ils s'appuient sur l'expertise scientifique indépendante des professionnels mais la légitimité de la maladie, leur créativité et leur capacité à réunir les fonds nécessaires, leur autorisent cette souveraineté décisionnelle. Il m'a résumé dernièrement sa stratégie : *«J'avais un aréopage de scientifiques pour valider mes idées. D'un état larvaire, j'ai fait de ces idées des papillons. Je n'avais jamais d'autre pouvoir personnel que celui de proposer. Je ne suis pas un visionnaire; j'ai fait parler les gens.»*

35 Il y avait notamment François Gros, Jean-Claude Kaplan, Jean Rosa et Jean-Louis Mandel, probablement le plus convaincu de l'intérêt de Généthon

Sans négliger son attachement à la recherche scientifique et médicale, les pistes que le président de l'AFM lance devant son conseil scientifique en janvier 1988 mettent en avant une préoccupation majeure de l'association, *«franchir le cadre des maladies neuromusculaires afin d'irriguer, chaque fois que cela semble possible et conforme aux missions de l'organisation, d'autres champs de la recherche médicale»*. Barataud et Cohen conçoivent ce qu'ils nomment une «usine à gènes», un complexe technologique générateur d'une masse considérable de données sur le génome humain, qui seront mises à la disposition de la communauté scientifique. Se dessine déjà la stratégie d'intérêt général consistant à accélérer la production et le partage des résultats pour obtenir plus rapidement des avancées concrètes. En dépit des réserves de certains des membres du conseil scientifique (pour ne pas dire la plupart), y compris ceux qui avaient pourtant convaincu Barataud du saut technologique nécessaire à l'objectif (les intentions sont une chose, entreprendre est autrement plus délicat), le conseil d'administration de l'association soutient la proposition le 7 avril 1990, après deux ans d'une longue maturation faite d'échanges, de réflexion et de débats entre l'AFM et ses partenaires scientifiques. Il s'agit de permettre de trouver l'origine des 5000 maladies rares (le chiffre de l'époque). C'était ouvrir aussi le monde des nouvelles thérapeutiques par la multiplication des approches, car les seules myopathies ne brassaient pas suffisamment les connaissances. Ce que voulaient les administrateurs de l'association, c'était, disaient-ils, *«déstabiliser les certitudes de la médecine, de l'Inserm et du CNRS qui oscillaient entre l'indifférence, la routine et l'aveuglement»*. Cet esprit porte toujours les administrateurs actuels de l'AFM et leur présidente, Laurence Tiennot-Herment.

C'est ainsi donc que naquit Généthon, le laboratoire de l'AFM. La nouvelle structure est conçue et construite en cinq mois dans les anciens locaux d'une entreprise d'informatique, loin du centre parisien où l'espace et les locaux abordables manquent, dans une sorte de zone en friche au sud d'Évry dans l'Essonne. Cinq mois. Un tour de force réalisé grâce au savoir-faire de Gérard Peirano. Spécialiste de la conduite de travaux, ancien bâtisseur des offices HLM de France, ce compagnon de l'AFM conçoit les plans du laboratoire et en coordonne la construction. Il en devient ensuite le directeur général. Généthon est officiellement inauguré par le ministre de la Recherche et de la Technologie Hubert Curien le 10 décembre 1990, alors que chercheurs et techniciens sont déjà à l'œuvre. Un pari lourd et risqué pour l'AFM, pris dans un climat lourd de scepticisme, voire d'hostilité[36] : 30 millions de francs pour la construction et l'équipement du laboratoire, 300 millions de francs les 4 ans qui ont suivi pour mener à bien ses programmes de recherche. La contribution des partenaires publics, ministère de la Recherche et Groupement d'intérêt public de recherche et d'étude sur les génomes (le GREG), est certes précieuse mais elle représente à peine 15 % de l'investissement global. Mais des expertises répétées, des bilans d'étape et de nombreuses consultations scientifiques et techniques permettent de baliser la voie à suivre et de s'assurer, chemin faisant, qu'elle est la bonne.

La cartographie du génome repose sur le positionnement des gènes les uns par rapport aux autres grâce à des marqueurs génétiques. Le matériel biologique indispensable à cette recherche manquait. Généthon s'est donc doté d'une banque d'ADN et de cellules dès 1990 sur le modèle créé par le CEPH, grâce aux familles qui consultaient auprès de Jean Dausset. Parallèlement l'AFM finançait (dès 1987) une banque à l'hôpital Cochin sous l'égide de Jean-Claude Kaplan, pour la conservation de l'ADN de familles dont les membres sont atteints par les myopathies de Duchenne et de Becker. Après en avoir assuré le financement et 3 années de fonctionnement, l'AFM remet la banque à l'Assistance publique-Hôpitaux de Paris (AP-HP). La banque de Généthon est ouverte plus largement sur les maladies génétiques. L'ADN est extrait des lymphocytes sanguins. Une partie est immédiatement mise à la disposition des scientifiques, tandis que le reste des lymphocytes est conservé, mis en culture, immortalisé et congelé dans de l'azote liquide, pour les investigations futures. Pour constituer cette banque, l'AFM avait organisé une grande campagne de collecte en direction des malades et de leurs familles. Un important travail de sensibilisation du corps médical est également mené dès 1991. Ce n'est qu'au travers d'une coopération d'égal à égal entre malades, cliniciens et chercheurs qu'une telle entreprise peut réussir. Deux ans plus tard, la banque compte déjà 25 000 échantillons, provenant de 7 800 individus, pour 109 pathologies stockées. Ce nombre double 5 ans plus tard. Cette banque est aujourd'hui la plus importante d'Europe dans le champ des maladies génétiques (350 000 échantillons, 430 maladies différentes).

---

36 Bertrand Jordan, *Chronique d'une séquence annoncé. 1992-2002 : dix ans du programme génome*, EDK, 2003 et Med. Sci. (1992) 8 : 1002-1105.

La plus précieuse des banques

En parallèle, l'AFM apporte aujourd'hui son soutien à une quinzaine d'autres banques d'ADN en France et à l'étranger, notamment dans le pourtour méditerranéen, particulièrement concerné par la consanguinité. Dès 1996 c'est aussi l'adjonction d'une banque de tissus (muscles, peau, système nerveux) qui est lancée, prélude à un réseau de banques d'ADN et de tissus destiné à irriguer la recherche sur les maladies rares. Cet ensemble s'ouvre à l'international avec l'impulsion par l'AFM d'Eurobiobank un réseau européen de banques biologiques. L'importance des ressources biologiques pour les maladies rares est une vision portée par l'association et qui constitue aujourd'hui une pierre angulaire de la recherche internationale sur les maladies rares. Les initiatives se multiplient actuellement sur cette base (Radico en France, IRDIRC conjointement entre l'Europe et les États-Unis).

À son lancement en 1990, le laboratoire Généthon comprend trois départements de recherche : la cartographie physique et la cartographie génétique, qui visent l'une et l'autre à déchiffrer le génome par deux méthodes différentes, et le séquençage de l'ADN complémentaire, constitué des seules parties codantes du génome, et qui représente le volet de génomique fonctionnelle du projet[37]. Généthon, avec sa salle des « Mark II », est un objet de fascination tant pour le public que pour les scientifiques. Ces robots de plusieurs mètres carrés automatisent l'essentiel du processus depuis la coupure enzymatique des échantillons d'ADN jusqu'à l'obtention des gels portant l'empreinte des fragments séparés. Cette concentration en un seul lieu de machines performantes, de puissants calculateurs et d'un personnel nombreux représente le premier exemple au monde d'une véritable industrialisation de cette activité de génotypage. Son seul objectif : multiplier l'efficacité de la recherche et raccourcir les délais d'établissement de la carte extrêmement long et fastidieux et nécessitant d'interminables protocoles et des calculs statistiques très poussés.

Le conseil scientifique est convié à visiter ce magnifique vaisseau futuriste mis à l'eau. Ketty Schwartz, membre puis présidente du conseil scientifique, une sommité de la recherche sur les maladies du cœur (et qui deviendra directrice de la recherche française) découvre alors cette salle

37 Daniel Cohen prend la tête du programme de cartographie physique. Le principe consiste à mettre « physiquement » des morceaux d'ADN de taille variable dans le bon ordre sur le génome. Le seul moyen pour en faire la lecture est de le casser en petits morceaux, grâce aux enzymes de restriction, ces ciseaux moléculaires conçus pour le couper à des endroits précis. La cartographie physique constitue un véritable travail de fourmi consistant à ordonner les séquences obtenues dans l'ordre initial. Cet ordonnancement repose sur la taille appropriée des fragments d'ADN (ni trop petits – le puzzle serait impossible à reconstituer –, ni trop grands – la carte serait trop imprécise).

des Mark. Ketty avait cru que Généthon se contenterait d'explorer un seul chromosome avec des moyens plus modestes. L'ampleur du programme ainsi lancé, la qualité des locaux et de leurs équipements lui donnèrent le tournis dans le sens littéral du terme, au point qu'il fallut lui approcher une chaise pour l'aider à se remettre de ses émotions.

À chaque réunion des comités d'experts chargés d'évaluer les travaux, Bernard Barataud leur faisait signer un engagement de confidentialité. C'était parfois perçu comme assorti d'une petite dose de cinéma, mais tout le monde reconnaissait qu'il y avait une grande part de réalité. On a prétendu que les Américains étaient venus espionner ! Authentique ou pas, il est vrai qu'ils ne supportaient pas que d'autres soient les premiers dans cette affaire et voulaient connaître les techniques développées. Car la cartographie du génome signait une réussite qui fuyait les Américains. Il n'en reste pas moins que l'espionnage industriel fonctionnait à plein. Les cahiers de recherche de Charles Auffrey ont été volés dans son garage ; une intrusion s'est produite à Généthon par des professionnels qui ont réussi à débrancher les alarmes ; les congélateurs du CEPH ont été fracturés la même semaine. Du côté informatique, une tentative de piratage échouait, non sans avoir réussi à franchir les pare-feu posés par l'INRIA. La DST s'est chargée elle-même de l'enquête. C'est ainsi qu'elle découvrit qu'une université américaine, transitant par Hong Kong avait été à l'origine du piratage informatique. Du côté des établissements publics français aussi on reprochait à Généthon de faire bande à part. Après tout, il n'était pas interdit à une association de malades de préserver son savoir-faire, voire de monnayer ses découvertes. Pourtant l'AFM s'est refusée à le faire, contrairement à Celera Genomics, l'entreprise de Craig Venter, qui s'était lancée dans le génome humain dans un but commercial. Dans la lignée des prix Nobel Jean Dausset et John Sulston, Jean Weissenbach et ses collaborateurs, pratiquement tous les soirs, versaient dans les banques de données publiques les informations recueillies dans la journée. C'était aussi une préoccupation permanente de l'association que de partager les données de manière à faire avancer les choses au plus vite.

Deux ans après le lancement de Généthon, Cohen dévoilait en 1992 dans la prestigieuse revue *Cell* la première carte physique couvrant 20 % du génome humain. Ce succès défie tous les pronostics : la communauté scientifique internationale ne l'attendait pas avant la fin de l'année 1995 dans le meilleur des cas. Et tous les chercheurs, anglo-saxons notamment, estimaient que seuls les États-Unis étaient en mesure d'accomplir un tel exploit à cet horizon. Eric Hoffman, l'un des découvreurs du gène de la dystrophine responsable de la myopathie de Duchenne, m'a relaté une réunion de l'époque aux National Institutes of Health (NIH) américains à laquelle il avait participé, faisant le point sur le programme américain et son objectif fixé à un horizon bien plus lointain. C'est non sans un amusement teinté d'une véritable forme de respect qu'Hoffman me décrivit le désappointement des protagonistes de la réunion constatant que les Français l'avaient déjà fait.

La seconde carte de Généthon, publiée la même année dans *Nature*, représente cette fois 90 % du génome humain, en dépit des manœuvres des confrères américains qui voulaient empêcher les Français de publier avant eux.

Un patrimoine de l'humanité

Pour faire avorter les tentatives de brevetage du génome humain ambitionnées par les équipes américaines (dont Craig Venter qui vint à Généthon pour s'inspirer de cette réussite) et considérant que ces cartes de notre patrimoine génétique constituent un patrimoine de l'humanité, le 28 octobre 1992, Généthon et Jean Dausset remettent à l'Unesco et l'Académie des sciences un premier catalogue de plus de 2000 signatures d'ADN complémentaire. Plaçant les résultats de Généthon sous la protection symbolique de l'Unesco, par ce partage gratuit de ces informations scientifiques majeures, ils rejoignent ainsi la stratégie de l'AFM visant à faire avancer plus rapidement les recherches sur les maladies.

Même si ces cartes sont loin d'être parfaites (l'équipe s'est aperçue que certaines des séquences étaient contaminées par des gènes étrangers de levure ou de bactéries qui provenaient de certains des réactifs commerciaux utilisés pour précipiter l'ADN), elles constituent de réels progrès technologiques dans les travaux de cartographie et de séquençage de l'ADN. De nouvelles versions de cette carte génétique de Généthon avec plusieurs milliers de marqueurs suivent en 1994 et 1996. Ce succès doit beaucoup à Jean Weissenbach, à sa rigueur, son intelligence, son énorme travail, et à son équipe talentueuse et dévouée[38].

Ces cartes représentent un véritable bond de géant et un outil précieux pour la recherche génomique mondiale. Pas un laboratoire de biologie moléculaire de par le monde qui n'utilise les sondes ADN élaborées à Généthon. Jean Weissenbach, entre 1994 et 2004, est le chercheur le plus cité dans

38 Gabor Veres, Jacqui Beckmann et bien d'autres.

les publications scientifiques en génétique et biologie moléculaire, avec pas moins de 33 000 citations à son actif… Si, à ce jour, près de 4 000 gènes responsables de maladies ont été localisés, c'est grâce à l'impulsion créée par ces cartes du génome. Les premières années de Généthon constituent aussi un épisode glorieux pour la recherche française, propulsée pendant quelques années au premier rang dans le domaine de la génétique. Les percées françaises obtenues dans le cadre de l'étude du génome humain, sont saluées en conseil des ministres par le président de la République, soulignant la *« coopération exemplaire entre le secteur public et l'Association française contre les myopathies, la clarté est totale entre eux »*. Cette aventure, impliquant de nombreuses réalisations technologiques novatrices et un changement radical de l'échelle pratiquée jusqu'alors dans les laboratoires de génétique, est devenue une marque de fabrique de l'AFM.

L'histoire finira bien sûr par retenir cette vérité, en dépit des résistances anglo-saxonnes. La carte génétique de Jean Weissenbach a contribué pour 90 % à la cartographie du génome humain. Quand Daniel Cohen a présenté la carte physique à ses collègues américains, ces derniers ne s'attendaient pas à ce que cela puisse venir de chez nous, ils découvraient qu'en France aussi pouvaient être créées des structures ultramodernes, conformes à leurs propres standards. Cohen se souvient du jour de ce symposium à Cold Spring Harbor en 1991, où il avait montré la première cassette vidéo du Généthon : *« On y voyait fonctionner tous les robots… Vingt machines qui faisaient le travail de 400 personnes ! Le technicien qui passait les codes-barres sur les tubes à essai et le robot qui répondait… En regardant cette vidéo, Jim Watson est devenu tout pâle et a dit :* « Il faut les arrêter, mais comment ? » […] *J'ai reçu un bouquin américain sur l'histoire du génome. On y lit :* « Weissenbach et Cohen ont fait des petites ébauches, puis cela a été repris par tout le monde après et amélioré… » *Point final. Trois lignes. C'est classique, c'est leur force. Ils dominent la communication scientifique. »*

La suite de l'histoire...

Le Human Genome Project américain poursuivra ses objectifs. Le comité Nobel reconnaît tout de même l'antériorité du CEPH, mais il n'est pas exclu qu'un jour, si un prix Nobel, même collectif, est décerné pour le séquençage du génome humain, on n'y compte aucun Français.

L'initiative du Human Genome Project avait été prise par le ministère américain de l'Énergie. Évidemment, les NIH (National Institutes of Health) n'ont pas voulu laisser le ministère faire cavalier seul et un compromis a été conclu entre les deux administrations pour aboutir à une structure bicéphale avec Jim Watson d'un côté et Charles Cantor de l'autre. Cet édifice a fonctionné laborieusement (permettant donc au Français d'occuper le terrain) jusqu'à ce qu'à l'instigation de Craig Venter, une partie du programme génome quitte la recherche institutionnelle. Craig Venter, avec sa société Celera Genomics, qui privilégiait le séquençage des exons (Watson ambitionnait le génome complet mais la technologie n'était à l'époque pas encore assez performante) et l'alignement informatique des séquences, s'est révélé bien plus efficace, parce que placé à l'extérieur du système public, fût-il américain. Un enseignement?

Pour l'histoire, le premier séquençage «complet» du génome humain a été publié en 2001 par Craig Venter pour la modique somme de 3 milliards de dollars (c'est son propre génome qui a servi de cobaye). Cet aspect historique est assez controversé, mais il n'est pas pertinent de le détailler ici. On pourra plutôt goûter cette plaisanterie qui a longtemps circulé dans la communauté scientifique : *«On a entièrement séquencé le génome grâce à un énorme ordinateur, mais celui-ci a classé les bases par ordre alphabétique.»*

Sa réussite, Généthon la doit beaucoup à la mobilisation des familles de malades. Daniel Cohen explique aussi le contexte particulier qui a sans doute contribué à ce succès : *«Pour mon équipe, c'était extrêmement stimulant de travailler dans un environnement où l'on voyait des malades en fauteuil. C'est la première fois que ça existait un laboratoire au cœur même du problème. Pour eux, ça a été une expérience extrêmement enrichissante. Ça les a marqués à vie.»*[39] Aujourd'hui encore, cet esprit règne dans les locaux d'Évry. Plusieurs services de l'AFM accueillent au fil de l'année des malades et leurs familles pour diverses actions et projets tant scientifiques que technologiques ou sociaux. Il n'est pas rare de croiser ces personnes en fauteuil dans les couloirs aussi affairées que les équipes de chercheurs. Quasi quotidiennes sont les visites découvertes organisées par l'AFM pour permettre aux malades, à leurs familles, aux bénévoles, aux donateurs, aux écoliers et à toutes sortes de publics plus ou moins éloignés de l'association de s'informer sur les actions de l'AFM et de ses laboratoires. Une autre forme de l'exercice de transparence à laquelle elle s'est engagée. Une expression de cette mixité se retrouve notamment au moment

39 Extrait du film *Les Raisons de la colère* © Publicis étoile, N. Tirot/AFM, Antenne2.

du déjeuner dans le restaurant d'entreprise attenant. On y voit, assis à la même table, des chercheurs et des malades partageant leur repas et venus se nourrir mutuellement d'un dialogue devenu naturel. Cette atmosphère unique est un symbole éclatant de cette communauté d'objectifs.

« Nous ne devons plus mettre tous nos œufs dans le même panier »

« Là où les Américains échouaient depuis 6 ans, nous avons réussi en 3 ans... », explique Pierre Birambeau. *« Si on a des réussites en recherche, c'est parce que la pression qu'on a, cette mort qu'on a aux trousses, elle nous a fléché les chemins les plus courts vers une solution. On n'a pas le choix. »*[40]

Le « modèle français » incarné par Généthon entre donc de manière fracassante dans le concert scientifique, soulignent Denis Guthleben et Odile Le Faou. Mais Généthon n'a pas vocation à rester dans sa configuration première. Comme l'écrivent ces historiens, *« c'est une structure mouvante, en constante réévaluation de ses résultats et de ses objectifs... Généthon, Généthon II, bientôt Généthon III... Suivant la logique qui lui est propre, l'AFM finance des programmes de recherche susceptibles de créer de réelles avancées pour ses maladies, fait sauter des verrous, permet des sauts qualitatifs technologiques. Ensuite, lorsque la machine est lancée, elle confie aux instances concernées au premier chef, l'État, les organismes publics de recherche, le soin de perpétuer le mouvement et les progrès engagés. Certains chercheurs lui reprocheront de ne pas avoir continué, après 1997, à financer massivement les travaux de décryptage du génome dans l'Hexagone et d'avoir laissé à nouveau la communauté scientifique américaine mener la course du séquençage en tête. Mais pour l'association de lutte contre les myopathies, la recherche reste un moyen, pas une fin en soi : une fois le canevas des cartes du génome tissé, point de départ pour l'identification de gènes impliqués dans les pathologies génétiques, il faut planifier la suite des recherches qui en découlent et qui, espère-t-elle, pourront mener aux thérapeutiques. »*

40 Ibid.

Le 9 janvier 1993, devant le conseil scientifique réuni en séance plénière, le président de l'association, Bernard Barataud, annonce des *« modifications d'orientation de la politique de l'AFM, face à l'avancée vers l'ère des thérapeutiques nouvelles »*. La nouvelle fait débat : les mêmes conseillers qui s'étaient inquiétés de l'ambition surdimensionnée de l'AFM dans la course au génome reprochent alors à l'association, auréolée du succès de Généthon, d'abandonner la cartographie au milieu du gué pour se lancer à nouveau dans l'inconnu, celui de la thérapie. C'était évidemment oublier que « l'ère des thérapeutiques » est le but ultime de l'association depuis sa création. Mais point de cassure, au contraire, comme l'écrivent les historiens du CNRS, *« la réflexion et les actions de l'AFM se prolongent et s'intensifient tout au long des années 1990, à mesure que se poursuit la course au génome, afin de pérenniser les avancées qu'elle a accomplies à partir du lancement de Généthon. À l'extérieur, des partenaires doivent renforcer leur rôle, l'État, les organismes de recherche, et de nouveaux acteurs, publics et privés, doivent émerger pour assurer la continuité de l'effort entrepris : l'AFM a beaucoup fait mais elle ne peut pas tout faire, tel est désormais le discours de ses responsables. »* Il est toujours le même aujourd'hui. *« Dans le même temps, elle est désireuse de maintenir le dialogue avec tous ces acteurs chaque fois que cela s'avérera nécessaire, qu'il s'agisse de poursuivre les recherches sur le génome ou de mettre en place toutes les structures aptes à les accompagner. »* La stratégie de l'association se révèle ici dans son implacable logique : ouvrir les pistes sur lesquelles personne ne se hasarde à investiguer et faire en sorte ensuite que les acteurs majeurs du domaine prennent le relais.

L'outil et le savoir-faire développés à Généthon ont vocation à être partagés ; une autre marque de l'association. Le département de séquençage et de génotypage permit l'accès direct et l'utilisation, à prix coûtant, des équipements de Généthon, ainsi que des marqueurs génétiques. Le personnel mis à disposition par Généthon formait les opérateurs extérieurs, contrôlait leur travail et assurait le bon déroulement de leurs expériences. C'est au total une cinquantaine de laboratoires qui ont bénéficié des infrastructures de Généthon et de l'expertise acquise au laboratoire pour le génotypage, et une dizaine d'équipes par an pour le séquençage. Répondant à la logique associative, visant au partage des résultats et des technologies innovantes entre laboratoires, ce programme avait pour objectif d'accélérer l'identification des gènes impliqués dans de nombreuses pathologies génétiques. Ce même esprit s'est perpétué avec par exemple « l'atelier iPS » longtemps mis à disposition par Marc Peschanski à I-Stem pour permettre la généralisation de l'utilisation des iPS, les cellules-souches adultes induites à la pluripotence.

La naissance au forceps d'un tissu biotechnologique français

Les biotechnologies n'ont jamais vraiment représenté une priorité stratégique pour la France. C'était d'autant plus vrai à cette époque préhistorique. Philippe Kourilsky et Pierre Chambon avaient tenté à la fin des années 1970 de convaincre l'État de l'importance d'investir dans ce champ d'activité tant en matière de recherche publique que privée. C'est dans les toilettes du ministère que l'un et l'autre prirent la décision de créer Transgene, la première biotech française, en dépit du manque de soutien que l'État venait poliment de leur signifier (je vous passe la réflexion fleurie de Pierre Chambon sur ce manque de soutien). La France privilégie une tradition d'ingénieurs[41]. Claude Allègre, alors ministre de la Recherche, se désolait que *«l'intelligentsia française soit dominée par les grandes écoles ce qui, à quelques exceptions près, mène leurs élèves vers les métiers de décision politique et surtout économique»*. Globalement, on peut dire que les grands patrons français, même les polytechniciens dont la culture est surtout mathématique et physique, ont une expérience professionnelle limitée de la biologie (il existe évidemment quelques exceptions, en particulier Frédéric Revah, l'actuel directeur général de Généthon, formé aux neurosciences chez Jean-Pierre Changeux, et rompu ensuite au secteur pharmaceutique et biotechnologique). Il n'en reste pas moins que contrairement au monde anglo-saxon, nous manquons en France de capitaines d'industrie possédant une expérience de chercheur. Chez nous, le prestige est dans le management et malheureusement pas dans la recherche scientifique (peut-être nos lectures enfantines, mettant en scène Tintin et le professeur Tournesol, nous ont-elles trop profondément influencés?). Il en va de même en politique, dominée par nos énarques, dont la culture n'intègre malheureusement pas la dimension scientifique. Pour nos hauts fonctionnaires et nos dirigeants, la biologie ne représente qu'une dimen-

41 Philippe Even, *La recherche biomédicale en danger*, Le cherche midi, 2010.

sion négligeable de leur mode de réflexion. C'est vrai aussi dans leur analyse des risques : on évite ce que l'on ne comprend pas.

La France mise donc sur certaines technologies mais néglige la biologie, à l'inverse des pays anglo-saxons. Tout se passe comme si les physiciens étaient autrement plus habiles que les biologistes pour faire financer leurs grands équipements. Jean-Louis Mandel avance l'hypothèse que les sciences de la vie pâtissent peut-être de l'image de marque de disciplines qui ne coûtent pas trop cher, et sont sans doute aussi pénalisées par l'individualisme de leurs chercheurs. Un phénomène qui n'est d'ailleurs pas spécifiquement français. Ses collègues américains du programme Génome lui demandaient quelle pouvait être la différence entre physiciens et biologistes. *«Ils disaient que c'était comme dans les westerns lorsqu'un convoi est attaqué par les Indiens. Les physiciens mettent les chariots en cercle et ils tirent sur l'assaillant. Les biologistes, eux, mettent aussi les chariots en cercle, mais ensuite ils se tirent les uns sur les autres.»*

Le ministre Claude Allègre constatait : *«Si on compare les budgets de la recherche aux États-Unis et en France, une bonne manière de procéder consiste à prendre les chiffres en dollars pour là-bas et en francs pour ici. On respecte ainsi approximativement le rapport démographique qui est de 5 pour 1 pour les États-Unis par rapport à la France… Si on considère le budget du CNES, 13 milliards de francs, et celui de la NASA, 13 milliards de dollars, on voit que la France fait correctement son métier dans le domaine de l'espace. Cette proportion est à peu près la même dans les autres branches de la recherche. La seule où il y ait une différence, c'est la biologie et la médecine, où le rapport est de 1 en France pour 3 aux États-Unis.»* La situation ne s'est pas vraiment améliorée depuis. Toutes proportions gardées, on crée 10 fois plus d'emplois aux États-Unis qu'en France dans ce domaine (le chapitre 11 reviendra sur cette question).

Cependant, la réussite de Généthon en ce milieu des années 1990 allait offrir une fenêtre de tir pour les biotechnologies dans notre pays. Auréolés de leur succès et de leur force de conviction, Daniel Cohen (qui en 1988, avec l'entremise de Jacques Attali, avait déjà convaincu le président de la République et le ministre de la Recherche et de la Technologie de l'importance de la génétique et du décryptage du génome humain pour l'avenir scientifique du pays) et Bernard Barataud préparaient déjà un passage à une dimension supérieure.

Après une période de 5 ans de tergiversations et de projets avortés faute de moyens, mais qui auront au moins convaincu de l'importance du séquençage à haut débit, l'État convient qu'*« à côté des États-Unis, du Royaume-Uni et du Japon, la France ne peut rester en dehors du Très Grand Séquençage. »* Elle doit donc se doter au plus vite d'un laboratoire capable de grandes capacités de séquençage. Finalement, avec les 200 millions de francs de la Ligue des sciences du vivant, le Centre national de séquençage (CNS), « Genoscope », est créé l'année suivante, et sa mise en place est confiée à Jean Weissenbach. L'AFM s'engage à héberger le CNS gratuitement pendant 5 ans dans des locaux à Évry, finance les travaux d'aménagement et contribue à pourvoir la structure en personnel, puisqu'une partie des équipes en place à Généthon suivent Jean Weissenbach à Genoscope. *« Cette implication de l'AFM est mûrement réfléchie, soulignent les historiens du CNRS. L'association a mis en place un comité de concertation avec le ministère de la Recherche afin de réfléchir à l'avenir de la génétique et de la génomique françaises. Il s'agit surtout, à ses yeux, de placer l'État face à ses responsabilités : après les travaux de cartographie que l'AFM a financés à Généthon, le gouvernement doit prendre le relais pour le séquençage. Si l'AFM invoque la réorientation des activités de recherche de son laboratoire, elle sait aussi, sans d'ailleurs s'en cacher, qu'elle ne peut assumer seule l'investissement permettant l'analyse exhaustive du génome humain (les financements, apportés de manière quasi exclusive par l'AFM, se sont élevés à 443 millions de francs pour la période 1990-1996). La phase de séquençage systématique du génome humain exigeait 10 fois plus de moyens financiers. Mais l'AFM entendait bien soutenir cette transition : il ne s'agit pas de défaire le travail accompli à Généthon, mais d'accompagner sa poursuite au travers de financements destinés aux structures publiques. En somme, une nouvelle forme de coopération entre l'association et ses partenaires publics voit le jour pendant cette période. »*

Une nouvelle fois, ni l'Inserm ni le CNRS ne souhaitent s'engager. Si le séquençage n'est pas un travail très compliqué sur le plan théorique, il nécessite une organisation à laquelle ni l'Inserm ni le CNRS n'étaient capables de s'adapter rapidement.

Le tandem Barataud-Cohen s'inquiétait qu'une structure qui fonctionne bien soit abandonnée. Inspiré par l'exemple de l'université Stanford (un très bon enseignement, des sociétés privées, des universités de recherche, des passerelles entre les deux secteurs), Cohen élabore avec l'AFM le projet de développement d'une « technopole génétique » à Évry à vocation académique et industrielle, associant l'État, les collectivités locales, l'université d'Évry nouvellement créée et plusieurs partenaires industriels. *« Il s'agit de rassembler sur un même lieu, à Évry dans l'Essonne, la plus importante banque d'ADN d'Europe, la plus importance puissance de génotypage, une culture et une connaissance en matière de très grand séquençage, un institut des maladies génétiques, un centre national d'hébergement des duplications d'ADN des maladies humaines, une université qui s'oriente vers ces terrains de conquête, un incubateur d'entreprises financé par le conseil régional d'Île-de-France et par la chambre de commerce et d'industrie de l'Essonne, facilitant l'implantation des biotechs qui font cruellement défaut au tissu industriel français, et un centre de conférences financé par le conseil général de l'Essonne [...]. L'excellence des chercheurs du secteur public et l'adhésion des différents partenaires – entreprises, collectivités publiques et privées, associations – permettent la mise en œuvre de programmes audacieux [...]. »*[42] L'idée de l'association est de centraliser les moyens en matière de génétique à proximité directe de Généthon et de constituer un pôle technologique compétitif, le premier du genre en France. Une telle opération stimulerait de surcroît l'industrie française des biotechnologies. La localisation ne fait pas l'unanimité mais Bernard Barataud parvient à l'imposer : Évry sera le berceau de la politique concertée en faveur du développement de la génomique (après tout, comme l'a dit Pierre Tambourin : *« Certes, c'était un désert, mais au moins on pouvait bâtir. »*). L'État en prend la décision en 1996 et la concrétise (sur les fonts baptismaux de la seule véritable initiative de l'État en la matière, le GREG – Groupement de recherche pour l'étude des génomes, installé en 1993 et supprimé en octobre 1996[43]) par la mise en place du Centre national de séquençage, premier véritable engagement structuré de l'État en matière de génomique.

L'exemple offert par Généthon ayant fait ses preuves, il constitue un modèle à suivre. Dès sa mise en service, le CNS s'engage, entre autres, dans le séquençage et l'annotation des parties codantes du chromosome 14. Le travail est achevé à l'automne 2002 et fait l'objet d'une publication dans la revue *Nature* du 6 février 2003. C'est le premier chromosome humain dont le décryptage est réalisé sans aucun manque dans

42 Programme Genopole, *Proposition pour le développement d'un pôle national scientifique et industriel de génétique »*, 11 septembre 1996, archives de l'AFM.

43 Le GREG avait fortement participé au programme européen de séquençage de la levure et a essayé de structurer les programmes génomes en France mais son approche de saupoudrage a échoué.

la séquence, preuve s'il en est de la précision et de l'efficacité du travail effectué au Genoscope. L'année suivante toujours avec le soutien de l'AFM, l'État lance une seconde structure, le CNG, Centre national de génotypage, dédié à l'identification des gènes impliqués dans les maladies génétiques, auquel se joint l'Inserm. Après le transfert des activités de séquençage de Généthon vers le CNS, son service de génotypage, maintenu jusqu'à la fin de 1997, rejoint à son tour le CNG. Cette nouvelle implantation donne un peu plus corps au projet de « bioparc » en plein développement. Peu à peu s'agrègent en un même lieu non seulement les forces scientifiques, mais aussi les acteurs économiques, notamment ces jeunes pousses nouvelles, les start-up, entreprises de biotechnologies et de bio-informatique. Le bioparc se dote d'une pépinière d'entreprises pour faciliter la création et le développement des start-up aptes à se saisir de projets liés à la génétique et à faible rentabilité. Son nom est choisi et devient une marque déposée, propriété de l'AFM : « Genopole ».

En 1996, une première entreprise de biotechnologies s'installe sur le site. En 1997, trois autres s'installent à leur tour, toutes orientées dans le secteur du séquençage. En 1998, le biologiste moléculaire Pierre Tambourin, qui vient de quitter la direction du département des Sciences de la vie du CNRS, préconise « Genopole Évry », association loi de 1901, qui réunit, dans un premier temps, ses membres fondateurs dont l'AFM, l'université d'Évry et les pouvoirs publics, puis le conseil régional d'Île-de-France, la chambre de commerce et d'industrie de l'Essonne, la Caisse des dépôts et consignations et l'Agence nationale de valorisation de la recherche. Les acteurs locaux parient sur le potentiel de développement du sud du département. Dans un premier temps, l'État se contente d'être membre associé. Le champ de « Genopole Évry » comprend l'ensemble de la génomique et de la génétique, la thérapeutique et la recherche fondamentale. Avec le temps viendront s'ajouter des activités de mathématiques appliquées, la chimie et la robotique. Un groupement d'intérêt public est constitué en 2002, structure juridique souple dont le conseil d'administration réunit l'AFM et les autres membres fondateurs. Pierre Tambourin en devient le directeur général. L'AFM participe également au dispositif d'incubation d'entreprises institué sur le site, avec un fond de « pré-amorçage » appelé « Genopole Premier Jour » et visant au financement initial des projets de création de sociétés biotechnologiques. Genopole est aujourd'hui un bassin de 2300 emplois, 70 sociétés de biotechnologies (certaines désormais cotées en Bourse et ayant développé des médicaments approuvés par les autorités de santé), 23 unités Inserm, CNRS ou CEA, laboratoires universitaires, et est encore appelée à se développer. L'aventure du génome se poursuit et a largement débordé le cadre des maladies rares. L'effort de l'État aurait dû s'amplifier mais il s'est peu à peu délité et, avec lui, l'influence française dans ce domaine.

Néanmoins, convaincu des succès de ce premier «biocluster» français, le ministère de la Recherche décide en 1999 d'exporter le concept en région selon le même modèle. Coordonné par Évry, un réseau national de 8 Genopoles labellisées est constitué : Nord-Pas-de-Calais, Marseille, Montpellier, Midi-Pyrénées, Rhône-Alpes, Alsace, Languedoc-Roussillon, en plus du groupement Évry-Île-de-France (qui réunit Évry, l'Institut Pasteur, l'hôpital Necker-Enfants malades, l'hôpital Cochin, l'Institut Curie, les campus de Gif-sur-Yvette et d'Orsay) et Ouest-Genopole. Ils répondent à la logique de l'État, qui prône la mise en commun des instruments à disposition sur les plateformes génomiques, afin d'aboutir au développement des recherches de pointe dans ce domaine sur l'ensemble du territoire, et couronne la politique volontariste de l'AFM.

Jean-Louis Mandel résume cette longue histoire : «*Bien entendu, on a reproché à l'AFM d'avoir abusé de l'effet médiatique du Téléthon et c'est vrai que la pression des médias créait quelques contraintes. Je me souviens d'être intervenu à l'époque où l'AFM cherchait le gène de l'ataxie de Friedreich. Le président de l'association des malades, Éric Molinié était venu m'interviewer en chaise roulante avec des journalistes de la télé. Il me demandait :* «Quand est-ce que vous allez avoir le gène*?*» *Les journalistes m'ont fait répéter plusieurs fois ma réponse. Je n'avais pas l'air suffisamment enthousiaste, j'avais dit :* «Ça va prendre encore du temps.» *Mais ce n'était pas ça qu'ils voulaient. Finalement, j'ai dû leur faire une réponse résolument optimiste. Je sais que de nombreux collègues critiquaient [ce] recours au sentimentalisme, moi, j'estimais que l'AFM avait le droit de fixer ses méthodes et ses priorités, l'essentiel étant qu'elle soutienne de la bonne recherche. En définitive, c'est cette association qui a fait la politique du génome en France. Elle est à l'origine du Centre national de séquençage et du Centre de génotypage. Lorsqu'elle a décidé de quitter les affaires de séquençage, elle s'est préoccupée de sauvegarder des équipes prestigieuses du Généthon qui avaient fait la réputation de la recherche française. Qu'aurait-on dit si Jean Weissenbach s'était brutalement retrouvé à la rue? C'est l'AFM qui a fait prendre conscience aux pouvoirs publics que pour préserver l'outil, il fallait installer la Genopole.*»

Il était en cela rejoint par Pierre Tambourin : *« L'idée, telle qu'elle est encore aujourd'hui présente chez pas mal de chercheurs en biologie, c'est qu'une demande par l'aval – le séquençage du génome de l'homme pour faire avancer la médecine –, donc une demande formulée par le malade ou par l'industriel, ne pouvait pas être bonne pour la recherche fondamentale. L'idée type du chercheur CNRS est que la recherche fondamentale obéit à sa propre dynamique et que tout élément extérieur la perturbe[44]. Alors, la génomique comme moyen d'inventorier les maladies humaines ? Vous pensez… C'était d'ailleurs plus le rôle de l'Inserm que du CNRS d'intervenir en ce domaine. En fait, les organismes publics ont toujours vu dans l'AFM, dans l'ARC ou la Ligue contre le cancer des aides pour conforter les budgets de leurs laboratoires, mais certainement pas un partenaire pour piloter la recherche. »*

Entre-temps, Généthon avait opéré sa mutation. Daniel Cohen, porté par les premiers succès de Généthon, souhaite continuer à travailler sur le séquençage humain et développer les capacités françaises en la matière, pour conserver l'avance acquise sur les équipes américaines. L'AFM, elle, affiche sa volonté, après avoir permis d'initier le décryptage du génome humain, de s'orienter vers les thérapeutiques en regroupant sur un même site la recherche sur les thérapies géniques et l'industrie pharmaceutique. Les deux personnalités séparent donc leurs activités. Généthon, qui conserve sa précieuse banque d'ADN et son service de collecte des échantillons (qui fonctionnent toujours à plein aujourd'hui ; la fiabilité de ses échantillons constitue un standard international), peut désormais se lancer pleinement sur la voie des thérapeutiques. Généthon entame alors un virage stratégique radical, la thérapie génique, avec l'arrivée d'un spécialiste, Olivier Danos.

Le virage de la thérapie génique

Les avancées de la génétique poussent l'AFM et la Caisse nationale de l'assurance maladie des travailleurs salariés à créer dès 1996 le portail européen Orphanet, en collaboration avec l'Inserm et la direction générale de la Santé. À l'origine, cette base librement accessible est dédiée à la collecte des données sur les maladies rares. Elle intègre ensuite les

44 C'est ce que Bernard Barataud appelle « la routine »…

informations concernant les médicaments orphelins, et recense toutes les indications sur les laboratoires de diagnostics, les consultations spécialisées, les associations de malades et les travaux de recherche. Orphanet vise avant tout à améliorer le diagnostic et la prise en charge des patients, souvent mal orientés, voire en véritable errance diagnostique. C'est aussi devenu un outil précieux pour la communauté scientifique et médicale.

Cette période représente sans doute le bâton de maréchal de l'association. Une poignée de visionnaires, des compagnons de l'impossible, mus par la rage de vaincre la maladie et organisés en bâtisseurs et défricheurs, alliés à des scientifiques de très grand talent, ont réussi à bousculer le monde de la recherche et à entraîner les décideurs socio-économiques vers un nouveau modèle collaboratif. On juge l'arbre à ses fruits. Ils sont magnifiques. Les cartes du génome ont permis à la communauté scientifique d'identifier les trois quarts des gènes responsables de maladies neuromusculaires et plus de la moitié des gènes responsables des maladies rares. La recherche a fait un bond en avant considérable. Là où il fallait 10 ans, il suffit parfois de quelques mois pour déceler le gène malade. Les biotechnologies ne sont plus taboues dans notre pays et la France a occupé une place de leader dans le domaine. Une dynamique scientifique et économique a été créée, ce qui est exactement le sens de l'action de l'association.

Mais l'objectif ultime demeure la thérapeutique. Le président de l'AFM dévoile l'étape suivante le jour même du lancement officiel de Genopole, le 23 octobre 1998 : c'est l'annonce de la « Grande Tentative ». *« Grande, car touchant aux origines de la vie, à la souffrance et à la mort. Tentative, parce que nous ne sommes pas certains de réussir et parce qu'il nous faudra encore fournir beaucoup d'efforts, de partenaires, beaucoup d'argent »*, précise Bernard Barataud, devant les ministres de l'Économie et de la Recherche. *« Pendant 5 ans, nous allons apporter notre concours à la mise au point des techniques de thérapie génique : les hommes de tous les pays développés essaient de rentrer dans une cellule pour y déposer un élément thérapeutique, faire que cet élément fournisse un effet bénéfique sans conséquences néfastes pour l'individu ou l'espèce. Nous avons commencé à créer des réseaux et des programmes, équiper des laboratoires, encourager des vocations, offrir des prestations. Nous voulons voir sauter les goulots d'étranglement, celui des vecteurs en particulier. Je connais le scepticisme des milieux officiels sur ce sujet. Par charité, je ne parlerai pas de ce que ces mêmes milieux, ces mêmes responsables pensaient de l'épopée cartographique ni ce qu'ils ont dit ou écrit. Votre présence aujourd'hui mais aussi la clarté de vos décisions font que ce temps est passé et que nous ne sommes plus considérés comme des supplétifs de la recherche ou comme des distributeurs de billets de banque, mais comme des partenaires d'un nouveau type pour lesquels il convient de mettre au point un statut relationnel et légal adapté au sujet traité. Notre statut et notre action dans le domaine des maladies orphelines, c'est-à-dire non rentable pour l'industrie, aussi bien que certains aspects stratégiques, nous conduisent à vous demander assistance pour que dans le domaine fiscal, dans le domaine de la loi de 1901, il nous soit possible de poursuivre nos activités en parfait accord avec la puissance publique. Pour terminer, permettez-moi de vous féliciter pour la vision, les décisions qui sont les vôtres dans le domaine qui nous réunit aujourd'hui. De notre côté, notre contribution à Genopole vise à porter haut le niveau de la France dans la compétition internationale. Pour cela, 5 millions de Français descendront dans les rues les 4 et 5 décembre pour soutenir notre action. Car c'est ainsi que s'est créée notre histoire, dans le sillage d'un mouvement populaire, d'un comité scientifique et d'un mouvement de familles de malades, au bénéfice de tous.»*

L'objectif, essayer de soigner par le gène les maladies neuromusculaires et, plus largement, génétiques, n'est pas nouveau. Évoqué depuis le milieu des années 1980 au sein du conseil scientifique de l'organisation, il a été longuement discuté par la suite et a conduit à une réorganisation progressive des forces de l'AFM et des partenaires qu'elle est parvenue à mobiliser dans son combat. L'association considère désormais que cette phase de transition est achevée et que toutes les troupes sont en ordre pour la nouvelle bataille… La stratégie établie devant le conseil scientifique en janvier 1993, dont le compte rendu constitue sans doute «*l'un des documents les plus précieux conservés dans les archives de l'association*» selon nos deux historiens du CNRS, Odile Le Faou et Denis Guthleben, peut être appliquée. François Gros y explique : «*Nous vivons actuellement quelque chose d'assez formidable, le travail réalisé est considérable qualitativement et quantitativement, et une page de l'histoire scientifique a été écrite au niveau national et international. Si la génétique s'est taillé la part du lion, nous pouvons quand même dire que nous avons fait progresser la connaissance et contribué à la formation des futures générations de chercheurs [...]. Comme Bernard Barataud vous l'a dit, nous abordons un tournant; si l'aspect études génétiques est loin d'être terminé, il faut cependant se préoccuper de passer de l'étude du gène à celle de la fonc-*

tion physiologique, de la fonction physiologique à la connaissance de la pathologie, et de la pathologie à la thérapeutique.»

Ces grandes aventures doivent aussi aux soutiens de deux ministres de la Recherche qui ont eu une véritable vision de l'avenir, Hubert Curien et Claude Allègre.

Pour éviter que le propos soit interprété comme un panégyrique, je vous renvoie aux termes employés par Michel Callon, professeur à l'École des mines de Paris, auteur d'une étude sociologique sur l'AFM et le Téléthon[45].

Au-delà du seul intérêt des myopathes

Si l'objectif central est le bénéfice aux malades neuromusculaires, en matière de recherche, les avancées telles que les cartes du génome ont concerné l'ensemble des malades et en particulier ceux qui souffrent de maladies génétiques rares. L'AFM a mis l'accent sur la notion de maladie modèle : une maladie modèle peut très bien ne pas être une maladie neuromusculaire, mais elle permet de tester certains concepts et certaines stratégies thérapeutiques qui ont une portée générale. Les raisons suivent donc autant une perspective de *justice distributive*, que des considérations scientifiques. Michel Callon le souligne : *«Cet effort soutenu a permis à la recherche française d'atteindre un niveau d'excellence et il a également profité à la communauté scientifique internationale dans son ensemble.*

En matière de handicap, l'AFM a mené un combat qui dépassait la seule cause des myopathes en visant plus largement la réhabilitation des droits des personnes vivant avec des incapacités (voir chapitre 4). Ni simple auxiliaire des professions médicales ni strictement revendicatrice, l'association a toujours privilégié les partenariats, créant un modèle de gouvernance nouveau que Michel Callon résume par les termes de *«pouvoir des malades»*. Il précise : *«Ce pouvoir n'est pas synonyme d'exercice arbitraire et solitaire de l'autorité, encore moins de revanche. C'est un pouvoir éclairé qui reconnaît la contribution irremplaçable des spécialistes. Mais c'est un pouvoir qui donne aux malades le dernier mot : ils sont source d'idées, de questions, de savoirs et de savoir-faire et ce sont eux qui constituent l'ultime*

45 Vololona Rabeharisoa et Michel Callon, *Le pouvoir des malades. L'Association française contre les myopathies et la recherche,* Presses de l'École des mines de Paris, (1998).

objet de tous les efforts qui sont consentis. Le pouvoir des malades n'est que l'autre nom donné à la volonté de guérir.»

Ce partenariat est un équilibre délicat entre l'autonomie dont doivent disposer les chercheurs dans leur recherche et l'encadrement de leurs travaux nécessaire à la réalisation des objectifs de l'association. C'est une forme de «démocratie directe» qui a été instituée[46]. Elle vaut certainement à l'association des réticences, de la condescendance, voire de la jalousie. Mais cette forme de gouvernance a fait la preuve de son efficacité. Quel chemin parcouru entre l'indifférence des années 1970 et la reconnaissance actuelle du droit d'un groupe orphelin à entrer dans la sphère politique, scientifique et industrielle pour y faire entendre sa voix! Michel Callon ajoute : *«Contrairement à ce que certaines critiques affirment, le Téléthon n'a pas joué la carte de la pitié; il n'a pas montré les corps souffrants d'enfants, dans le seul but de faire pleurer les mamies et de faire tourner le compteur. Il a mis en scène la solidarité en action, dans une société gangrenée par l'individualisme et paralysée par la croyance irraisonnée en la protection économique et politique d'un État-providence, dont il est facile de montrer qu'il ne peut ni faire émerger, ni défendre la cause de ceux qui sont condamnés à l'inexistence.»*

Quelques-unes des aventures racontées tout au long de cet ouvrage exposent certaines grandes avancées scientifiques et médicales permises par le Téléthon. Je repense aux mots de tant de familles, conscientes que le temps de la recherche est plus lent que celui de la maladie et, de ce fait, que leur combat ne leur bénéficiera peut-être pas mais servira à ceux qui viendront après eux. Tout le sens de cette lutte est résumé dans cette intervention de Laurence Tiennot-Herment dans le documentaire *Les Raisons de la colère*. Son fils, dont le cœur n'aura tenu que 20 ans, la quitte à 2 mois du Téléthon 2003. *«Pour Charles-Henri, c'est trop tard, mais pour tous ceux que je vois tous les jours, je me dis : non, ce qui est arrivé à Charles-Henri, ça ne peut pas et ça ne doit pas leur arriver. Et aux générations futures, ça ne peut pas arriver, ce n'est pas possible. On est là à une étape cruciale et on sait que ça va marcher… Aujourd'hui, c'est un monde nouveau, c'est le monde du médicament, c'est le monde de l'essai sur l'homme… Il faut inventer de nouvelles méthodes, de nouvelles alliances, de nouveaux partenariats. On va défricher le monde du médicament! Ce*

46 Michel Callon, Pierre Lascoumes et Yannick Barthe, *Agir dans un monde incertain. Essai sur la démocratie technique*, Seuil, 2001.

chemin, on l'a parcouru en si peu de temps, même si, paradoxalement, le temps des chercheurs n'est pas le temps des malades, pour autant, il est très court ce chemin. Aujourd'hui, celui qui reste à parcourir est encore plus court. Et le moteur c'est toujours la souffrance, la révolte et… l'espoir, la conviction, portés par les malades et les familles.»

J'ai toujours ce terrible sentiment de culpabilité de ne pas avoir réussi à apporter le traitement de Charles-Henri à temps.

Il y a aussi les mots de Bernard Barataud, se retournant sur ses années de combat associatif, dans l'intimité de son mas de Pouzoulou (un écrin au cœur du Périgord noir où Bernard s'est retiré et offre de paisibles gîtes) : *«J'avais simplement vocation à connecter des prises électriques. Qu'ai-je fait de ma vie? Je l'ai consacrée à une cause. Je n'ai rien pu faire pour mon fils et tout juste pu permettre le diagnostic de ma fille et de ma petite-fille qui sont porteuses.»*

Le 4 octobre 2012, a été remis à Généthon le prix Galien France, habituellement attribué à l'industrie pharmaceutique pour ses innovations thérapeutiques, mais remis pour la première fois à une structure associative pour ses avancées en thérapie génique. Je ne pouvais évidemment m'empêcher d'avoir une pensée émue pour les pionniers de l'association qui n'étaient pas des nôtres à cette occasion. Me sont venus alors ces mots de l'écrivain écossais Robert Louis Stevenson : *«Ne juge pas la journée en fonction de la récolte du soir mais d'après les graines que tu as semées.»* Ils sont repris ici en reconnaissance du noble combat de *«ces gens ordinaires qui font des choses extraordinaires»*.

3e partie

Enjeux et avenir de la recherche sur les maladies rares

9

CHAPITRE

Enjeu scientifique, médical et économique

••• L'histoire s'écrit plus qu'elle ne s'apprend.

On estime que l'espace chimique comprend entre 10^{40} et 10^{70} composés, un nombre réellement astronomique (1 suivi de 40 à 70 zéros soit un minimum de 1 milliard de milliards de milliards de milliards de milliards de molécules). Il y a encore de la place pour la découverte de nouveaux médicaments...

La fourchette est grande mais les études de plus en plus nombreuses s'affinent. La recherche est une sorte d'entonnoir qui, à partir d'un pool de 10000 molécules, resserre à 250 celles qui présenteront suffisamment d'intérêt pour être étudiées plus avant chez l'animal, pour qu'une dizaine d'entre elles atteigne le stade des essais chez l'homme. Mais 10 % seulement des produits qui entrent en essais cliniques passeront ce cap jusqu'à l'enregistrement (par exemple par manque d'efficacité ou pour des raisons de toxicité). Il faut tenir compte donc du taux d'échecs. C'est un peu comme le chercheur d'or qui tamise le fond de la rivière pour trouver sa pépite. Les contraintes réglementaires et économiques se sont renforcées et, pendant que la courbe des coûts de développement s'accélère, celle de la mise sur le marché de nouveaux produits décline. Que dire des innovations de rupture telles que la thérapie génique ou la thérapie cellulaire? L'histoire montre qu'il faut au moins une génération pour amener une nouvelle médecine au stade de la pratique courante. Les vaccins ne se sont pas faits en un jour. Les antibiotiques ont été proposés au début du XIXe siècle et se sont répandus à partir de la Seconde Guerre mondiale. Le premier véritable essai de thérapie génique date de 1990. Le premier produit de ce type mis sur le marché dans les pays occidentaux l'a été en octobre 2012. Pourtant, les deux décennies qui ont séparé ces événements ont été jalonnées d'espoirs exacerbés et de défiances exagérées, y compris de la part de scientifiques de renom. La vérité est toujours dans le juste milieu. Le balancier se rééquilibre comme cela s'était produit pour les transfusions sanguines, les greffes d'organes ou les monoclonaux. En ce sens, la thérapie génique suit la même trajectoire et ceux qui auront persévéré pour amener ces nouvelles médecines ont évidemment eu raison. L'AFM a été suffisamment critiquée et même caricaturée pour ses efforts en matière de thérapie génique pour qu'on reconnaisse désormais sa contribution décisive au domaine. C'est d'ailleurs ce qui a valu à Généthon le prix Galien pour les avancées pharmaceutiques majeures – la première fois qu'une structure associative est reconnue pour les avancées pharmaceutiques.

Un regain d'intérêt de la part du secteur pharmaceutique

Le mouvement s'est amorcé voilà 4 ou 5 ans. Qu'il perdure est une question encore sans réponse. Il est probable qu'elle reposera sur l'accumulation de succès thérapeutiques et d'exemples de réussites qui conforteront les appétits. L'industrie pharmaceutique est en panne d'innovation et investigue dans les domaines qui pourraient compenser ce déficit. Les sociétés pharmaceutiques cherchent d'abord là où elles vendent aujourd'hui (oncologie, immunologie, vaccins, antidiabétiques) et préfèrent développer des produits à moindre risque. Mais les maladies rares représentent désormais une source d'innovations très attractive.

Il est de bon ton actuellement d'accuser l'industrie pharmaceutique d'être responsable de tous nos maux, en particulier d'amplifier le prix des médicaments pour gonfler ses bénéfices. Mais cette focalisation des récriminations ne permet pas d'y remédier car, même si les abus existent, ils ne représentent qu'un aspect du problème.

Les études sont nombreuses et beaucoup concordent. Des économistes de la santé comme Claude le Pen, professeur à l'université Paris-Dauphine, le constatent. Il relève un certain nombre de paradoxes : un marché mondial en extension mais avec une croissance des génériques et une décroissance des produits de haute technologie. On constate par ailleurs une chute des enregistrements (les autorisations de mise sur le marché) depuis 1961 et, à la suite du retrait du marché de la Thalidomide et d'autres événements de ce type, une augmentation forte des exigences réglementaires. Mais ce phénomène s'est accompagné d'une réduction des risques pour les malades.

L'explosion du coût de mise au point des médicaments

C'est une sorte d'effet baby-boom à rebond. Les grandes avancées de la chimie d'il y a 20 ans et qui ont produit les anticancéreux, les hypocholestérolémiants ou les antidiabétiques, perdent maintenant leur exclusivité commerciale (on dit que *«les brevets tombent dans le domaine public»*). Ils peuvent désormais être génériqués. N'importe quelle société (à condition évidemment qu'elle respecte les standards de production et de mise à disposition) peut commercialiser un médicament dont les brevets sont tombés. L'industriel qui les a mis au point perd le monopole et par voie de conséquence des revenus considérables. Plusieurs des produits phares de l'industrie pharmaceutique, des blockbusters (ces médicaments à plus d'un milliard de dollars de chiffre d'affaires annuel, comme l'hypocholestérolémiant Tahor®) sont tombés dans le domaine public; les brevets qui garantissaient au fabricant l'exclusivité commerciale sont échus, arrivés au terme de leurs 20 ans. La liste est longue des médicaments qui vont tomber dans les 3-4 ans. Ces produits peuvent désormais être copiés (génériqués), et d'autres sociétés pourront opportunément les commercialiser et à un prix qui ne sera pas assuré par le monopole qu'octroyait le brevet. La logique du brevet répond à un besoin que l'on peut aisément admettre. La recherche et la mise au point d'un médicament constituent un processus particulièrement coûteux et un parcours du combattant exigeant et risqué. Les statistiques sont éloquentes : même en faisant abstraction des années de recherche aboutissant à la découverte d'un candidat médicament, le développement clinique (c'est-à-dire les essais chez l'animal, les études de sécurité, de tolérance et de pharmacocinétique – le devenir du médicament dans l'organisme, le sang et les organes cibles ainsi que sa vitesse d'élimination –, la mise au point des procédés de fabrication, puis les essais cliniques chez l'homme) prend de nombreuses années. Dans les années 1970, ces processus nécessitaient en moyenne 4 ans et coûtaient 50 millions de dollars. Aujourd'hui ils exigent 10 à 15 ans et dépassent le milliard !

Comment expliquer cette inflation ? Les technologies se sont complexifiées et sont donc de plus en plus chères. Les essais cliniques mobilisent de plus en plus de patients volontaires pour démontrer la réalité statistique de l'effet thérapeutique, du fait notamment de l'accroissement des exigences réglementaires. Les essais cliniques se déroulent généralement en trois phases. Les essais de phase I ont pour but de vérifier la tolérance à court terme de doses uniques du produit. Par précaution, on avance graduellement en débutant par une dose faible sur des groupes de trois à quelques volontaires sains ou malades puis en augmentant les doses sur des groupes supplémentaires. Les essais de phase II visent ensuite à préciser la dose optimale à utiliser tout en maîtrisant les effets secondaires éventuels. Cette phase mobilise quelques dizaines à centaines de patients et sur le court ou moyen terme. Enfin, la phase ultime des essais, ou phase III, a pour objectif de démontrer l'effet thérapeutique du produit sur le temps nécessaire et sur un nombre de patients statistiquement significatif (quelques centaines à quelques milliers). Pour satisfaire toutes ces exigences, le nombre de patients dans les études cliniques a été multiplié par deux ; le recrutement des patients est, de ce fait, de plus en plus difficile. L'ordre de grandeur du coût d'un essai clinique incluant le prix de revient de la production, le coût net par patient (de l'ordre de 30 000 euros) situe ainsi la phase I à 1 à 2 millions d'euros, une phase II entre 3 et 10 millions et les phases III à plusieurs dizaines voire plusieurs centaines de millions d'euros. Les agences réglementaires exigent souvent deux phases III par médicament. Et les exigences légitimes de sécurité pour les malades conduisent la réglementation s'alourdir sans cesse. Si l'on ajoute à cela l'image désastreuse de l'industrie pharmaceutique (il faut reconnaître que des pratiques de brebis galeuses n'ont pas plaidé en sa faveur), la course effrénée au principe de précaution (qui s'apparente de plus en plus à un principe d'alibi et finira si l'on n'y prend pas garde par tuer l'innovation), cela chiffre le développement clinique aux sommes astronomiques évoquées plus haut.

Ces chiffres ne proviennent pas du secteur privé, ils résultent d'études réalisées par les universités (en particulier la Tuft Center américaine qui édite annuellement son rapport socio-économique). Ils tiennent compte aussi du taux d'attrition (c'est-à-dire du taux d'échecs des produits en essai clinique) ; seul un produit sur 10, voire maintenant sur 15, qui entre en phase I, passera avec succès les épreuves de ce parcours du combattant pour finalement obtenir l'approbation par les agences (l'AMM), et sera autorisé à la commercialisation et éventuellement au remboursement par les organismes payeurs. On objectera aussi la prise en compte des frais de marketing. Ils sont élevés et représentent souvent plus de 50 % des coûts. Mais on constate que le système est arrivé au bout de sa logique. Le coût de développement d'un seul médicament équivaut pour ainsi dire à celui d'un nouvel avion. Les chiffres parlent : l'industrie pharmaceutique a consacré près de 70 milliards de dollars à la recherche en 2010, avec seulement 21 nouveaux médicaments approuvés par les agences de santé[47]. Il y a donc urgence à adapter le système actuel, pour ne pas dire le réformer en profondeur. Chaque acteur a sa part de responsabilité dans l'impasse actuelle et dans la mise en œuvre de solutions pour éviter son implosion. Je ne doute pas que les lignes qui suivent susciteront des réactions.

Le rôle de l'industrie

On peut évidemment comprendre l'hyperréactivité que peuvent susciter ces domaines aussi sensibles que sont la santé humaine, l'innovation technologique et l'économie. Je ne revendique qu'une chose : laisser l'auteur exprimer son opinion et ses propositions sans balayer les arguments d'un revers de la main, au motif fallacieux qu'il serait lié par de pseudo-intérêts personnels, ce n'est pas le cas. Et même si ça l'était, il convient de ne considérer que les arguments, pas leurs auteurs. Un industriel de la pharmacie est un expert de son domaine, et il est aussi crédible dans ses arguments que celui auquel le médicament est destiné. Le débat n'a de réalité qu'au travers de la confrontation des arguments venus de tous les angles et représentant toutes les sensibilités et tous les intérêts. Les lobbies sont multiples, celui de l'industrie ne peut être nié (le principe des corporations est aussi vieux que le plus vieux métier du monde), pas plus qu'on ne saurait ignorer celui de ceux qui refusent tout progrès technologique ou scientifique (je me souviens de ce très bon mot d'un membre anglais du conseil scientifique de notre association, expliquant *« une avancée n'est pas nécessairement un progrès »*). Oublions donc au moins un instant les formules péremptoires niant au contradicteur tout droit à exposer ses arguments au prétexte de son appartenance à tel ou tel groupe d'intérêt. Par souci de laisser place à un débat dépassionné, nourri par des éléments

47 *Rare Diseases. Challenges and Opportunities for Social Entrepreneur*, Nicolas Sireau Ed., Greenleaf Publishing Sheffield UK, 2013.

factuels et précis, concentrons-nous sur les arguments. Voici donc quelques éléments de réflexion.

Développer des médicaments est un métier spécifique, dont les exigences sont à la fois d'ordre scientifique, technologique, économique et éthique. Le temps des potions élaborées sur les paillasses de laboratoires universitaires ou dans l'arrière-boutique des officines est révolu depuis belle lurette. Il existe évidemment encore quelques contre-exemples mais ils sont désormais rarissimes. Les barrières technologiques, les exigences réglementaires et les délais de développement sont tels qu'ils ne peuvent plus relever du secteur académique. Celui-ci en revanche garde un potentiel d'innovation que l'industrie ne peut pas lui substituer (même si en ce domaine aussi des contre-exemples existent et ne sont pas si rares que ça). On admettra au moins que les chercheurs, qu'ils soient universitaires ou au sein des entreprises privées, sont tous formés par l'université, et ce qui les motive en premier lieu est le virus de la découverte (si c'était l'appât du gain, il y a d'autres activités bien plus lucratives). La production des médicaments, la constitution des dossiers réglementaires (chaque dossier de demande d'essai clinique occupe des armoires entières !), la conduite des études cliniques sont soumises à des contraintes spécifiques très éloignées de la seule activité inventive et relèvent d'une rigueur non seulement scientifique mais aussi statistique et administrative. Ces missions incombent à l'industrie. Il va de soi que bien d'autres acteurs interviennent dans ce processus. Par exemple, les cliniciens des hôpitaux publics ou privés et qui ont la charge et la responsabilité de la santé des volontaires sains ou malades participant aux études cliniques ; les experts des domaines concernés (scientifiques, biostatisticiens, toxicologues, spécialistes des différentes pathologies, etc.) ; les agences de santé dont le rôle est de veiller avant tout à la sécurité des personnes incluses dans les essais et tous ceux auxquels seront administrés les traitements ; et bien entendu les malades, les usagers eux-mêmes, qui interviennent très tôt et tout au long du processus de développement des médicaments. Le dialogue est indispensable pour consolider l'édifice. Chacun a sa pierre à apporter et ne saurait être exclu de ce processus sans risque de le déséquilibrer.

L'industrie pharmaceutique est donc un acteur qui a toute sa place dans ce dispositif. Ce qui nuit à sa crédibilité, c'est sans doute le caractère lucratif de son métier. Il s'agit bien d'une industrie de par la nature et les contraintes de son activité, laquelle est soumise à des règles inhérentes à toute industrie. Ces règles sont économiques et impitoyables. Les entreprises pharmaceutiques seraient condamnées à disparaître en l'absence de chiffre d'affaires et donc de bénéfices, dont une partie est réaffectée à la recherche de nouveaux médicaments. Les nouveaux produits doivent rapidement succéder aux médicaments en place, car la durée de vie limitée des brevets, combinée au temps de développement clinique, ne laisse que quelques années d'exploitation commerciale. Celle-ci doit être immédiatement rentable pour dégager d'abord des bénéfices permettant d'amortir les coûts de développement (et quoi qu'on en dise, ils sont astronomiques) puis une marge permettant d'alimenter l'activité de recherche et d'innovation. Si ces conditions n'étaient pas remplies, cette industrie disparaîtrait à une vitesse proportionnelle à l'ampleur des enjeux économiques. Or, force est de constater que cette logique porte en elle des risques mortels à relativement brève échéance. Des logiques s'affrontent : une industrie du médicament soumise aux mêmes contraintes que n'importe quelle autre activité économique et industrielle, des intérêts généraux et particuliers, des réglementations toujours plus contraignantes, elles-mêmes arrivées en bout de course.

Le risque zéro, un mirage

Il est illusoire d'imaginer un médicament qui n'aurait que des bénéfices et aucun effet secondaire. Par nature, un produit qui possède un effet (autrement dit qui agit sur un mécanisme biologique donné) expose nécessairement à un risque d'effets secondaires. Ce livre a déjà abordé ce point, la mécanique du vivant est tellement complexe, les voies métaboliques tellement intriquées, qu'une action sur un fil de cette gigantesque toile retentit nécessairement sur d'autres constituants de cette toile. Par un raisonnement par l'absurde, on peut comprendre l'argument : même l'eau peut se révéler toxique. Elle est vitale (au moins 1 litre et demi par jour) mais si on dépasse la dose prescrite on peut en mourir. Essayez de boire 20 litres d'eau et plus ; vous n'y survivrez pas longtemps. Il existe même une maladie liée à un besoin irrépressible de boire constamment, une véritable addiction, la potomanie. Les conséquences peuvent être dramatiques : lorsque la consommation journalière dépasse une dizaine de litres d'eau, le corps humain ne peut pas tout absorber et s'expose au risque d'épilepsie par hyponatrémie et d'arrêt cardiaque. Au Moyen Âge, la torture à l'eau était monnaie courante, où l'on forçait le supplicié à ingurgiter par entonnoir de grandes quantités d'eau. Tout est donc souvent une question de dose. De préparation aussi : l'eau très pure, débarrassée des sels minéraux et autres excipients n'est pas supportable ; son acidité et sa déminéralisation provoquent une toxicité intestinale et sanguine. Il n'est pas d'activité humaine qui ne comporte pas de risque. Si marcher, respirer, bouger, manger, boire sont indispensables, ces actions n'en recèlent pas moins d'insidieux dangers. Exiger le risque zéro (qui n'existe pas) pour les médicaments est donc un non-sens. Suivre cette logique reviendrait à ne rien faire, ce qui en soit est aussi risqué…

Les essais cliniques ont pour but d'objectiver le bénéfice clinique du candidat médicament et dans tous les cas d'en circonscrire les éventuels effets secondaires néfastes. La sécurité des volontaires ainsi traités reste primordiale. On ne peut exclure que les groupes de patients concernés par ces essais ne soient pas nécessairement représentatifs de l'ensemble de la population. Cette limitation statistique conduit à maintenir les premières années après sa commercialisation (post-AMM) une surveillance particulière pour recenser les événements indésirables qui apparaîtraient chez des malades au cours de leur traitement. De tels événements sont possibles et pourraient conduire le cas échéant au retrait du médicament. Cette pharmacovigilance peut même prendre la forme d'un véritable essai de phase IV à échelle maximale puisque concernant l'ensemble des personnes traitées. En matière de thérapies nouvelles comme la thérapie génique, notre connaissance étant encore imparfaite, c'est à vie que cette surveillance est réalisée. Ces règles essentielles constituent probablement un bon équilibre entre promotion de l'innovation et sécurité des personnes. Ce fragile compromis est cependant mis en péril par une inflation de précautions qui confinent à l'obsession, alimentée par la défiance généralisée vis-à-vis de l'industrie pharmaceutique. Il ne faut pas cacher non plus que des considérations socio-économiques gouvernées par le souci de maîtriser les dépenses de santé mettent la barre toujours plus haut, notamment pour les maladies rares que trop de décideurs continuent de considérer comme quantité négligeable. Les règles statistiques sont appliquées aveuglément sans tenir compte de la spécificité des maladies rares. Par définition, elles sont parfois si rares que le nombre requis de patients pour les essais cliniques ne peut même pas être atteint ! Pourtant des règles statistiques conduisant à des essais dits « adaptatifs » très innovants existent, et les objectifs cliniques peuvent être modulés en fonction de la spécificité de la maladie et sa prévalence. Les experts des agences de santé ne sont pas tous, et de loin, formés à ces problématiques.

De toutes ces considérations, on peut aussi comprendre pourquoi tant d'années sont nécessaires pour aboutir au médicament. Rien que pour décrocher l'AMM après dépôt de l'ensemble des dossiers réglementaires, il se passe un minimum de 16 mois d'examens administrativo-scientifiques en Europe !

Les nouvelles exigences post-AMM (sécurité, efficacité, usage, et justification du prix) représentent un coût pour l'industriel (de l'ordre de 7 000 €/patient). Justifiées ou non, ces nouvelles dispositions risquent de réduire encore davantage la productivité de la recherche.

Des exceptions existent

Il arrive néanmoins que des recherches aboutissent très rapidement à un traitement. Ce cas de figure est plutôt exceptionnel mais il illustre cette possibilité qu'il ne faut pas négliger. L'AFM soutient actuellement des travaux de séquençage à haut débit réalisés par Judith Melki, une brillante généticienne qui a à son actif notamment la découverte du gène de l'amyotrophie spinale. Le projet actuel de Judith est de rechercher par séquençage systématique des gènes de maladies des neurones moteurs non encore étiquetées. Pour cela, elle compare les séquences à l'intérieur de familles concernées en comparant aussi les sujets atteints et non atteints. Le séquençage à haut débit lui permet plus rapidement de se livrer à cette pêche aléatoire. Elle a ainsi déterminé le diagnostic génétique de deux jeunes enfants atteints d'une affection motrice rare, la maladie de Fazio-Londe. Appelée aussi « paralysie bulbaire progressive de l'enfant », elle a été décrite la première fois en 1892. Depuis cette date, quelques dizaines de cas ont été publiés dans la littérature médicale internationale. Judith Melki a pu déterminer que la maladie de cette famille était bien due à des anomalies au niveau du gène SLC52A3, qui code la protéine hRFT2 (pour *human ribflavin transporter* 2). Cette protéine est connue ; elle assure l'entrée de la vitamine B2 (ou riboflavine) dans les cellules. Or, la vitamine B2 est nécessaire à la transformation des nutriments en énergie par les cellules. Les neurones sont particulièrement sensibles à sa déprivation. La présence d'une anomalie au niveau du gène SLC52A3 entraîne une dégénérescence des motoneurones du bulbe rachidien à la base du cerveau et ceux de la moelle épinière (atteinte spinale), ce qui engendre une très grande faiblesse musculaire. Le même gène est responsable d'une maladie similaire, le syndrome de Brown-Vialetto-Van Laere. Grâce à la découverte de l'implication d'un transporteur de la vitamine B2 dans la survenue de cette maladie, une simple supplémentation par vitamine B2 à haute dose a permis une stabilisation, voire une amélioration des signes musculaires de plusieurs enfants et a assuré leur survie. Judith avait partagé avec le conseil scientifique en cette année 2014 ses premiers résultats sur la famille dont les deux enfants Fazio-Londe étaient en danger de mort à court terme. Et elle nous a très simplement, et non sans émotion, expliqué : « *Voilà, j'ai pu sauver les enfants.* »

Parfois, des produits existants et bien connus peuvent suffire pour traiter efficacement des maladies pourtant très lourdes, et il est important de ne pas les négliger, mais des cas de figure aussi favorables ne sont malheureusement pas la règle.

« On demande toujours d'évaluer le risque éventuel d'une action, mais jamais celui de l'inaction »[48]

Si l'industrie pharmaceutique est en panne de recherche, les conditions actuelles ne favorisent pas son éclosion. Même la constitution des comités d'experts des agences de santé pose aujourd'hui problème. On voudrait en France exclure tout expert ayant de près ou de loin des liens avec l'industrie. Cette logique poussée aujourd'hui à l'extrême produit des effets particulièrement pervers. Le dialogue entre cliniciens et industriels est essentiel pour optimiser la conception et la réalisation des essais cliniques. Chacun apprend de l'autre. On ne comprendrait pas que les industriels ne s'adressent pas aux meilleurs spécialistes puisqu'ils ont le devoir de qualité maximale. De ce fait et en respectant la règle dogmatique d'absence de lien avec l'industrie, les meilleurs experts ne peuvent pas assister les agences et inversement. Cette logique absurde est telle qu'elle conduit les agences à de sérieuses difficultés de recrutement d'experts. D'ailleurs, comment un clinicien ou un scientifique pourraient-ils revendiquer le statut d'expert sans avoir été préalablement confronté à l'expérience du développement clinique de médicaments (donc en lien avec l'industrie) ? Ne serait-il pas légitime de s'interroger aussi sur la qualité réelle d'experts

48 Jean Weissenbach.

de second rang, dont on pourrait même parfois questionner les motivations ? On ne peut pas exclure des exemples de pseudo-experts qui usent de leur petit pouvoir pour régler quelques comptes personnels ou asseoir leur propre carrière académique (n'est-ce pas un conflit d'intérêts ?). On constate qu'aucune disposition n'est parfaite. On ne peut que regretter qu'en tout état de cause, l'hypertrophie du sacro-saint principe de précaution conduise à une inflation des coûts de développement, un tarissement de l'innovation et fasse le jeu obscurantiste des sceptiques et des anti-tout. Peut-être pourrait-on s'inspirer du modèle de la FDA, l'agence de santé américaine, dont les experts sont salariés à temps plein, ce qui assure à l'agence une meilleure maîtrise de son processus d'expertise.

Qu'il me soit permis ici d'user d'un argument facile mais qui montre à quel point nous marchons sur la tête. C'est l'exemple de la cigarette électronique, ce dispositif électromécanique produisant une « fumée artificielle », plus ou moins aromatisée, ressemblant à la vapeur de combustion du tabac. Cette vapeur peut contenir ou non de la nicotine, elle n'a pas l'odeur du tabac et contient de faibles quantités de particules et de substances cancérigènes ou toxiques, contrairement aux centaines de molécules mortelles présentes à forte dose dans les cigarettes traditionnelles. La cigarette électronique est parfois présentée comme une alternative moins nocive au tabac ou comme un substitut pour l'arrêt du tabagisme. Son usage est néanmoins controversé. On s'est même interrogé sur la nécessité de conduire des études cliniques pour juger de son innocuité et des conditions d'utilisation ! Mais bien entendu, rien sur la seule mesure qui attaquerait de front le fléau, l'interdiction de commercialiser toute forme de tabac. Pendant qu'on continue de tolérer cette commercialisation de la mort, on embourbe toujours plus profondément les médicaments dans le principe de précaution que curieusement on n'applique pas au tabac...

Une analyse des maladies rares dans le secteur pharmaceutique et biotechnologique

Le nombre de sociétés développant des médicaments orphelins dans le monde n'est pas négligeable. Pas moins de 2 600 désignations orphelines ont été accordées à ce jour par la FDA et l'EMA (ce qui ne signifie pas pour autant la garantie que tous ces produits deviennent un jour des médicaments autorisés). On comptabilise dans le monde plus de 650 sociétés qui développent (ou ont développé) une ou plusieurs thérapies à visée orpheline. La taille des sociétés est très variable, de la Big Pharma à la très petite entreprise.[49]

Certes les grandes sociétés pharmaceutiques trustent en 2009 environ 70 % du marché des médicaments orphelins (et des AMM), mais il s'agit surtout de médicaments destinés à des sous-types de maladies fréquentes : Novartis décline le Glivec® et Tasigna® (des blockbusters) dans plusieurs indications orphelines en cancérologie ; Baxter, Bayer et Novo Nordisk commercialisent leurs spécialités dans l'hémophilie (également des blockbusters), et des micro-entreprises comme Only for Children Pharmaceuticals développent des médicaments pour le traitement de leucémies, par exemple. Il est également à noter que des associations de patients ont pris l'initiative du développement de médicaments orphelins, soit par le financement dès la recherche amont (AFM par exemple), soit directement par la création de sociétés dédiées à une pathologie spécifique : Lysogene en France pour la maladie de Sanfilippo, ou plus récemment encore Halo Therapeutics (devenu DART Therapeutics) aux États-Unis pour le traitement de la fibrose dans la myopathie de Duchenne.

Le secteur comprend aussi des sociétés dédiées entièrement ou partiellement aux maladies rares comme Actelion, BioMarin Pharmaceuticals aux États-Unis, Alexion Pharmaceuticals, Orphan Europe (reprise par Recordati), Swedish Orphan (qui a fusionné depuis avec Biovitrum) ou des laboratoires de grande taille dont la branche maladies orphelines ne représente qu'une fraction plus ou moins importante de leur activité : Shire en Angleterre (un tiers de ses effectifs), qui a été absorbé par le géant AbbVie ; Novartis et Sanofi (via son acquisition de Genzyme) pour ne citer qu'elles.

Le boom du médicament orphelin

Le développement de traitements dans ce domaine a connu une croissance considérable depuis l'apparition de l'Orphan Drug Act aux États-Unis puis du statut de médicament orphelin en Europe (impulsé par Eurordis, l'organisation d'associations européennes initiée par l'AFM) : 10 médicaments

49 Une analyse fouillée du secteur a été publiée en 2012 (*Biotech Finances,* 6 février 2012, n° 537).

orphelins ont été autorisés par la FDA dans les années 1970 ; à comparer avec le chiffre de près de 400 depuis 1983, toujours par la même FDA. Actuellement, près de 500 médicaments orphelins seraient en développement clinique[50]. Compte tenu du taux d'échec et de la concentration des indications vers l'oncologie, beaucoup reste à faire dans le domaine des maladies héréditaires. On estime que moins de 1 % des patients souffrant de maladies rares sont traités dans le monde.

D'un point de vue strictement économique, les analystes estiment le « marché orphelin » à plus de 80 milliards de dollars. Mais ces chiffres intègrent un modèle de coût des traitements qui ne sera pas tenable longtemps s'il privilégie un prix le plus élevé possible. Le coût de traitement annuel par patient des médicaments orphelins autorisés se situe entre 40 dollars et 2 millions de dollars annuels. Plusieurs d'entre eux sont de véritables blockbusters, notamment dans l'hémophilie, l'hypertension artérielle pulmonaire, et plusieurs aspirent à le devenir à court terme. 60 % des médicaments néanmoins sont abordables mais l'innovation coûte très cher. Genzyme, par exemple, communique de nombreux arguments « justifiant » des niveaux de prix qui peuvent être regardés comme exorbitants : 200 millions de dollars investis en production préalablement à l'obtention de l'AMM du Cerezyme®, par exemple. Autre exemple, le développement de Myozyme® (300 000 dollars annuels par patient, à vie), qui aurait coûté plus de 500 millions de dollars ; la marge globale, qui s'élève à 77 % (en 2005), permet de financer de nouveaux traitements, et 10 % des patients sont traités gratuitement. Les sociétés sont en revanche beaucoup plus discrètes sur les financements publics dont ont bénéficié ces traitements au cours de leur développement initial. Et au fond, le remboursement des médicaments par les organismes payeurs revient ni plus ni moins à amener les États à subventionner la recherche pharmaceutique.

Plusieurs acteurs majeurs de l'industrie pharmaceutique ont manifesté publiquement en 2010 leur intérêt croissant pour les maladies orphelines et la création de divisions spécialisées. Une intense activité a également été notée dans les opérations d'acquisition de licences, qui se sont enchaînées dans ce domaine depuis 2009. Un point très important à souligner cependant : la grande majorité de ces opérations ne concerne que des traitements en développement avancé (essais de phase II voire III). Qui assurera le franchissement de la vallée de la mort qui précède cette phase ?

50 Source : *Biotech Finances*, 6 février 2012, n° 537.

La viabilité économique des médicaments orphelins

On peut comprendre ce nouvel intérêt des géants de la pharmacie par les caractéristiques propres au développement des médicaments orphelins : incitations multiples (par exemple 10 ans d'exclusivité commerciale), coût de développement moins élevé (essentiellement par le nombre de patients inclus dans les essais cliniques), dispositifs réglementaires permettant un traitement prioritaire des dossiers, temps de développement raccourci de quelques années et enfin des négociations de prix échappant (historiquement) aux logiques habituelles des payeurs, puisqu'il n'existe pas de traitement existant pour ces pathologies, et une exclusivité de commercialisation sur une période pouvant aller jusqu'à 10, voire 12 ans selon les pays. Et on peut aussi imaginer un bénéfice escompté au plan de l'amélioration de l'image de l'industrie auprès du public.

Quoi qu'il en soit, les maladies rares «*viennent donc à point nommé pour prendre la relève d'une recherche interne défaillante, et d'une gestion de portefeuille produits à courte vue,* [d'une] *industrie pharmaceutique qui ne peut que réviser à grande vitesse son modèle économique en recherchant des alternatives à sa tradition d'investissement interne ou externe dans des blockbusters supposés*[51]». Les études convergent sur cette nécessité.

Une nécessaire adaptation du secteur

Le modèle des médicaments blockbuster est en passe d'être révolu et l'innovation patine dans la grande pharmacie. Le temps des prix Nobel issus de l'industrie pharmaceutique est malheureusement derrière nous. Elle le reconnaît et a même tenté d'anticiper. D'abord en opérant des fusions entre grandes entreprises pour continuer de grandir et disposer de moyens centralisés de recherche. Puis en absorbant les biotechs qui, plus réactives, plus innovantes et moins coûteuses, ont constitué des fruits mûrs à récolter pour les géants de la pharmacie (et le moyen pour les investisseurs dans

51 *Biotech Finances*, 6 février 2012, n° 537.

ces biotechs de réaliser leurs plus-values[52]). Après une première période moyennement productive de phagocytose de biotechs et d'incorporation complète au sein de l'entreprise pharmaceutique (biotech perdant de ce fait ses propriétés réactives et d'innovation), on voit de plus en plus un système se développer qui préserve une certaine capacité d'autonomie aux entreprises rachetées par les Big Pharma.

Le mouvement de concentration du domaine des maladies orphelines est en marche. Cela étant, un certain nombre de contraintes et de risques pèsent sur l'attractivité de ce marché pour l'industrie pharmaceutique, au-delà du risque d'attrition relatif à chaque développement pharmaceutique, et les médicaments orphelins ne font pas exception.

Les risques et les freins

L'inexpérience de l'industrie pharmaceutique et des agences de santé : pour démontrer la réalité statistique des effets d'un médicament, il faut disposer d'une population de volontaires dans les essais cliniques suffisamment importante pour rendre compte de la diversité et de la complexité des manifestations de la maladie, de ses mécanismes et de la capacité de répondre à un traitement comparativement à un placébo (quand celui-ci est éthiquement compatible). Les agences, par manque de connaissance des maladies rares, ont tendance à vouloir leur appliquer les règles des essais cliniques conçus pour les maladies « ordinaires ». Ce non-sens conduit à réduire les chances de succès d'un candidat médicament orphelin. La barre est donc mise plus haut : l'efficacité du médicament pour être démontrée statistiquement sur un petit nombre de malades doit être nettement supérieure à celle d'un médicament appliqué sur une grande population. Dans tous les cas de figure, il faut bien connaître tous les aspects de la progression de la maladie en l'absence de traitement (c'est ce qu'on appelle « l'histoire naturelle de la maladie »). Les mesures fonctionnelles et les indicateurs biologiques et cliniques (les « biomarqueurs ») statistiquement pertinents ne sont pas aussi simples à obtenir pour bien des maladies rares.

52 De substantielles plus-values sont également générées au travers des introductions en Bourse de ces biotechs. La Bourse apporte ainsi une manne financière indispensable au développement des innovations et un retour financier aux investisseurs initiaux.

L'industrie pharmaceutique n'est généralement pas familière de la gestion des maladies avec des populations de patients réduites. Une adaptation culturelle est nécessaire, le marché orphelin dans certains pays est un marché de centres de référence, pas un marché de ville. Ailleurs, la détection des patients est un élément clé du succès ou de l'insuccès du lancement de ce type de traitement : il est nécessaire d'identifier les médecins susceptibles de rencontrer les patients visés pour ne pas en perdre un seul, puis de les former à la reconnaissance des divers symptômes présents dans une pathologie donnée. Une infrastructure dédiée allant jusqu'à la dispensation à domicile des soins par des paramédicaux spécialisés, et des circuits de distribution particuliers peuvent devoir être mis en place. Une forme de médecine spécialisée. L'industrie pharmaceutique connaît actuellement une mutation, passant d'un modèle de médicaments phares (blockbusters), à celui de traitements ciblés (niche-busters). En effet, les traitements appliqués massivement à une large population de patients atteignent leurs limites. Il faut désormais être capable de catégoriser les malades à risque, les répondeurs et non-répondeurs aux traitements, etc. Sous la pression des autorités réglementaires et des payeurs, le marché s'oriente donc vers un besoin de réponses ciblées à des groupes restreints de patients pour plus d'efficacité. Pour ce faire, les firmes pharmaceutiques ne peuvent plus travailler seules et doivent se rapprocher de la recherche académique et de petites sociétés.

La capacité de l'industrie pharmaceutique à s'adapter à ces défis conditionnera le maintien et le développement de son intérêt pour ce domaine particulier. Une vraie révolution culturelle. Et les associations de malades ont un rôle déterminant à jouer.

La frilosité des investisseurs : le secteur des investisseurs privés (appelé plus prosaïquement « capital-risque ») joue un rôle très important dans l'innovation thérapeutique. Les jeunes sociétés de biotechnologies (les start-up) ont besoin de capitaux pour amener leurs innovations au stade industriel. Traverser cette « vallée de la mort » nécessite des fonds initiaux de quelques millions d'euros à quelques dizaines de millions d'euros. Les investisseurs sont légion dans les pays anglo-saxons. C'est ce qui explique la profusion de start-up aux États-Unis notamment (et ce, dans tous les domaines technologiques, y compris biotechnologiques). Un certain nombre d'entre elles sont devenues de moyennes et grandes sociétés pharmaceutiques (Genzyme, Biogen, Genentech…). Une étude récente a listé les domaines médicaux jugés actuellement comme prioritaires par les investisseurs. Si l'oncologie est en tête, les maladies rares suivent pratiquement au même niveau, devant les maladies infectieuses; puis viennent les maladies auto-immunes, celles du système nerveux central, les vaccins en dixième ligne, devant les maladies cardiovasculaires et le diabète. On le voit, les maladies rares sont vues comme une source d'innovation et un enjeu majeur. Il y a 20 ans, on les ignorait complètement. En France, le secteur du capital-risque est très réduit et encore assez frileux. L'innovation issue de notre pays est-elle appelée à engraisser les risqueurs anglo-saxons? Nous en avons trop d'exemples, y compris dans le domaine des maladies rares. Le manque de vision politique et la frilosité de nos investisseurs ont conduit notre pays à rater plusieurs virages biotechnologiques majeurs.

La place des malades

Le chaînon manquant entre l'innovation par les start-up (les jeunes pousses issues de la recherche publique ou les autres petites entreprises) et l'approbation du médicament orphelin peut être assurée par l'industrie pharmaceutique, un partenaire expérimenté pour amener un produit sur le marché. Une stratégie complémentaire consiste à s'octroyer les services de consultants et d'experts spécialisés, ce que même les industriels pratiquent par souci d'efficacité. Or, ces experts ne pourront pas être sollicités par les agences réglementaires du fait de leurs liens avec l'industrie. Et vice versa. Cette situation tend à appauvrir le dialogue et les compétences tant du côté des agences que de l'industrie.

On reconnaît aujourd'hui le rôle considérable joué par les malades dans le développement de médicaments orphelins. Ils apportent non seulement des moyens financiers mais aussi une véritable stratégie de recherche et de développement, initient des programmes, mettent en place des outils nécessaires sur le chemin du médicament tels que les registres de malades[53], les biobanques, des méthodes de mesure (par exemple l'Institut de myologie a inventé des appareillages de mesure de la force

53 Mais la tâche est encore lourde. 20 % seulement des maladies rares possèdent des registres de malades, la plupart opérés par des chercheurs académiques ou des associations. Leur établissement et leur maintenance coûtent cher. Un travail considérable est à faire dans ce domaine. En particulier, avec des modèles hybrides de registres constitués par les médecins et ceux alimentés par les malades eux-mêmes.

musculaire adaptables aux personnes en fauteuil pour leur permettre d'accéder aux essais cliniques). Des médicaments ont vu le jour grâce aux actions directes des associations de malades (on l'a vu pour le Firdapse®, on peut citer les exemples des médicaments contre les maladies lysosomales, l'alkaptonurie, etc.). Les fonds collectés par les associations ne sont pas dirigés uniquement vers les laboratoires académiques. On comprend que, s'agissant de médicaments, ils doivent s'adresser aussi au secteur industriel et biotechnologique.

Tout le monde s'y retrouve

Maladies rares et maladies ordinaires vont peu à peu converger. L'évolution vers une médecine personnalisée, adaptée aux caractéristiques propres (en particulier génétiques) de chaque individu, de manière à optimiser l'efficacité et la sécurité d'un traitement, rapproche ces catégories de maladies. Les maladies fréquentes sont de plus en plus stratifiées en catégories toujours plus précises. Des sous-groupes de patients finissent ainsi par rentrer dans la définition des maladies rares. Ce qui est commun est rare et ce qui est rare est commun. De ce point de vue aussi, les maladies fréquentes ont à apprendre des maladies rares, archétypes de la médecine personnalisée.

L'industrie pharmaceutique commence donc à renforcer son action dans le domaine des maladies rares. Il ne faut pas s'y méprendre. La période est délicate, sa stratégie peut changer radicalement très vite. Il lui faut des résultats rapidement (plus rapidement peut-être que ne le permet le développement de médicaments, même orphelins).

Le monde académique commence aussi à s'impliquer plus formellement. Certaines universités américaines ont créé leur département des maladies rares. D'autres ont organisé des consortiums de recherche clinique. Dans le sillage du *French Model* et du Plan national maladies rares, la communauté européenne a recommandé que chaque pays de l'Union adopte un plan national de même nature. Elle a également inscrit dans ses appels à projets des thèmes de recherche orientés spécifiquement sur les maladies rares. Les NIH américains et la communauté européenne s'associent dans une initiative IRDIRC (consortium international de recherche sur les maladies rares) dont les contours sont en discussion. La question des moyens financiers alloués à ces initiatives n'est pas encore clarifiée non plus...

L'ambition affichée est d'établir 200 nouvelles thérapies et des moyens diagnostiques pour toutes les maladies rares.

«On ne changera jamais les choses en se battant contre la réalité existante mais en construisant un nouveau modèle qui rendra obsolète le modèle existant», disait l'architecte Richard Buckminster Fuller. C'est particulièrement vrai pour le développement pharmaceutique des médicaments orphelins. Le système actuel de l'innovation pharmaceutique est en bout de course, tout le monde en convient. Appliquer aux maladies rares un modèle défectueux serait donc inefficace. Les conditions sont peut-être réunies aujourd'hui pour inventer un nouveau modèle. Ni arrogance ni naïveté dans ces propos. Une contribution à une réflexion globale qu'il est urgent de concrétiser.

Chers, les médicaments pour les maladies rares?

À quelques pas de mon domicile dans ma chère Alsace se trouve une petite usine, réminiscence des années de gloire de Bugatti, dont les locaux historiques centenaires produisent aujourd'hui des moteurs et trains d'atterrissage d'avions. Après le rachat de la marque par Volkswagen sortent, dans une nouvelle petite usine attenante à la commanderie Saint-Jean (un superbe manoir hérité d'Ettore Bugatti) et inaugurée en 2005, quelques dizaines de voitures par an, destinées à une clientèle fortunée. C'est ainsi qu'est commercialisée la Bugatti Veyron 16.4, un véhicule hors du commun tant dans son esthétique que dans ses performances, comme l'étaient ses illustres prédécesseurs. Les spécifications techniques pour cette voiture de série hors normes sont impressionnantes : plus de 400 km/h et 1 000 CV, une boîte de vitesses DSG à 7 rapports, une consommation de carburant combinée de 24,9 l/100 km (en ville : 41,9 l/100 km). C'est le véhicule de série le plus perfectionné de tous les temps sur le plan technique. Il n'a besoin que de 2,5 secondes pour passer de 0 à 100 km/h. Le refroidissement de son moteur nécessite 70 l d'eau embarquée. Les superlatifs ne manquent pas pour les amateurs d'automobile et de luxe. Son prix est d'environ 1,3 million d'euros, ce qui en fait la voiture de série la plus chère au monde. Un produit de luxe par excellence.

C'est ce même prix que compte obtenir la société UniQure pour le Glybera®, son produit de thérapie génique de l'hyperlipidémie familiale. Le Glybera® est le premier produit de thérapie génique ayant obtenu l'autorisation de mise sur le marché dans les pays occidentaux. Les discussions sont en cours entre UniQure et les organismes payeurs pour son remboursement. L'exubérance de ce prix interpelle la communauté scientifique et économique. Les jeunes biotechs établissent leurs business plans en comptant sur des chiffres d'affaires gonflés par des prix élevés de médicaments. Mais ce modèle économique risquerait de conduire à la faillite s'il se généralisait. Si la Bugatti Veyron est un produit de luxe, il ne saurait en être de même pour un médicament. Le point commun réside dans la sophistication des technologies nécessaires pour leur mise en œuvre mais la destination est évidemment sans aucun rapport. Pourtant cette inflation de coûts de certains médicaments de biotechnologie pose la question lancinante de l'avenir des médicaments de biotechnologie, notamment pour les maladies rares.

Les études sont assez parcellaires sur le sujet et on a souvent tendance à s'appuyer sur quelques exemples frappants (mais donc caricaturaux) pour les généraliser. Il existe en effet des traitements innovants particulièrement coûteux. Un certain nombre d'entre eux dépasse 400 000 euros par an et par patient. C'est par exemple le cas emblématique du Glivec®. Dès 2007, les ventes mondiales de cet anticancéreux (destiné aux enfants et aux adultes atteints de leucémie myéloïde chronique) avaient dépassé 3 milliards de dollars. Une seule boîte coûte plus de 2 500 euros. La vie d'une personne n'a pas de prix et un traitement curatif même à plusieurs centaines de milliers d'euros vaut la peine d'être pris en charge. Mais le raisonnement est très différent dès lors qu'on se place à une échelle globale. Il serait impossible à une collectivité d'assumer une généralisation de ces coûts. Mais les exemples extrêmes sont-ils représentatifs ? Selon une étude réalisée par Shey *et al.*, publiée dans *Orphanet Journal of Rare Diseases* en 2011, le coût annuel par patient des médicaments orphelins actuels en Europe est en moyenne de 32 242 euros par an. Évidemment, ce chiffre préoccupe les organismes payeurs, et les autorités de remboursement s'inquiètent de l'impact financier des thérapies orphelines.

Il est prévu que la part des médicaments orphelins dans le secteur pharmaceutique passe de 3,3 % en 2010 à 4,6 % en 2016. Étant donné que les critères de remboursement habituels sont moins pertinents pour des maladies concernant moins de patients, une nouvelle approche de calcul est nécessaire.

Les analystes ne s'en cachent pas, même si on ne voit pas de propositions de solutions ; il serait illusoire de croire à la pérennité de l'équation « médicament orphelin = prix très élevé ». S'il était possible jusqu'il y a quelques années d'obtenir ces niveaux de prix, notamment en arguant de leur faible contribution aux budgets globaux des systèmes de santé, compte tenu du nombre réduit de patients, la situation est en train de changer : les payeurs ne considèrent plus le coût individuel d'un médicament orphelin comme négligeable. Ils savent que l'addition des coûts de l'ensemble des médicaments orphelins approche les 100 milliards de dollars annuels...

Les études convergent pour affirmer que les médicaments orphelins ont le potentiel de revenus équivalent à celui des médicaments communs. Cependant, cette constatation s'explique par le prix élevé de certains de ces médicaments orphelins. Or, la généralisation de cette pratique ferait peser un risque sur les budgets des organismes payeurs. On s'alarme déjà de l'explosion budgétaire avec une prolifération de médicaments coûteux. De nombreux analystes se fondent encore sur le modèle de Genzyme, cette biotech américaine qui a prospéré grâce à un médicament orphelin, le Cerezyme®, qui sauve les bébés atteints de maladie de Pompe et coûte 300 000 euros par an et par patient (sans l'initiative et le soutien des associations, jamais Genzyme ne se serait lancée dans l'aventure). Une véritable success story avec des parents de malades à l'initiative. Genzyme a grandi, est devenu une biotech de grande taille (des milliers d'employés), qui a ensuite mis au point d'autres médicaments innovants pour d'autres maladies, puis a été absorbée par Sanofi pour 20 milliards de dollars. Mais tout le monde est conscient aussi que ce modèle n'est pas tenable à terme avec la multiplication des médicaments orphelins. Toutefois, entreprises comme investisseurs continuent de tirer sur la corde jusqu'à ce qu'elle rompe. Ce sera alors la fin pour l'innovation des maladies rares. Inacceptable pour les malades.

Peut-on estimer le coût d'une vie ?

Le National Institute for Health and Clinical Excellence (NICE) anglais a intégré dans son mode de remboursement un calcul appelé QALY (*quality-adjusted life year* – nombre d'années de vie pondérée par la qualité de vie relative) qui représente le coût annuel de traitement pondéré par le bénéfice en qualité de vie[54]. De manière arbitraire une limite pour autoriser le remboursement a été fixée à 35 000 euros annuels. Cela signifie qu'un médicament n'apportant qu'un faible bénéfice ne pourra être remboursé. À l'inverse un traitement unique à 500 000 euros qui sauve la vie d'un enfant, même avec un facteur QALY très favorable supérieur à 0,5, arrive tout juste au seuil maximal accepté pour son remboursement. Qu'en est-il d'un traitement dont le coût annuel est de 500 000 euros ? Faut-il décider de ne pas le rembourser parce qu'il ne satisfait pas ce calcul QALY ? Une réduction arbitraire (ici d'un facteur 10) du prix du traitement, surtout lorsqu'il s'adresse à des maladies très rares, rendrait le produit commercial non viable.

Évidemment, on ne peut résumer la vie d'un patient à une formule mathématique. Bien d'autres critères doivent entrer en ligne de compte. Les études socio-économiques tentent d'apporter un éclairage rationnel mais avec bien des difficultés. Il faut intégrer le bénéfice socio-économique de la vie d'une personne en bonne santé et d'une personne en plus ou moins bonne santé, les coûts du non-traitement (le coût d'un décès, la perte d'autonomie, les coûts hospitaliers, l'incapacité à contribuer à la richesse nationale, etc.). Un autre aspect crucial est évidemment éthique : la nécessaire solidarité vis-à-vis des malades. Y aurait-il un degré de valeur entre malades ? Cette question soulevée ici illustre toute la difficulté de la tâche qui incombe aux décideurs quand il s'agit de fixer le remboursement d'un médicament, lequel conditionne grandement l'accès au traitement. Les industriels sont tentés évidemment de revendiquer le coût (et donc une marge) le plus élevé possible. Et des pratiques excessives ont été dénoncées. Ces batailles, souvent publiques, créent une atmosphère délétère où chaque partie prenante est décriée ; l'industrie est accusée de pratiques malhonnêtes, les patients de revendiquer une part excessive et irraisonnée de ressources budgétaires limitées (et ainsi de priver d'autres malades de ces mêmes ressources) et les gouvernements d'une pratique trop comptable de la Santé. Cela montre que le système actuel est nécessairement perfectible et doit donc évoluer. Et vite, du fait de l'accélération des innovations dans le domaine des maladies rares.

---

54 Le mode de calcul du QALY repose sur un score entre 0 (mort) et 1 (parfaite santé). Par exemple, NICE évalue le coût de la pose d'une prothèse de hanche ainsi : le QALY passe de 0,5 à 0,7 ; l'espérance de vie après remplacement de la hanche est en moyenne de 15 ans ; ce qui donne un QALY de 15 x 0,2 = 3 ans) ; l'opération chirurgicale coûte 15 000 dollars, ce qui donne un coût QALY de 15 000 / 3 = 5 000 dollars.

CHAPITRE 10

Et l'État dans tout ça ?

« Si l'État est fort, il nous écrase ; s'il est faible, nous périssons. »

Valéry, *Regards sur le monde actuel*, 1945

L'AFM et la recherche publique

Quel peut être l'impact des financements de l'association sur la recherche publique en France ? Comme le précisent Denis Guthleben et Odile Le Faou[55] : *« Depuis 1987, les réponses n'ont pas manqué.* « Le Téléthon apporte des crédits indispensables aux laboratoires français, *avancent ses partisans,* et irrigue ainsi le dispositif scientifique national au-delà du champ strict des maladies neuromusculaires. – Il vient corrompre un équilibre délicat, *rétorquent ses détracteurs,* en plaçant les équipes de recherche sous la coupe réglée d'une association qui se soucie moins des avancées de la connaissance que du soin de ses malades. » *De part et d'autre, les arguments ne manquent pas. Et, régulièrement, les positions se radicalisent au point de perturber l'organisation du Téléthon, voire de le menacer dans son existence. Partisans et détracteurs se retrouvent néanmoins sur un constat commun : l'AFM exerce indubitablement une influence sur la recherche publique. Comment imaginer, en effet, que ses financements conséquents ne contribuent pas à la modifier, à l'orienter, peut-être même à la façonner ? Reste à savoir si les effets sont bénéfiques ou néfastes [...]*

55 *Une course pour la vie : L'AFM et la recherche biologique et médicale*, Armand Colin, 2011.

Les prises de position polémiques, nombreuses au fil des ans, ne permettent pas d'apprécier réellement ces effets. Pourtant, elles pointent parfois des interrogations légitimes, par exemple sur le bien-fondé de l'influence de l'AFM et des thématiques qu'elle promeut sur la politique scientifique des établissements de recherche financés par l'État : est-il juste de laisser une association de malades agir, grâce aux moyens qu'elle parvient à réunir, sur les recherches menées à l'Inserm, au CNRS, dans les universités ? Mais les approximations qui émaillent ces prises de position, les raccourcis qu'elles empruntent, le ton même de leurs auteurs contribuent souvent à les disqualifier : il ne suffit pas de comparer le budget de l'Inserm ou celui des sciences du vivant au CNRS avec les dons collectés lors du Téléthon pour trancher la question. Surtout en réduisant les premiers des coûts salariaux, qui sont en réalité un des leviers de la politique des établissements publics, et des sommes allouées aux autres disciplines que la génétique. Et en laissant en revanche intacts les dons du Téléthon, qui sont pourtant, eux aussi, investis dans d'autres domaines que la génétique et soumis à des charges. Tout cela pour parvenir à un équilibre illusoire entre l'investissement public et celui de l'AFM, révélant que, décidément, cette association a beaucoup trop d'argent...»

Guthleben et Le Faou relèvent l'analyse détaillée réalisée par le CNRS, au travers d'un audit couvrant la première moitié des années 1990, mais étudiant en réalité l'influence de l'AFM sur son département des sciences de la vie dès le lendemain du premier Téléthon. On y lit : *«Pour la majorité des laboratoires, l'AFM, à la différence de l'organisme et d'autres associations caritatives (ARC, Ligue, Sidaction,...) a pour particularité d'avoir élaboré et rendu publique une stratégie (i. e. une vision claire de ses objectifs et des modalités de mise en œuvre d'actions en relation avec ceux-ci). Cette stratégie se caractérise selon nous par une tension entre continuité (afin de ne pas remettre sans arrêt en question ce qui est entrepris et de conférer une identité aux actions menées) et rupture (afin de réallouer les moyens lorsque les objectifs fixés à un horizon donné, soit ont été atteints, soit n'ont plus de chance de l'être à un horizon et avec des moyens avec ce qui était initialement prévu). Ensuite, l'AFM présente l'originalité parmi les associations caritatives de s'être dotée d'une structure autonome de recherche (le Généthon) au travers de laquelle elle opérationnalise une part importante de sa stratégie de recherche.»*[56]

---

56 *Impact des financements de l'AFM sur la stratégie du département des sciences de la vie*, CNRS, Délégation aux études et audits, avril 1998, p. 5-7, archives du CNRS.

La relation qui s'est établie entre l'AFM et le CNRS renvoie donc bien plus à une complémentarité qu'à une quelconque mainmise. «*Pour la plupart de ces laboratoires, les thématiques liées à l'AFM existaient préalablement à l'intervention de l'AFM mais se trouvent renforcées dans leur dynamique grâce aux moyens complémentaires qui leur sont alloués par l'association*» (*Impact des financements de l'AFM sur la stratégie du département des sciences de la vie*, p. 82). L'audit du CNRS souligne également le rôle important des doctorants et des post-doctorants dans les équipes soutenues par l'AFM, avec notamment le constat que les thésards financés par l'AFM trouvent plus aisément un emploi stable après leur soutenance, considérant ceci comme une réussite au niveau de l'emploi scientifique, tout en relevant un renforcement mécanique des liens entre l'AFM et les quelques laboratoires qui lui sont les plus proches. Le CNRS considère à l'époque que «*les relations de l'AFM et du CNRS s'apparentent à celles d'un David et d'un Goliath : un David, petit, mais puissant par le caractère ciblé de ses finalités, sa capacité à mobiliser des ressources, son faible encombrement par des coûts fixes, sa mobilité stratégique et sa capacité à faire valoir ses résultats sur la scène publique ; un Goliath, moins adapté à répondre rapidement et de manière immédiatement visible en raison de sa taille, de ses contraintes de gestion et de la complexité de ses objectifs. David et Goliath n'en devront pas moins se retrouver de plus en plus souvent en partenariat sur des tâches présentant un recouvrement partiel.*» On peut regretter que cet audit n'ait pas abouti à un partenariat cadre entre le CNRS et l'AFM. Ce n'est pas faute d'avoir essayé. Un tel partenariat a pourtant été conclu depuis entre l'association et l'Inserm, l'AP-HP et des universités.

L'AFM est engagée de longue date aux côtés des partenaires publics français, en particulier l'Inserm, le CNRS et le CEA (au total, plusieurs centaines de millions d'euros, 2 600 bourses de jeunes chercheurs ont été octroyées par l'AFM à ces organismes de recherche), l'AP-HP ou l'Institut Pasteur.

L'AFM a fourni à la recherche des infrastructures indispensables d'outils, de matériaux et de substances convenablement préparées ainsi que de métrologie : des aspects quasi industriels. Sans ces infrastructures, la recherche pour les maladies rares aurait été condamnée à se spécialiser dans des travaux très en amont, sans pouvoir assurer les développements qui conduisent à des applications thérapeutiques, situation qui prévalait dans les années 1980. L'AFM initie et promeut des programmes en lien avec les partenaires institutionnels, tant au plan de la recherche que de la clinique.

Elle engage aussi l'action des pouvoirs publics vers la prise en compte des maladies neuromusculaires et plus généralement des maladies rares, en :

- incitant à la formation d'accords-cadres;
- participant à des programmes de recherche et à une politique globale (appels d'offres communs AFM/Inserm, réseaux maladies neuromusculaires, consultations pluridisciplinaires [labellisation de centres de référence]; cofinancement du programme national de recherche GIS/ANR; salarisation des étudiants en thèse et de jeunes chercheurs);

Ses objectifs sont les suivants :

- favoriser les synergies entre les différents acteurs de la recherche;
- investir pour le rassemblement sur un même site de ces acteurs et participer au développement de pôles d'excellence;
- inciter et contribuer à la politique nationale de recherche en faveur des maladies rares, notamment neuromusculaires;
- fédérer les compétences publiques et privées au sein de pôles de compétences.

Mais ce sont aussi des projets où le citoyen peut contribuer activement. Ainsi, en mobilisant la puissance de calcul des ordinateurs de 75 000 internautes, l'opération Decrypthon a permis de mettre gracieusement à disposition de la communauté scientifique une gigantesque base de données scientifiques et la réalisation d'un outil permettant l'exploitation par la communauté scientifique de la base de données en privilégiant la facilité d'accès et l'interconnexion aux principales autres bases de données biologiques.

Des cris d'alarme sans concession sont lancés sur le besoin de refondre urgemment, et en profondeur, notre système de recherche et d'innovation. D'aucuns sont très directs et sévères (voir par exemple Philippe Even, *La recherche biomédicale en danger*, Le cherche midi, 2010). Les mots sont durs, parfois excessifs (« immobilisme », « absence d'évaluation »). Les gouvernements seraient dans l'erreur lorsqu'ils se montrent trop dirigistes dans la recherche; parce qu'on ne sait jamais d'où viendra le prochain progrès. *« On n'a pas inventé l'électricité en perfectionnant la bougie. »* La recherche doit se concevoir avant tout en tant qu'échanges et va-et-vient permanents entre recherche fondamentale et recherche appliquée (c'est l'exemple du Laser). Il convient donc de ne pas les opposer, « *tels le fruit et l'arbre qui l'a porté*». On peut certainement tous se retrouver sur des constats alarmants tels que les perspectives faibles de carrière et des salaires indignes des chercheurs, les budgets faméliques de bien de nos universités (à elle seule, Harvard, financée par le privé, bénéficie d'un tiers du budget des 90 universités françaises!).

Les fonds caritatifs pour la recherche biomédicale représentent annuellement environ 200 millions d'euros en France, (50 à 60 millions d'euros pour l'AFM), loin des autres pays (1,3 milliard d'euros en Angleterre; les États-Unis comptent 500 fondations puissantes, chacune presque égale au Wellcome Trust anglais – 1 milliard d'euros).

Une programmation de la recherche?

Le projet de séquençage industrialisé de Daniel Cohen a été impulsé en dehors de la sphère publique. Cohen l'expliquait simplement : «*Si vous avez un budget de 500 000 francs, vous aurez des idées à 500 000 francs, en revanche si vous avez un budget de 50 millions de francs, vous allez avoir des idées à 50 millions.*» Et comme ce sont les moyens financiers qui ont déclenché le programme génome, on comprend aussi pourquoi celui-ci n'a pu surgir du sein de la recherche publique[57].

Les EPST (Établissements publics à caractère scientifique et technologique) comme l'Inserm doivent s'intéresser à l'ensemble des pathologies, infectieuses, mentales ou génétiques, aux cancers, etc. Leur politique consiste à laisser leurs chercheurs orienter eux-mêmes leur recherche et que les meilleurs gagnent. On juge l'excellence scientifique du projet, sans stratégie établie. Je peux en témoigner. Les mêmes termes que ceux jadis employés par Philippe Lazar ont été utilisés par André Syrota en réponse à notre question : «*L'Inserm a-t-il une stratégie?*» «*Non, nous jugeons les projets sur les seuls critères de l'excellence scientifique.*» Comme à

57 Ce n'était pas qu'une question de moyens. Les réactions avaient été particulièrement vives, que ce soit avec l'Inserm ou le CNRS. Les conversations de l'AFM avec Philippe Lazar (directeur général de l'Inserm en ce début des années 1990) étaient même orageuses : «*Ce que vous faites ce n'est pas de la science, c'est du privé. Vous voulez nous imposer vos programmes et moi je vais être obligé de créer des postes, or je n'en ai pas… D'ailleurs mon conseil scientifique me dit que le génome n'est pas intéressant.*» La politique affichée par l'Inserm était : «*Laisser faire les Américains, puisque de toute façon la séquence sera publiée. On viendra après et on fera mieux.*»

l'orée du premier Téléthon il y avait très peu de recherche sur les maladies neuromusculaires, le directeur de l'Inserm de l'époque était un peu inquiet de la « politique du coucou » menée par l'AFM qu'il voyait s'installer dans un nid déjà construit. Mais son attitude est devenue néanmoins un peu plus ouverte.

Comme s'est plu à le dire Éric Molinié, le prédécesseur de Laurence Tiennot-Herment à la tête de l'association, le rôle de l'AFM est comme celui des paras américains le jour du débarquement en Normandie. Ils sont largués sur Sainte-Mère-Église pour préparer le terrain, tailler des brèches dans les lignes ennemies pour permettre aux troupes de débarquer... Baliser le terrain pour permettre aux autres d'avancer. À l'État de définir ses objectifs globaux en matière de politique scientifique. Et si on reproche à l'AFM d'orienter la recherche, il ne faudrait tout de même pas ignorer que les orientations que se donne l'AFM répondent aussi à un intérêt général. *« Anthony Monaco nous dit un jour qu'il faudrait collecter des fonds pour faire des banques de cellule. On voit du côté de Cochin et on fait affaire avec J-C. Kaplan. Ensuite, Daniel Cohen nous dit que, pour décrypter le génome, il faudrait des robots, mais personne n'en a jamais fait. Bon, on lance les robots. Je crois que l'AFM n'a pas à rougir d'avoir été rapide et efficace. Ce que nous voulons aujourd'hui, c'est garder cette capacité de réactivité. »*

Le flambeau repris depuis 11 ans par Laurence Tiennot-Herment est porté encore plus loin. L'histoire de l'AFM, c'est celle des familles qui refusent de baisser les bras et qui se tournent vers le monde de la recherche. La part octroyée par l'État à la recherche se porte majoritairement sur la science pure (même à l'Inserm, qui ne dépend pas du ministère de la Santé mais de la Recherche), et cela donne l'impression que le mot « santé » ne recouvre sans doute pas la même chose aux États-Unis et en France. Nos chercheurs sont culturellement moins préparés et donc moins enclins à bâtir des petites sociétés de biotechnologie sur les concepts validés sur le plan de la recherche fondamentale, mais avec une absence quasi totale de préoccupations gestionnaires. Nos groupes pharmaceutiques sont dirigés non pas par des médecins ou par des scientifiques, mais par des énarques, et leur stratégie est déterminée par le marketing. La biologie fait peur à la plupart des sociétés d'investissement françaises. Nos scientifiques ne sont pas assez financiers et nos financiers pas assez scientifiques. Le développement industriel de l'innovation est sans doute un mal français et qui handicape encore plus fortement le domaine médical.

Laurence Tiennot-Herment n'a de cesse de dénoncer une recherche publique pénalisée par la pratique du saupoudrage et un monde médical sclérosé par le mandarinat et les luttes de pouvoir. Évidemment des exceptions existent mais elles n'exonèrent pas leurs pairs. La puissance publique doit-elle vraiment appliquer le principe immuable d'égalitarisme où tout le monde doit avoir sa part de la manne publique ? La Genopole d'Évry a fait des petits, trop affirment certains. Le Premier ministre Lionel Jospin était venu annoncer à Évry le déblocage d'un milliard de francs pour la génomique, le jour même du Téléthon 1999. Quelques heures plus tard, *France Soir* titrait *« Jospin promet un milliard au Téléthon »* (pour démotiver des donateurs, on ne pouvait pas trouver mieux !). Or cela n'avait rien à voir avec l'objet du Téléthon. Il s'agissait de financer le développement du programme de génomique fonctionnelle, pendant que l'AFM se lançait dans les programmes thérapeutiques. Ce milliard a sans doute permis d'alimenter d'autres Genopoles. En fallait-il 10 ? La concurrence, l'émulation sont certes utiles, mais elle ne consiste pas à savoir si Évry fera mieux que d'autres ; il s'agit avant tout de faire en sorte que la France se mette au niveau nécessaire. Après transfert du savoir-faire de Généthon à la puissance publique, d'autres pays ont consacré davantage de moyens et, en matière de génomique, ils ont finalement rattrapé puis dépassé notre pays.

Une vision de l'association était la création sur le site de la Genopole d'un environnement d'échelle internationale conduisant les innovations thérapeutiques de la recherche au lit du malade en passant par l'industrialisation. L'AFM avait souhaité l'implantation sur le site d'Évry d'un CHU ou d'une antenne de CHU à Évry en complément d'une université qui, certes enseigne déjà la génétique, mais dont l'envergure demande à croître. Une grande université ou fourmilleraient les idées et des infrastructures qui permettraient leurs applications. Cette vallée de la biomédecine n'est pas encore à l'image de la Silicon Valley californienne. S'il fallait identifier un échec majeur de l'AFM, ce serait sans doute celui-ci. Mais notre rôle n'est pas de nous substituer aux pouvoirs publics, qui, jusqu'à présent, ont opéré d'autres choix.

CHAPITRE 11

Une ambition pour le futur

« Je ne pense jamais au futur. Il vient bien assez tôt. »
Albert Einstein

Dans 25 ans nous serons capables de restaurer des fonctions qu'on n'imaginait pas récupérables, en particulier des fonctions cognitives, des fonctions motrices, la vision, les fonctions cardiaques. Nous maîtriserons sans doute beaucoup mieux notre immunité, ce qui ouvre un champ d'applications très vaste, des maladies immunitaires au cancer. La biologie, mise au service de problèmes industriels et sociétaux, nous offre des perspectives inouïes d'indépendance énergétique et d'adaptation à notre environnement. Les mondes nanoscopiques de la biologie et de l'informatique seront de plus en plus intriqués.

Ce qui suit n'est pas l'expression d'une réflexion strictement personnelle. Il résulte d'un long processus de maturation, de débats internes et externes, où les décisions reposent sur une poignée de personnalités déterminées mais après un long travail d'analyse et de réflexion impliquant toutes les parties prenantes. Je ne compte plus les séminaires, réunions, rapports, rendez-vous, lectures, débats (parfois spontanés, souvent encadrés et toujours animés, où les idées et les controverses fusent comme autant de balles de ping-pong intellectuel) qui nous ont amenés à affiner nos convictions, et que nous tentons maintenant de porter au plus haut.

Médecine personnalisée

Avec notre connaissance toujours plus fine du génome humain et des mécanismes biologiques, de plus en plus de maladies anciennes se voient fragmentées en sous-types individualisés de pathologies. L'autisme par exemple, considéré longtemps comme une maladie psychiatrique liée à un problème d'éducation maternelle (une hérésie difficile à combattre et qui a fort heureusement presque complètement disparu dans l'esprit de la communauté médicale), se trouve être multifactoriel, avec beaucoup de variants génétiques. La compréhension de plus en plus précise de cancers peut conduire à des traitements adaptés. La réponse aux traitements dépend aussi de facteurs individuels (génétiques ou épigénétiques). On se dirige immanquablement vers une médecine personnalisée, c'est-à-dire vers des médicaments dont la nature et les doses seront adaptées en fonction des caractéristiques génétiques (biologiques) de chaque individu. Cela suppose de réviser les méthodes d'évaluation et de développement des médicaments. De nouveaux standards doivent être établis. Or, les maladies rares représentent précisément l'archétype d'une médecine personnalisée. L'exemple de la myopathie de Duchenne l'illustre parfaitement. Le saut d'exon requiert des produits antisens conçus spécifiquement en fonction du type de mutation présenté par chaque patient. Le saut de l'exon 51 ne s'adresse qu'au mieux à 13 % des malades. Celui de l'exon 45 à 8 %, etc. L'éducation mutuelle à laquelle se livrent les parties prenantes (malades, industrie, agences de santé, organismes payeurs) dans le processus de développement du saut d'exon dans la myopathie de Duchenne servira de modèle certainement en matière de médecine personnalisée. Il l'est déjà en ce qui concerne l'adaptation du processus de développement clinique, notamment les critères d'évaluation (on ne peut pas appliquer les mêmes règles statistiques et les mêmes procédures d'essais à grande échelle en double aveugle contre placébo à des groupes réduits de patients) et l'accessibilité aux traitements expérimentaux.

D'ores et déjà une réglementation propre aux maladies rares tant en Europe qu'aux États-Unis offre des moyens d'accélération et d'incitation auprès de l'industrie. Le statut de médicament orphelin accordé aux produits destinés aux maladies rares permet un dialogue précoce entre agences de santé et porteurs de projets (notamment sous forme d'assistance à la conception des essais cliniques nécessaires pour convaincre les agences de l'intérêt du médicament). La philosophie qui sous-tend cette législation est que *«les patients qui souffrent de maladies rares ont droit à la même qualité de traitement que les autres patients»*. Initié en 1983 aux États-Unis, le statut de médicament orphelin a été appliqué en Europe à partir de 2001, grâce notamment à l'action revendicatrice d'Eurordis, dont l'AFM est fondateur et financeur majeur. Ces dispositions sont particulièrement intéressantes pour les petites entreprises de biotechnologie. La procédure de développement clinique ne suit plus nécessairement le même processus d'essais cliniques de phase I, II et III. Dans le cas des maladies rares, il peut arriver que deux phases seulement soient nécessaires et une seule phase pivot (contre deux phases III pour les médicaments conventionnels). Sans rentrer dans des détails techniques superflus, on retiendra que cela peut permettre de gagner de précieuses années de développement. Dans la course effrénée et contre-productive du risque zéro qui a conduit à un ralentissement considérable du développement des médicaments et à un tarissement de l'innovation, les maladies rares constituent là aussi un modèle très pertinent.

Depuis l'instauration du label de médicament orphelin en Europe, 900 produits ont obtenu le statut (plus d'un tiers provenait de pays hors Europe, en particulier des États-Unis) et sont entrés en développement, et 70 ont été approuvés. La France est l'un des pays les plus actifs, grâce certainement à son plan maladies rares. Mais ces chiffres donnent un aperçu du taux d'attrition (d'échecs) bien trop élevé, ce qui renforce la nécessité d'un processus adapté de développement et un réseau clinique et scientifique spécialisé. Un autre aspect important de ces chiffres ; ils ne tiennent pas compte des pathologies concernées. La majorité d'entre elles est représentée par des sous-types de maladies fréquentes (cancers notamment), et non par des maladies héréditaires rares telles que nous les entendons.

La biologie en France, une terre trop peu labourée

Comme le soulignait récemment Pierre Tambourin (l'actuel directeur général de la Genopole d'Évry), *«un seul pays au monde a compris dans les années 1970-1980 la potentialité de la recherche biologique du point de vue scientifique, industriel et médical, ce sont les États-Unis. En France la biologie a toujours été considérée, du point de vue industriel et économique, comme une science de second ordre.»*[58] Malgré tout, notre pays se

58 *Biotech Finances*, 2013, 600, p. 2-3.

situe au sixième ou septième rang de la recherche mondiale, mais est-ce digne de notre tradition séculaire en la matière? Il précise qu'il nous reste toujours à convaincre que les biotechnologies vont féconder de nombreux secteurs industriels : la santé évidemment mais aussi la chimie verte, les problèmes environnementaux, l'informatique même (la mémoire des ordinateurs sera amplifiée grâce à des systèmes biologiques), la bionique, etc. *«Il s'agit d'un enjeu de l'ordre du politique : démontrer que les biotechnologies ne servent pas simplement à produire de l'insuline, ce qui est déjà considérable, mais qu'elles sont essentielles à de nombreux enjeux sociétaux et industriels. La Chine, le Brésil, l'Inde y consacrent d'importants moyens et ce n'est pas un effet de mode.»*

On s'alarme de l'ampleur des dépenses de santé en France sans peut-être prendre en compte que notre système fait vivre 2 millions de personnes et qu'il engendre des recettes liées à la production de biens et de services. Notre filière industrielle, pas toujours soutenue par l'État, a manqué le virage des biotechnologies dont notre pays a pourtant été précurseur. Il convient aussi de considérer le déficit pour notre pays lié à l'importation de tous ces équipements (par exemple l'imagerie médicale, les séquenceurs) et tous ces médicaments que d'autres produisent à notre place. On parle de dizaines de milliards d'euros. Le choix stratégique de négliger la biologie nous coûte très cher humainement et économiquement. Au lieu de constituer une priorité, l'enseignement de la biologie est une portion congrue voire nulle de la formation de nos grandes écoles.

La France a été pionnière dans de nombreux aspects des biotechnologies mais a invariablement raté le train de la valorisation et de l'industrialisation (en dehors du domaine historique des vaccins pour lequel notre pays continue de jouer un rôle phare). Si nous avons encore une certaine avance dans le domaine de la thérapie génique et des thérapies ciblées des gènes, nous n'avons pas le droit de rater une fois de plus ce virage industriel créateur d'innovations, d'emplois et de richesses.

La découverte des gènes

La France a publié les premières cartes du génome humain (grâce à l'initiative de l'AFM et son laboratoire Généthon, en réponse à l'inertie des organismes publics de recherche qui ne considéraient pas cette recherche comme « noble »). Ces cartes ont donné un coup de fouet aux applications issues directement de la découverte des gènes (connaissances de biologie fondamentale et appliquée, diagnostic des maladies génétiques, utilisation des produits des gènes en thérapeutiques). Mais lorsqu'il s'est agi d'industrialiser ces découvertes, notre pays n'y a pas mis les moyens et ce sont essentiellement les États-Unis qui en ont profité avec la création de toute une filière de sociétés de biotechnologies spécialisées dans le décryptage des gènes et ses applications. En parallèle de cette filière, une autre industrie s'est développée, celle des appareils de séquençage qui font les beaux jours de sociétés américaines et européennes (Life technologies, Roche) mais aucune n'est française.

Génie génétique et protéines recombinantes

Les Français ont été parmi les pionniers du domaine. Héritiers de Pasteur, de Jacob et Monod, de grands scientifiques français ont contribué à la connaissance des mécanismes précis du fonctionnement des gènes. C'est ainsi que Pierre Chambon a démontré l'organisation de l'ARN et son rôle dans le processus de fabrication des protéines.

Lorsqu'avec Philippe Kourilsky il était allé chercher le soutien des ministères de l'Industrie et de la Recherche pour lancer une filière de sociétés de biotechnologie en 1979, ils n'avaient rien obtenu de concret. Ils décidèrent tout de même de créer la première société française de biotechnologie (Transgene à Strasbourg). Mais compte tenu du peu de moyens dont elle a bénéficié pour démarrer, elle a consacré les 10 premières années de son activité à réaliser de la recherche sur contrat, autrement dit pour d'autres sociétés. Une décennie irrémédiablement perdue qui a fait manquer à la France le train des technologies des protéines recombinantes.

Après l'ingénierie des gènes (génie génétique), apparaît donc l'ingénierie des protéines dans les années 1980, puis des ARN dans les années 1990.

Grâce au génie génétique, il n'est plus nécessaire d'extraire l'insuline d'organes humains ou animaux pour soigner le diabète : l'hormone est désormais fabriquée par des bactéries génétiquement modifiées, ce qui réduit considérablement les risques de contamination par des impuretés ou des micro-organismes pathogènes. Il devient donc possible de faire fabriquer par une bactérie, une levure ou une cellule de mammifère en culture une protéine humaine ayant un intérêt thérapeutique, puis, après purification, de l'injecter au malade. La protéine thérapeutique ainsi fabriquée est dite « recombinante ».

L'insuline est le premier gène synthétique commercialisé en 1982. Et d'autres molécules produites par l'organisme, mais en trop faibles quantités pour être utilisées à des fins médicales, peuvent être aujourd'hui produites par génie génétique, tels les interférons, utilisés contre l'hépatite C, la sclérose en plaque, le cancer du rein, la leucémie, etc. D'autres armes thérapeutiques originales ont également été mises au point, tels les anticorps monoclonaux qui permettent de relayer chez les malades une réponse immunitaire contre des cibles spécifiques (cancer du sein, leucémie, polyarthrite, rhumatoïdes...).

Aujourd'hui, plus de 200 protéines recombinantes ont obtenu leur autorisation de mise sur le marché en Europe : hormones comme l'insuline, l'érythropoïétine ou les hormones thyroïdiennes, enzymes métaboliques, interférons, cytokines et facteurs de croissance, facteurs de coagulation comme le facteur VII ou le facteur VIII, protéines permettant la coagulation dont manquent les hémophiles. Or, ces technologies bénéficient directement de découvertes de chercheurs tels que Jacob, Monod et Chambon, pour ne citer qu'eux. Mais, là encore, ce sont des sociétés étrangères qui en ont profité.

L'exemple le plus connu est sans nul doute celui de la société Amgen, start-up de 1981 (créée donc 2 ans après la société française Transgene). Amgen dépasse aujourd'hui les 18 milliards de dollars de chiffre d'affaires. Sa réussite, elle la doit au fait qu'elle a immédiatement pu se développer en tant que société mettant au point des biomédicaments pour son propre compte, occupant ainsi le terrain. Le chemin a été certes difficile dans les premières années. Amgen a plusieurs fois frôlé le dépôt de bilan. Elle a néanmoins réussi une introduction en Bourse en 1986 et sa capitalisation boursière vaut actuellement près de 85 milliards de dollars. C'est en fait essentiellement une molécule qui fit le succès de cette société : l'érythropoïétine, qui changea la vie de beaucoup de dialysés dans le monde (et de quelques sportifs de haut niveau). Ainsi, grâce à un soutien concret des décideurs américains, la petite sœur Amgen a dépassé son aînée française confinée trop longtemps dans un rôle de défricheur pour le compte des autres.

Depuis la première protéine thérapeutique recombinante à avoir été autorisée sur le marché par la Food and Drug Administration en 1982, le marché relatif à cette nouvelle technologie n'a cessé d'augmenter. 73 protéines recombinantes étaient produites en 2004, avec plus de 32 milliards de dollars de chiffre d'affaires, et comme principaux acteurs, les entreprises Genentech et Amgen. La croissance du secteur entre 2004 et 2010 est montée à plus de 65 %, et le marché des protéines recombinantes a dépassé les 50 milliards de dollars en 2010 (près de 100 milliards aujourd'hui). Les ventes d'insuline, d'interférons et d'érythropoïétine représentaient à elles seules en 2009 plus de 57 % du marché soit 18 milliards de dollars. Depuis le premier médicament commercialisé il y a 32 ans, les biotechnologies se sont progressivement imposées comme un moteur majeur de l'innovation thérapeutique. Les protéines recombinantes (telles que les facteurs de croissance, les hormones, les cytokines, les protéines de fusion, les facteurs plasmatiques ou les enzymes) constituent le secteur des produits de santé qui, depuis plusieurs années, montre la plus forte croissance, supérieure à 10 % par an. 40 % des nouveaux produits approuvés en 2003 étaient des produits biotechnologiques et cette tendance perdure. Aujourd'hui, près de 60 % des produits en développement appartiennent à cette catégorie.

Nous avons raté le virage des biotechnologies par manque de vision politique. Même si nous tentons (timidement) de rattraper un peu de ce retard, on continue de créer toutes proportions gardées 10 fois plus d'emplois aux États-Unis qu'en France dans ce domaine. Nous sommes dépassés depuis plusieurs années par l'Angleterre et maintenant par l'Allemagne. Ce dernier exemple est intéressant car il démontre qu'il est encore possible de se réveiller. En effet, l'Allemagne a longtemps délaissé le génie génétique pour des raisons liées au poids de l'histoire du milieu du XXe siècle. Mais lorsque ce pays a décidé de se lancer dans la course, il s'en est donné les moyens et nous a maintenant surpassés.

Le domaine thérapeutique qui est visé par le plus grand nombre des nouveaux produits est le cancer, mais de nombreux autres domaines sont également concernés (lutte contre les infections, maladies inflammatoires chroniques, maladies métaboliques, troubles de la coagulation, troubles de la croissance et de la fertilité...). Celui des maladies rares a aussi bénéficié de nombreuses avancées au cours des années récentes (par exemple les déficits enzymatiques comme la maladie de Pompe et la maladie de Gaucher). C'est justement un domaine dans lequel la France est un pionnier.

En dépit d'autres innovations françaises, la France a persisté dans ses ratés : c'est l'exemple de la production de protéines recombinantes dans un organisme entier, un animal ou une plante. Au cours des quinze dernières années, de nombreuses protéines d'intérêt thérapeutique ont été produites à l'aide d'animaux ou de plantes transgéniques. L'une d'elles, l'antithrombine, extraite du lait de chèvres transgéniques, a obtenu son autorisation de mise sur le marché en Europe en 2006. En France, plusieurs sociétés ont fait de la transgénèse un axe stratégique de leur activité pharmaceutique, comme Meristem Therapeutics qui développe pour la mucoviscidose une lipase recombinante extraite des feuilles de tabac ou du grain de maïs, ou le LFB qui développe un facteur de coagulation, le facteur VII, extrait du lait de lapin. Malheureusement, des considérations essentiellement politiques (liées à la peur et aux lobbys anti-OGM) ont empêché notre pays de capitaliser sur ses découvertes en matière de production de protéines recombinantes dans les OGM.

À noter que les principes de la transgénèse avaient été établis au début des années 1980 par des équipes françaises à la tête desquelles, Pierre Chambon.

Le virage manqué des anticorps monoclonaux

Les anticorps monoclonaux sont une autre réussite des biotechnologies, issue de la biologie cellulaire et de l'immunologie. Leur sortie des laboratoires a été très difficile. Près de 30 ans de tâtonnements ont été nécessaires avant qu'ils ne changent la vie des malades. En immunisant des souris avec un antigène précis, puis en fusionnant les lymphocytes (des globules blancs spécialisés producteurs d'anticorps) avec des cellules tumorales, Milstein et Köhler ont obtenu en 1975 une cellule hybride (ou hybridome), capable de se multiplier à l'infini et produisant un anticorps unique dirigé contre l'antigène choisi au départ. Ces anticorps purs et ciblés, contrairement aux sérums disponibles jusqu'alors, permettent des avancées considérables de la recherche et des tests de diagnostic.

En revanche, leur utilisation thérapeutique, très séduisante en théorie, a été très longue à réussir en pratique. L'efficacité n'était pas immédiatement au rendez-vous, en raison notamment d'une compréhension insuffisante des pathologies, et elle a nécessité des années de mise au point. L'origine murine des premiers anticorps monoclonaux entraîne des effets secondaires insurmontables, une efficacité de courte durée et la neutralisation par le système immunitaire des malades humains. Cela a obligé à « chimériser » ou « humaniser » les anticorps monoclonaux (à partir de 1984). Les progrès de la biologie moléculaire, au cours des années 1980, ont permis la production d'abord d'anticorps dans lesquels la partie d'origine animale a pu progressivement être remplacée par des parties humaines, pour devenir finalement 100 % humains (et ainsi plus sûrs et plus efficaces).

Depuis, le développement et l'utilisation clinique de ces anticorps monoclonaux ont connu un essor spectaculaire. À partir de 1995, un anticorps monoclonal dirigé contre une hormone de l'inflammation, le TNF alpha, exerce un effet neutralisant et apporte un progrès remarquable dans le traitement de maladies comme la polyarthrite rhumatoïde. Plusieurs dizaines de produits à base d'anticorps monoclonaux sont aujourd'hui commercialisées. Près de 400 autres anticorps monoclonaux sont en cours d'évaluation clinique. Les anticorps monoclonaux sont devenus les médicaments qui ont le plus fort taux de développement pour de nouvelles applications thérapeutiques (3,6 milliards de dollars en 2002, 58 milliards en 2014).

Nous avons raté le virage des monoclonaux par les moyens dérisoires que la recherche française a investi dans les anticorps thérapeutiques ; seuls 2 à 3 % d'entre eux sont d'origine française, sans site de production en propre. Ainsi, les anticorps monoclonaux représentent uniquement une source de dépenses pour le pays, qui ne profite pas des retombées socio-économiques : si la France invente et produit peu d'anticorps monoclonaux thérapeutiques, elle offre un environnement propice pour les essais cliniques. C'est aussi l'un des pays d'Europe où on les prescrit le plus. Les sommes affectées aux traitements par anticorps thérapeutiques sont artificiellement sorties des budgets des hôpitaux, mais cela reste de l'argent public. La sécurité sociale leur attribue aussi un niveau de remboursement élevé compte tenu de l'amélioration de soin majeure qu'ils apportent. Tous ces éléments sont des atouts qui attirent depuis peu les investisseurs et de grandes firmes pharmaceutiques françaises, désormais (mais tardivement) convaincus que les anticorps ont un taux de succès vers la mise sur le marché supérieur à celui des molécules de synthèse.

Le produit de la vente des biomédicaments au niveau international augmente progressivement, avec une croissance deux fois supérieure à celle de l'industrie pharmaceutique dans le monde. En France dans la période d'octobre 2010 à octobre 2011, le chiffre d'affaires total des biomédicaments est d'un peu moins de 4,8 milliards d'euros (ville : 2,6 milliards ; hôpital : 2,2 milliards). Les anticorps monoclonaux montrent une prédominance dans ce chiffre d'affaires des biomédicaments avec plus de 2 milliards d'euros pour les 12 mois considérés[59]. Il est de 5,3 milliards en 2013 (168 biomédicaments) et en croissance exponentielle[60].

Le retard français

Alors que nos premières initiatives datent de la fin des années 1970, la France reste donc actuellement, et péniblement, le troisième marché européen des biotechnologies, talonnée maintenant par les pays scandinaves. Par manque de vision apte à fournir à ce domaine un terreau fertile, des initiatives françaises ont été contraintes de s'expatrier pour réussir à l'étranger. Deux exemples :

Actelion a été créée par deux Français qui ont choisi de s'implanter en Suisse en avril 1998 pour valoriser plus efficacement leurs connaissances dans le domaine de l'endothélium (la paroi des vaisseaux sanguins). La société démarre avec 12 millions de francs suisses qui sont suivis en avril 1999 de 40 millions supplémentaires. En avril 2000, Actelion lève 250 millions lors d'une introduction en Bourse et propose finalement à la FDA en février 2002 son premier médicament pour homologation : le premier traitement de l'hypertension pulmonaire par voie orale. Moins de 6 ans après sa création, l'entreprise compte plus de 700 salariés dans le monde entier, et un chiffre d'affaires pour 2003 de près de 300 millions de francs suisses. Il se situe en 2012 à 1,4 milliard d'euros et 2400 salariés.

L'entreprise parisienne IDM, qui développe des thérapies anticancéreuses, n'ayant pas trouvé de financements en France pour entrer en Bourse, s'est donc tournée vers les États-Unis, où elle a pu poursuivre son activité après avoir été cotée au Nasdaq.

La France compte deux fois moins d'entreprises de biotechnologie que l'Angleterre et 5 fois moins que les États-Unis. Surtout, ses entreprises sont essentiellement de très petite taille avec des difficultés de croissance qui mettent en danger leur survie. Elles ne représentent que 7 % du marché mondial des biotechnologies. Le secteur y est 10 fois moins capitalisé

59 Source LEEM, *Biomédicaments en France. État des Lieux en 2011.*

60 Source LEEM, *Biomédicaments en France. État des Lieux en 2013.*

qu'en Angleterre et 100 fois moins qu'aux États-Unis, et il occupe moins de 11 000 salariés.

Challenges et perspectives

L'industrie des biotechnologies française doit surmonter un certain nombre de contraintes qui restreignent actuellement fortement sa compétitivité.

Le marché : il ne joue plus ce rôle de relais de financement de la croissance, et les sociétés françaises, qui épuisent les différentes ressources de financement, sont acculées à des ventes et fusions à des sociétés surtout américaines qui, elles, disposent d'un Nasdaq très actif, ou même suisses, qui lèvent 3 fois plus de capitaux risques pour les biotechs que nous. Le manque de financements dans la phase intermédiaire de développement (inhérent au secteur médical) met en péril la survie de ces entreprises.

L'envie d'entreprendre : force est de constater qu'il n'existe que très peu de projets amont en France qui bénéficient d'un environnement managérial de qualité. Non que la science soit mauvaise, au contraire. Mais les instituts scientifiques français continuent de préférer la recherche fondamentale à la recherche appliquée, la première étant supposée plus noble. Nous manquons en France de «serial entrepreneurs», ces hommes dont les expériences (réussies ou non) de premières aventures sont en effet souvent des moteurs importants de ce type d'industrie dans les pays anglo-saxons. En France, ils se sont reconvertis dans la finance ou se sont exilés.

Les principaux domaines en croissance concernent les vaccins, les peptides et protéines thérapeutiques (dont les anticorps monoclonaux représentent une grande part), mais aussi les produits de thérapie génique et leurs procédés de production. Les thérapies du gène représentent le secteur d'avenir des biomédicaments. Or, les preuves de concept et les principales avancées de ce domaine dans lequel la France est encore pionnière sont obtenues grâce aux maladies rares qui partagent de nombreux mécanismes communs avec les maladies fréquentes. Après la période initiale de tâtonnements et de difficultés, semblables à ce qu'ont vécu les protéines recombinantes et les monoclonaux, ce nouveau domaine arrive maintenant à sa maturité scientifique. Bien que la France ait raté les premiers trains du développement des biomédicaments, il n'est pas trop tard pour rattraper le retard, et c'est même indispensable, car une partie de l'avenir de la pharmacie se joue avec ces thérapies innovantes.

Changer de braquet

L'expression nous vient du cyclisme. Elle qualifie le changement de vitesse effectué pour augmenter l'allure ou entamer l'ascension d'un col. Elle s'applique parfaitement à l'évolution de l'action de l'AFM.

Souvenons-nous des premières années de l'association, en lutte contre l'indifférence, y compris du monde de la recherche. À l'aube du Téléthon, nous étions face à un désert scientifique. Un seul gène connu responsable d'une forme de myopathie parmi les près de 300 à défricher. Une poignée seulement de gènes de maladies rares identifiés. Si peu de connaissances des mécanismes physiopathologiques et pratiquement aucune piste thérapeutique. Une absence désespérante de moyens et un intérêt insignifiant de la part des laboratoires académiques et privés. Une situation inacceptable pour l'AFM. Le refus de la fatalité a amené ses dirigeants à se lancer dans le pari fou du Téléthon. Avec les moyens apportés par la générosité publique qui a été et reste au rendez-vous de cet extraordinaire défi, l'AFM a modifié en profondeur le monde de la recherche génétique et biologique. Sa stratégie d'intérêt général, illustrée si magnifiquement par les cartes du génome, a révolutionné la connaissance des gènes responsables des maladies rares, dont les myopathies, et a fait éclore une profusion de concepts thérapeutiques innovants, applicables aussi bien aux maladies rares qu'à bien des maladies fréquentes.

Une nouvelle ère commence maintenant. Celle de l'homologation des traitements. Les années qui viennent seront celles de l'accumulation des preuves de concept, de traitements et même de guérisons pour de plus en plus de maladies. Le mouvement est enclenché et ne doit surtout pas s'arrêter.

La recherche continue bien entendu. De ce bouillonnement plus ou moins organisé doivent continuer de sortir de nouvelles pistes de traitements. Mais celles déjà en essais précliniques ou cliniques doivent pouvoir poursuivre leur parcours semé d'embûches sur le chemin du médicament. Or, mettre au point et mettre à disposition les traitements relève essentiellement de l'industrie et nécessite des moyens considérables que même le Téléthon au meilleur de sa forme n'est pas en mesure de couvrir.

Et pourtant, il faut changer de braquet. Se doter des moyens de passer à la vitesse supérieure pour avancer vite et franchir des montagnes. Faire seul quand d'autres hésitent encore. Préparer le terrain scientifique et industriel pour que d'autres plus puissants daignent enfin contribuer. Innover sur le champ socio-économique, tout en préservant l'intérêt des malades. Une association qui développe une stratégie de recherche, c'était déjà très inhabituel. Des dents grincent parfois, mais personne ne peut objectivement contester son bien-fondé, et la place de l'AFM dans ce monde de la recherche est reconnue et respectée. Mais cette étape nécessaire n'était qu'une étape. C'est désormais le champ du secteur pharmaceutique et économique qu'il nous faut investir et bousculer. Voici Généthon Bioprod, qui sera pour le monde de la production des vecteurs de thérapie génique ce que les cartes du génome ont été pour celui de la génétique. Voici l'Institut des biothérapies, une formidable machine créatrice d'innovations thérapeutiques. Voici l'AFM, aiguillon infatigable de tous les décideurs, discutant d'homme à homme avec les géants de la pharmacie (pardon Laurence, on devrait dire de femme à homme, tant la présidente actuelle marque de son empreinte l'association dans la digne lignée de Bernard Barataud). Le changement de braquet se précise. Des initiatives inédites dessinant les contours d'un nouveau modèle économique et social se préparent.

Une réglementation à adapter

Cela paraît un lieu commun mais est-on certain que ce principe soit appliqué en toute sérénité ? Il faudrait donc que la réglementation soit basée sur la science, qu'il y ait des régulateurs compétents et indépendants, un véritable dialogue scientifique et la place qui leur revient aux patients eux-mêmes. Des voies militent pour une évolution des règles :

- favoriser la fertilisation croisée des recherches par un accès généralisé aux résultats (sauf, bien sûr, pour les procédés de fabrication et les secrets commerciaux) ;
- obtenir une autorisation de mise sur le marché plus flexible et en continu (pour ne pas examiner le dossier qu'en fin de parcours) ;
- former les experts scientifiques à la santé publique ;
- valoriser des critères d'amélioration de la qualité de vie de patients ;

- élargir la participation des représentants de patients dans les agences réglementaires, avec un statut d'observateur et de conseiller (en appliquant évidemment des règles de conflit d'intérêts). Le corollaire est de s'assurer de l'information et la formation des représentants de patients.

Il est possible aussi d'envisager une approche innovante de la mise sur le marché, avec une collecte des données tout au long du cycle de vie des médicaments et une mise sur le marché progressive, inspirée des approbations conditionnelles.

Et enfin, il faut se méfier de la judiciarisation de la santé. Le principe de précaution devrait être vu avant tout comme une obligation de transparence et non comme la garantie du risque zéro qui n'existe pas. Les inculpations de dirigeants d'agences de santé en réponse à des décès de malades post-AMM ne constituent certainement pas une solution. En déprotégeant les intervenants, on les place devant un niveau de responsabilité paralysant.

Une mission de plusieurs années de l'OPECST (Office parlementaire d'évaluation des choix scientifiques et technologiques) a émis 4 recommandations fortes pour lever les freins sur la recherche en France :

- l'aspect financier : il faut aider davantage les premières phases de développement. En France, nous avons par ailleurs moins de solidarité entre PME/PMI et grosses entreprises du secteur ;
- l'aspect managérial : il faut accompagner les inventeurs par des managers compétents ;
- combattre la peur de l'innovation, qui est sans doute plus forte en France que dans d'autres pays, alors que l'innovation est au service de la société ;
- homogénéiser les recommandations entre pays. Trop de réglementation nuit à la réglementation *(sic)* !

Un autre sujet de préoccupation, que nous avons eu l'occasion d'expérimenter nous-mêmes, a été relevé récemment par la Cour des comptes, qui écrit en juin 2013 que les avancées technologiques françaises étaient souvent exportées, pour être valorisées industriellement ailleurs, et insuffisamment développées sur le territoire français. Elle a également pointé que la part du développement expérimental au sein des dépenses de recherche en France était nettement plus faible que dans les autres pays et dans un effort global loin des objectifs de 3 % du PIB (recherche publique 0,82 % et privée 1,43 %). Sans compter un accès de plus en plus difficile aux appels d'offres, de par notamment une bureaucratie galopante. En un mot : elle s'alarme de l'incapacité de la France à transformer son bon niveau en matière de recherche scientifique en innovations créatrices d'emplois sur le territoire.

Et peut-être aussi faut-il inverser cette tendance dans l'industrie pharmaceutique, où les décisions des programmes de recherche sont dictées surtout par le marketing. Au moins donner une culture de veille scientifique et technique aux commerciaux. Mais ceci est autre histoire.

Une nouvelle filière industrielle

L'affaire n'est pas simple car elle suppose une vision sur le long terme que la puissance publique n'a pas toujours le loisir d'assurer. Les ministres, les conseillers, les représentants élus de la nation passent, et durant leur passage se préoccupent surtout du court terme. Les blocages variés (idéologiques, syndicaux, lobbyings) ne manquent pas de freiner les initiatives.

L'identification accélérée des gènes à l'origine de maladies génétiques a permis une véritable explosion des connaissances non seulement sur les maladies génétiques mais aussi sur des mécanismes biologiques fondamentaux normaux et pathologiques. Conséquences directes de ces avancées, les traitements issus de la connaissance des gènes qui se définissent comme des concepts thérapeutiques ciblant les gènes et les processus d'expression génétique se rapprochent de la généralisation chez l'homme.

La thérapie cellulaire est aujourd'hui le terrain d'une recherche explosive autour des lignées de cellules-souches, notamment pluripotentes. Les 10 ans à venir verront à n'en pas douter la concrétisation de cette nouvelle forme de médecine régénératrice fondée sur des banques de lignées caractérisées et des technologies de production d'échelle industrielle.[61]

---

61 Même si quelques indications de thérapie cellulaire peuvent faire appel à des cellules pleinement différenciées, c'est à des « cellules-souches » que l'on a généralement recours, et c'est sur elles que reposent les espoirs de la médecine régénératrice tels qu'on les expose aujourd'hui. Elles ont la capacité de multiplication à grande échelle et de grande plasticité. Ces cellules peuvent être embryonnaires aux capacités illimitées. Mais depuis quelques années, on sait modifier génétiquement des cellules adultes afin de leur redonner les principales caractéristiques de cellules embryonnaires. On appelle ces cellules génétiquement reprogrammées des cellules-souches induites à la pluripotence (cellules « iPS »).

Ces exemples préfigurent l'irruption d'une médecine issue d'un arsenal thérapeutique de plus en plus sophistiqué.

L'association milite maintenant pour ni plus ni moins que la création d'une nouvelle organisation pharmaceutique, dont la singularité est d'être à but non lucratif. Cette structure a pour objectif l'identification, le développement, la production et la mise à disposition des patients atteints de maladies rares des traitements de biothérapies innovantes telles que la thérapie génique ou la thérapie cellulaire. Ce projet s'appuie sur les travaux de recherche fondamentale et de développement clinique, l'expertise et les infrastructures développées par les équipes financées notamment grâce aux fonds collectés par l'AFM depuis 25 ans et grâce au soutien public à des structures académiques hospitalo-universitaires. Ces thérapeutiques s'adressent à des maladies orphelines de traitements, véritable problème de santé publique, mais plus largement encore, les avancées obtenues produisent des connaissances, des outils et des innovations thérapeutiques déterminantes pour traiter les maladies fréquentes. Cet ensemble constituerait dans notre pays les fondements d'une filière de recherche/développement et de soins spécialisés que l'on peut considérer comme unique au monde.

Grâce à ces efforts convergents la France occupe de façon incontestable une place parmi les leaders mondiaux dans le champ de la recherche pour les biothérapies innovantes appliquées aux maladies rares. Toutefois cette position de leader reste à concrétiser au plan industriel, ce qui est très précisément l'ambition que nous portons.

Les avancées sont nombreuses et les technologies innovantes (thérapies issues de la connaissance des gènes, thérapies cellulaires) peuvent aujourd'hui être promues jusqu'à une échelle industrielle selon les standards de l'industrie pharmaceutique. Cette phase de translation entre la recherche issue des laboratoires et la mise à disposition des traitements pour les malades implique le développement d'une structure spécialisée, capable de mettre en œuvre les essais cliniques jusqu'à l'AMM, qui dispose de capacités de production à grande échelle ainsi que de la capacité d'assurer après l'AMM la distribution des produits aux malades.

Une telle filière pourrait permettre de répondre à un besoin de santé publique aujourd'hui non satisfait, dans un souci d'intérêt général, avec un retour sur investissement qui assure l'accès des patients aux traitements à un prix « juste et maîtrisé ». Ce prix basé sur une transparence des coûts réels associés à la recherche/développement contribuera à préserver l'équilibre des politiques publiques de santé. Cette filière biomédicale de haute valeur ajoutée technologique et économique permettrait à notre pays de retrouver un rôle de premier plan dans le développement des traitements de nouvelles générations. L'ambition est élevée : mettre sur pied le premier acteur intégré non lucratif dans le monde du développement et de la production du biomédicament. Cette initiative unique au monde par son originalité et son ambition permettra de répondre à un besoin de santé publique majeur (au bénéfice des maladies rares et fréquentes), dans une perspective économique intégrant la notion de modération du prix du médicament, tout en développant le leadership de notre pays dans la filière des biothérapies innovantes.

Dans ce contexte, il est à noter qu'en avril 2013, l'AFM-Téléthon et la Banque publique d'investissements ont conclu le premier accord au monde impliquant une association de malades et un État dans la création d'un fond d'amorçage, outil qui permet de faire passer des projets académiques de biothérapies innovantes des maladies rares vers les premières phases de développement sous la forme de start-up biotechnologiques. Pour aller jusqu'à la phase industrielle et la mise sur le marché de ces traitements innovants, nombre de ces projets auront besoin pour leur développement d'autres supports, tels que l'initiative d'une filière des biothérapies innovantes. Chaque outil serait ainsi adapté au stade de développement technologique concerné. Ces initiatives s'inscrivent ainsi dans une structuration du chemin du médicament et dans la création d'une nouvelle filière industrielle et visant au passage la sanctuarisation en France de sa capacité d'innovation.

À l'image de l'histoire des innovations médicales des années 1980/1990 (anticorps monoclonaux, protéines recombinantes), la vague technologique qui porte les biothérapies innovantes dont les prémices apparaissent avec les premières AMM laisse penser que la courbe de croissance de ce type d'innovation va significativement s'orienter à la hausse dans les années à venir. Les biothérapies innovantes portées fortement par l'AFM-Téléthon représentent aujourd'hui une nouvelle opportunité à saisir d'urgence de concrétiser notre avantage technologique.

En conclusion, si l'AFM (et ses partenaires) ne valorise pas le savoir-faire qu'elle a su développer, l'industrie pharmaceutique captera ces innovations de manière morcelée, pas nécessairement orientée vers les applications initiales et donc dans des conditions peu avantageuses[62]. Non seulement, notre pays pourrait voir une fois de plus lui échapper un avantage technologique concurrentiel considérable mais il n'aura accès à celui-ci qu'à un coût d'autant plus élevé que la logique industrielle ne relève pas de l'intérêt général. Nous devons collectivement nous assurer de la maîtrise financière de ce processus, car la laisser uniquement aux mains du seul secteur privé risquerait d'augmenter fortement la pression sur les dépenses de santé et ne nous garantit pas que les patients pour lesquels, initialement, ces thérapies innovantes ont été développées, puissent en bénéficier.

Un prix juste et maîtrisé

Comment se sortir de l'ornière de soutenabilité du système où une logique de coût du médicament le plus élevé possible prédominerait?

Il faut alors effectivement revoir l'objet et le résultat des études médico-économiques pour qu'elles prennent en compte tous les aspects du coût d'un traitement et tous les gains (et pas seulement les économies) qu'il engendrerait y compris à long terme. Il faut donc s'efforcer de prendre en compte les aspects dynamiques, prévisionnels, etc. qui permettront de mettre «objectivement» en regard le coût de la santé et de son résultat pour éviter d'avancer des chiffres qui, pris isolément et sortis de leur contexte, n'ont pas de signification pratique.

En effet, un coût simplement calculé sur la base d'un «prix de revient» (amélioré pour tenir compte de la notion de retour sur investissement, rentabilité, etc.) rapporté au nombre de patients qui seront traités est trop fruste pour statuer sur l'arbitrage de le rembourser ou de ne pas le rembourser. De même qu'il serait absurde de prendre l'âge des patients comme unique critère de choix (on pourrait effectivement imaginer qu'il serait économiquement plus pertinent de soigner les jeunes, en tant que puissance productive, que les personnes âgées). Comme l'espérance de vie (en fonction du nombre d'années de vie gagnées), le rapport coût/malade est un très mauvais indicateur de «retour sur investissement». Les droits de l'homme ne sont pas respectés (tous égaux devant le soin). Cela signifie plus ou moins inconsciemment que l'on préfère subvenir aux mala-

62 Comme l'ont été les protéines recombinantes et les anticorps monoclonaux.

dies dont on est susceptible d'être victime : cancer, hypertension artérielle, traitements contre le cholestérol, Alzheimer, dépression...

Une telle analyse nécessite des outils particuliers ainsi que des instruments financiers nouveaux qu'il faudra mettre en place pour conserver un système solidaire et qui permettront de le perfectionner pour prendre en charge de nouveaux médicaments. Des instruments sont proposés (par exemple le Health Impact Fund). À la différence de la logique économique des laboratoires pharmaceutiques, l'AFM-Téléthon vise un prix « juste » pour ses traitements de biothérapies innovantes. Ce prix « juste » intégrerait un mode de calcul innovant qui préserverait la viabilité industrielle et la charge sociale. Ainsi le prix « juste et maîtrisé » serait fixé sur la base d'une évaluation transparente des coûts de développement, de production et de distribution, augmentés d'une marge calibrée pour pérenniser la structure et ses besoins de croissance. Cette transparence n'existe pas actuellement ; les négociations entre l'industrie pharmaceutique et les commissions de remboursement demeurent secrètes ! (Elles intègrent forcément les répercussions des jeux de fusions acquisitions à coup de dizaines de milliards au sein de l'industrie pharmaceutique, assez éloignées du prix de revient réel du médicament).

Applicables à des maladies plus fréquentes, ces thérapies seront ainsi garanties d'un prix de mise à disposition maîtrisé dès l'origine, et pouvant être revu à la baisse au fur et à mesure de l'élargissement de leurs applications, de l'amélioration de la productivité des technologies, et de son efficacité éprouvée au fur et à mesure du temps.

Le bénéfice pour la collectivité d'un tel projet se traduirait en termes industriels et socio-économiques, par :

- la prise en charge de patients généralement fragilisés et précédemment sans option thérapeutique valide ;
- la création d'une filière industrielle des biothérapies innovantes s'appuyant sur les ruptures technologiques et les avancées thérapeutiques, applicables au plus grand nombre, offertes par les maladies rares parvenues au stade préindustriel ;
- la création d'un précédent en matière de modération du prix du médicament ;

- un soutien à l'adaptation progressive (et inéluctable) des structures hospitalières et de médecine spécialisée bénéficiant des apports de la mise en place de la filière « biothérapies innovantes » ;
- le développement et le maintien sur le territoire français d'un savoir-faire innovant en santé, aux retombées substantielles pour la collectivité.

La France pourra ainsi s'imposer comme plateforme internationale de soins de biothérapies innovantes, avec un tissu économique d'emplois et de structures à forte valeur ajoutée.

Déjà les réactions à un tel projet ne manquent pas (notamment de la part du privé) mais le débat aura au moins le mérite d'être posé. Le temps presse ; pendant que nous rongeons notre frein, le TGV des biotechnologies étrangères taille la route. Nos décideurs sauront-ils relever le défi ?

Épilogue

••• Les victoires se remportent par ceux
qui n'abandonnent jamais.

Leur engagement, les administrateurs de l'AFM le décrivent ainsi : *« Notre différence avec les scientifiques, c'est que nous, les malades ou les parents de malades, nous attendons de la recherche des résultats tangibles. Nous sommes comme l'aiguille d'une boussole. Nous indiquons la direction à suivre puisque la raison d'être de l'AFM, ce sont nos enfants en train de mourir. Le chercheur, lui, doit faire face aux nouveautés, aux modes, aux courants, aux variations des affectations budgétaires... On s'est vite rendu compte que le saupoudrage était peu efficace... Devant l'étroitesse des voies engagées, il fallait tenter de faire de la pluridisciplinarité tout en essayant de repérer de nouvelles équipes. Ce que l'on a compris, c'est que nos malades n'étaient pas traités correctement parce que la recherche scientifique n'avait pas mis à la disposition des médecins suffisamment d'éléments qui leur permettent d'être efficaces. »*

Il y a une génération, les maladies rares s'époumonaient dans un désert scientifique où seule une poignée de gènes responsables étaient connus et où la seule réponse des médecins face au désarroi des parents auxquels on annonçait la maladie était : *« Ne vous attachez pas à celui-ci, faites un autre enfant. »* Il y a une génération, la direction des organismes publics de recherche s'opposait de manière quasiment idéologique à une co-gestion de la recherche par les associations privées. Du fait de leur origine privée, il lui paraissait inconcevable que les associations puissent lui donner des orientations de recherche et même qu'un laboratoire de l'Inserm ou du CNRS reçoive directement une subvention extérieure, même si ce mode de fonctionnement était beaucoup plus simple et flexible que celui mis en œuvre par les Établissements publics à caractère scientifique et technologique (EPST). L'un des anciens directeurs de l'Inserm, Christian Bréchot, témoigne pourtant que si des laboratoires publics recourent aujourd'hui à l'aide des associations, ce n'est pas le fait du hasard. C'est tout simplement que cela leur permet de travailler plus efficacement. Le problème n'est donc pas de jeter l'anathème sur les associations, mais plutôt de desserrer le carcan bureaucratique qui plombe le fonctionnement de la recherche publique. Il pointe même cet ostracisme anti-AFM pour expliquer pourquoi l'Inserm est passé à côté du génome humain. Il explique l'énorme inconvénient qu'il y a à poser cette liberté comme condition de la créativité scientifique : l'auto-reproduction à l'identique de la recherche, chaque spécialiste devenant toujours plus spécialiste de sa discipline (et nous le reconnaissons tous, les talents ne manquent pas) et de plus en plus hermétique à toute discipline nouvelle, pointue, ou tout simplement qui n'est pas représentée en commission d'évaluation composée, par définition, de spécialistes[63].

Des propositions ont été exprimées en faveur d'un décloisonnement de la recherche biomédicale française, beaucoup trop subdivisée en multiples opérateurs de recherche eux-mêmes pyramidaux, au profit d'un grand institut national à vocation pluridisciplinaire. Des velléités non concrétisées, mais qu'il ne m'appartient pas de discuter. Cette recherche manque cruellement de moyens. Son coût ayant été multiplié par dix, elle nécessite des infrastructures et des technologies qui l'apparentent à la recherche en physique. Or, nos chercheurs ne disposent aujourd'hui que de la moitié des crédits qu'ils avaient il y a 30 ans. Et au fond, il ne s'agissait pas d'exiger des unités de changer complètement leur thématique, mais plutôt de développer leur unité par un apport nouveau.

Il ne faut pas se le cacher, les EPST acceptaient les associations pourvu qu'elles n'aient aucun pouvoir et qu'elles rapportent de l'argent pour financer une partie des recherches fondamentales, offrant une solution au déclin de leur budget, et non pour leur capacité à imposer des thématiques intéressantes. Ils ont été littéralement décontenancés par l'AFM et la logique d'évolution de son modèle. Après avoir financé la recherche de base, voilà qu'elle se mettait à soutenir des projets technologiques. Au lieu de se contenter d'une délégation de pouvoir à la communauté

63 Source : base Histrecmed.

scientifique et médicale, elle passait à un régime de grands programmes qu'elle entendait piloter. Certes, la science est un bien public car elle produit des connaissances susceptibles d'être utilisées par tous. Mais je laisserai le dernier mot sur ce point à Pierre Tambourin : *«Je sais bien que l'AFM a pu être critiquée par la recherche publique. Mais ma conviction est faite que l'organisation de notre société requiert aujourd'hui la prise en compte du fait associatif. Il est devenu incontournable dans les deux sens : pour faire remonter au politique, aux instances de décision, les positions de certaines minorités (ou de majorités) formulées autrement que par le biais du processus électoral classique. Dans l'autre sens, les associations sont devenues le relais, dans des grands débats de caractère politique, sur la biologie de demain, sur les problèmes d'éthique, etc. Je crois fermement au rôle des associations dans le débat démocratique de demain, un débat qu'il va d'ailleurs falloir organiser… En fait, je pense que les associations sont devenues un élément majeur de notre paysage politique, en tout cas garant du bon fonctionnement de nos sociétés développées.»*

Les sociétés privées ont bien évidemment adopté la même attitude défiante dans un premier temps. Il y eut aussi des tentatives de manipulation pour leur propre profit. Mais il est paradoxalement moins compliqué de composer avec le privé, qui a assez rapidement admis la crédibilité de ce nouvel interlocuteur associatif dans ce monde si particulier et si compétitif de la pharmacie.

La compétence des administrateurs de l'AFM *«se construit dans ces rencontres avec les familles ou avec les chercheurs et dans la compréhension des spécificités de chacun, qui nous permet de prendre conscience de nos limites. Le pouvoir (des malades) est l'aboutissement d'efforts pour développer une compétence. Il ne tombe pas du ciel.»*[64] Si l'on en juge par les fruits récoltés, je ne crois pas qu'on puisse discuter leur légitimité. Il y a peut-être une dimension supplémentaire qu'il revient aux sociologues d'approfondir : tout est parti d'une mobilisation citoyenne, de la vente de crêpes et de ballons. Au travers d'une association de malades et de parents de malades, «Monsieur Tout-le-monde et Madame Michu» s'invitent à la table des politiques, des scientifiques et des médecins. Évidemment, ces institutions ont une première réaction d'exaspération face à l'intrusion de ces gens qui leur parlent de stratégie de recherche et de prise en charge, ébranlent l'ordre établi bien qu'imparfait et cherchent à rétablir l'équilibre

64 Pierre Birambeau, *Téléthon, Le meilleur de nous-mêmes*, Balland, 2003.

des pouvoirs. Une forme de démocratie participative qui séduit, tant qu'elle demeure un principe, mais dérange dès lors qu'elle se matérialise. Le temps et les résultats ont permis à ces mondes hiérarchisés qui ne se parlaient pas beaucoup de mieux se comprendre et se respecter, même si bien entendu, du chemin reste encore à faire.

L'action de l'AFM ne s'est pas limitée à la seule démarche thérapeutique. Les malades vivent avec des incapacités parfois très sévères et évolutives de surcroît, ce qui les empêche de mener une vie normale. L'association a livré un long combat pour faire cesser cette injustice. Là encore elle a fait flèche de tout bois, condamnée à l'innovation, concevant et développant des dispositifs techniques pour pallier les fonctions défaillantes (fauteuils verticalisateurs, robots télémanipulateurs, véhicules aménagés), mettant en place des systèmes de financement pour faciliter l'acquisition de ces matériels.

Qu'il s'agisse de la recherche ou du combat pour la citoyenneté, l'action de l'AFM n'a pas bénéficié qu'aux seuls myopathes. Les infrastructures de recherche développées par l'association ont permis aux chercheurs français et étrangers de faire avancer les connaissances sur de nombreuses maladies rares et d'inventer de nouveaux traitements.

Une association, aussi importante soit-elle, repose d'abord sur ceux qui la dirigent et qui l'incarnent. Dans la lignée d'un Barataud, Laurence Tiennot-Herment, vit pour l'AFM et les malades. Rien ne la stresse plus que le Téléthon où l'essentiel du budget de l'année se joue en 30 heures. L'AFM est un colosse aux pieds d'argile. C'est d'ailleurs bien pour cette raison que les attaques les plus virulentes contre l'association surviennent aux abords du Téléthon. Plus de 40 % du montant final est lié aux actions sur le terrain. Et c'est aussi du ciel qui peut nous tomber sur la tête (que de tempêtes essuyées depuis 1987 !) et d'une actualité prééminente qui aurait vite fait d'éclipser l'événement caritatif) que se méfie la présidente. Autant Bernard Barataud possède le physique de ses actions, un bulldozer qui balaie tout sur son passage, autant Laurence a l'apparence sage, posée, féminine. Ils se ressemblent pourtant comme deux gouttes d'eau. La rage au cœur et l'émotion à fleur de peau. Il suffit d'évoquer leur enfant disparu pour qu'immédiatement leur douleur resurgisse et les submerge. *« Quand je vois les enfants s'enfoncer dans les mêmes difficultés, avec cette maladie qui dévore les forces, qui épuise tous les jours un peu plus. C'est horrible, c'est insoutenable. Je n'ai aucune envie de faire la paix »*, déclare-t-elle. L'un et l'autre n'ont que faire de plaire, leur mission les dépasse. Ils n'hésitent pas à «claquer» (sic) ceux qui s'opposent à leur combat. Cela leur a valu certainement bien des ennemis mais aussi et surtout respect et admiration. Ils savent aussi habilement user de leur pouvoir de séduction pour que passe leur message. L'un et l'autre sont des va-t-en-guerre, capables de ne pas faire dans la dentelle, sans se départir d'une grande finesse d'analyse et de subtilité stratégique.

Ces résultats, l'AFM ne les aurait pas obtenus si le Téléthon, depuis sa création en 1987, n'avait pas généré un formidable élan de solidarité autour de la cause des malades; l'organisation d'un mouvement qui va bien au-delà d'une simple collecte d'argent. Cet ouvrage est aussi un immense MERCI aux donateurs, aux bénévoles, aux partenaires (Lions Clubs International, Fédération française des pompiers, et tant d'autres publics et privés). Les découvertes, les grandes avancées, les traitements innovants, ont commencé à se construire là, dans la simplicité d'une promesse de don téléphonique, d'une soirée festive, de défis sportifs et de la vente de crêpes et de ballons. Pendant 30 heures, et c'est unique au monde, un pays entier se mobilise contre la double injustice de la maladie et de l'oubli.

Mais cet édifice est fragile. Est-ce la méconnaissance ou le déni d'une réalité qui poussent de manière récurrente divers groupes de pressions vers l'idée d'une récupération du Téléthon pour le détourner de son objet initial? Le cœur sur la main, ils affirment ne pas vouloir toucher au Téléthon, mais s'acharnent à le remettre en question, pour le vider de sa substance, espérant s'approprier ce qui en a fait son succès. Le Téléthon est populaire et permet le temps d'un week-end de collecter de quoi faire fonctionner une grande association et des centaines de programmes de recherche pendant un an. Mais cette popularité, il ne la doit pas qu'à une couverture télévisée. Si l'accès à la télévision suffisait pour collecter 90 millions d'euros, toutes les opérations cathodiques se solderaient aussi spectaculairement. Des études sociologiques ont largement décrit le phénomène et se résument en un mot : alchimie. Une rencontre du terrain, du peuple dans sa plus noble expression, avec le monde du spectacle et des projecteurs. Une communion entre la population et ses troubadours pour une noble cause. Le Téléthon, c'est 50 % de télé et 50 % de marathon (ce qui d'ailleurs se traduit proportionnellement au niveau du compteur). Penser de manière basique que le Téléthon se limite à un programme télévisé, c'est oublier que ce qui en fait l'identité réside dans les milliers de manifestations orchestrées dans les 10000 communes et quartiers des grandes villes. Une marque de fabrique de l'AFM que cette maîtrise de l'organisation d'événements locaux portés par 200 000 bénévoles. L'association a réussi à créer cette alchimie unique télé – terrain qui perdrait tout sens si on décidait de réserver la plage télévisuelle du premier week-end de décembre à une autre destination. L'événement ne pourrait s'intituler Téléthon, marque déposée AFM, et serait privé de l'organisation du terrain que l'AFM a mis tant d'années à concevoir et mettre sur pied. Détourner le concept Téléthon vers une opération de collecte tous azimuts (demain pour telle maladie infectieuse ; après-demain pour telle maladie chronique ; puis pour la recherche publique, en panne de crédits d'État), c'est le piège infructueux du saupoudrage. Il n'y aurait plus de stratégie construite, débattue, maturée au fil des années. Le gâchis serait double avec une rupture de ce lien et un appauvrissement de la recherche. Un événement déshumanisé, dépossédé de son âme, de sa force T, de son identité et de son lien viscéral avec le grand public insufflé par l'AFM. C'est ce qui a amené l'association à assortir son nom de cet indissociable événement, pour s'appeler désormais *AFM-Téléthon*.

La profusion de résultats n'atténue pas pour autant l'urgence de la maladie et le poids de la mort aux trousses. Au début de cette année 2014 et comme chaque année, je me rendis à quelques réunions départementales au cours desquelles les bénévoles coordinateurs du Téléthon convient les organisateurs de manifestations locales pour faire le point sur les résultats du Téléthon et les remercier de leur contribution. C'est un moment de convivialité et de fête auquel il m'arrive de participer pour y apporter mon témoignage de chercheur et de cadre de l'association. Ce Téléthon-Merci, organisé dans la salle communale du village de Bühl dans le Haut-Rhin, fut le plus difficile qu'il m'ait été donné de vivre. Quelques jours auparavant nous avions en effet appris le décès de Xavier, 26 ans, atteint de myopathie de Duchenne. Son cœur malade et trop fatigué avait cessé de battre. Je connaissais Xavier depuis de nombreuses années. Partout où je passais dans la région et où il pouvait se rendre, il était là pour me poser des questions et me pousser dans mes retranchements. Il m'avait aussi accompagné à l'occasion de certaines manifestations et réunions où sa malice et sa sensibilité de malade captivaient l'attention de l'auditoire. Ce soir de Téléthon-Merci, l'absence de Xavier pesait terriblement. Ses parents étaient là pour continuer à se battre contre la maladie, en mémoire de leur fils. J'aurais voulu être comme ce magicien qui était venu agrémenter la soirée d'un peu de rêve par ses tours fantastiques. J'aurais voulu d'un coup de baguette magique chasser la souffrance et présenter le médicament miracle. Mais la cruelle réalité de la mort aux trousses m'avait ramené à beaucoup plus de modestie. Nous avons permis que des maladies reculent et que des traitements soient mis au point. Mais il y en a tant encore qui sont orphelines de traitement. Et la maladie de Xavier l'a rattrapé trop vite. Me voilà orphelin de lui mais résolu à poursuivre, pour lui et pour tous les autres auxquels Xavier pensait dans son combat jusqu'à son dernier souffle.

Ce livre relate une véritable révolution médicale, commencée avec le Téléthon 1987, celle des biothérapies innovantes des maladies rares et applicables aux affections fréquentes. Le mot « révolution » n'est pas trop fort, et nous pouvons l'apprécier à sa juste valeur. Le secret de la réussite de l'AFM-Téléthon s'explique aussi par le rôle joué par les malades eux-mêmes dans cette aventure. De leurs nuits d'insomnies, ils ont puisé une énergie inébranlable. Ils ne se sont laissés guider par rien d'autre que leur volonté de guérir, d'être reconnus comme des personnes à part entière, aptes à influer sur leur destin. Ils ont inventé un modèle original d'association où les malades prennent une part active à la définition des politiques scientifiques, médicales et sociales, puisqu'elles les concernent au premier chef, tout en bénéficiant au plus grand nombre. Imprégnée de raison et d'émotion, leur cause est devenue celle de tous.

La complexité de l'organisation de la vie biologique

••• L'organisation de la vie biologique est d'une complexité ahurissante qui inspire de nombreux ouvrages. On peut, sans entrer dans des détails compliqués, aborder quelques bases du fonctionnement de notre génome pour se faire une idée de ce qui conduit à certaines maladies et certaines des stratégies thérapeutiques imaginées.

Nous sommes donc poussières d'étoiles. C'est à l'intérieur des réacteurs nucléaires stellaires ou au sein des supernovæ que se forgent les atomes, du plus simple (l'hydrogène, le plus abondant dans l'univers) au plus lourd (l'uranium), en passant par des éléments clés structurant nos molécules (tels que le carbone, l'oxygène, le souffre, le sodium, l'azote, le potassium, le calcium ou le phosphore). Ces atomes, ces molécules plus ou moins élaborées, cette matière inerte, jaillit et s'agrège à l'intérieur de gigantesques étendues gazeuses dont peu à peu émergent des formes solides, planètes, lunes, astéroïdes. L'organisation de cette matière inerte reste un spectacle majestueux pour l'ancien petit astronaute en herbe. Ce qui fascine encore plus le biologiste qu'il est devenu, c'est le degré de sophistication et de flexibilité dont, à partir de ces constituants inertes, a pu s'organiser ce que nous vocalisons simplement par ces trois lettres : V.I.E.

Fonctionnement du génome

Que nous soyons des virus (que beaucoup ne considèrent pas comme des êtres vivants mais des particules parasites inertes, peut-être une transition entre organisation non vivante douée de fonction biologique et êtres vivants), des bactéries, des champignons, des algues, des plantes, des animaux ou des humains, des règles communes régissent notre fonctionnement. Elles se résument ainsi :

L'ADN, cette molécule double hélice, est une succession très longue de 4 types de petites molécules nucléotides, symbolisées par les lettres A, T, G ou C. Cette succession de lettres constitue un brin d'ADN. Celui-ci est relié à son brin complémentaire (constituant ainsi la double hélice) grâce aux liaisons hydrogènes selon la règle A se lie à T et G à C. Dans la cellule humaine, cette molécule est un filament évidemment très fin (2 milliardièmes de mètre) mais qui mesure près de 2 mètres de long. Au sein des virus et des bactéries (dépourvus de noyau) et au sein du noyau de toutes les autres cellules (végétales, animales ou humaines), l'ADN se pelotonne grâce à un système de repliement à l'extrême (un million de fois plus petit) réalisé par des interactions avec tout un ensemble de protéines spécifiques. L'enchaînement des nucléotides est bien déterminé. Le hasard et les pressions de sélection ont permis d'accoucher d'un sens précis : le code génétique.

La lecture de ce code ne s'effectue pas de manière strictement séquentielle. Les nucléotides se lisent 3 par 3 (chaque triplet successif est appelé codon). Toutes les combinaisons de 3 lettres sont possibles et ainsi, à partir de 4 lettres différentes, il est possible d'obtenir 64 combinaisons de 3 lettres (64 codons). Que signifie réellement la lecture de ces codons ? Sans entrer dans les détails qui perdraient le profane, on expliquera que les codons correspondent à des acides aminés. L'enchaînement de centaines, voire de milliers de codons est destiné à être traduit en une protéine. Le rôle de l'ADN est donc un code, succession de codons, déterminant la synthèse des protéines. À chaque protéine correspond une séquence de codons précise. Celle-ci a un début et une fin. Cet ensemble est appelé « gène ». Ainsi un gène est une séquence nucléotidique qui est lue et traduite en protéine.

Pour être « lu », le gène doit d'abord être copié. Pour cela, l'ADN doit être physiquement accessible et s'ouvrir à des interactions avec des ensembles de centaines de protéines[65]. Les propriétés physiques et

65 Sur le plan purement stérique (espace physique disponible), le fonctionnement génétique défie l'entendement. Pour être décodé en ARN, les gènes doivent être accessibles à la machinerie protéique de transcription. Une condition est donc l'accessibilité physique de la portion d'ADN à copier en ARN. Il faut imaginer que le gène devient disponible dès lors que la portion d'ADN correspondante est déroulée, prenant la forme d'une boucle émergeant de la masse hyper-recroquevillée de l'ADN. C'est ainsi qu'à chaque instant des milliers de boucles se font et se défont et se repelotonnent de manière extrêmement coordonnée. Tout se passe à l'échelle cellulaire comme si un fil électrique de 25 km de long, replié dans un espace de quelques centimètres (!), se débouclait et se réagrégeait çà et là en permanence sans le moindre nœud ! On connaît des maladies liées à des défauts de ce processus d'une finesse sans pareille (la myopathie fascio-scapulo-humérale par exemple).

chimiques de ces protéines leur permettent de se lier à l'ADN et ce, de manière coordonnée. Des protéines spécialisées reconnaissent ainsi le codon marquant le début des gènes, d'autres séparent les brins de la double hélice d'ADN au niveau du gène à copier. D'autres protéines (des enzymes polymérases) se lient au début du gène (marqué par un codon ATG), puis de proche en proche assemblent des nucléotides libres dans le noyau (selon la règle A, est copié en U et G en C), jusqu'à ce que le complexe protéique reconnaisse la fin du gène (reconnaissable par un codon dit « Stop » – UAA, UAG ou UGA). La copie du gène ainsi assemblée est un ARN dit « messager », constitué d'un brin simple, lequel sortira du noyau par un processus actif, pour ensuite être pris en charge par une autre machinerie de protéines, les ribosomes. Ceux-ci lient l'ARN messager par son extrémité et le parcourent de proche en proche afin cette fois de fixer une série de petits ARN faits de 3 nucléotides. Toute une collection de ces ARN dits « de transfert » baigne dans le voisinage des ribosomes à l'intérieur de la cellule. À chaque type de codon est donc assigné un ARN de transfert compatible du point de vue des liaisons chimiques. Ces ARN de transfert se lient donc à l'ARN messager les uns à la suite des autres selon l'ordre déterminé par l'ARN messager, un ARN de transfert par codon. À son autre extrémité, chaque ARN de transfert se lie à un acide aminé qui lui est spécifique. Tel ARN de transfert transporte ainsi tel acide aminé, et comme l'ordre des ARN de transfert est déterminé par la séquence de l'ARN messager (initialement la séquence d'ADN, le gène) les acides aminés chargés par les ARN de transfert se succèdent les uns après les autres de la manière ordonnée initialement par le gène. Pourquoi cette nécessité de triplets de nucléotides pour la reconnaissance par les ARN de transfert ? Probablement pour assurer une spécificité de reconnaissance renforcée (pour ainsi dire 3 fois meilleure qu'avec un seul nucléotide), dictée par les propriétés physico-chimiques des molécules, et peut-être aussi pour assurer l'espace nécessaire à l'accrochement des acides aminés plus volumineux qu'un ou deux nucléotides.

Ces événements sont dynamiques, les ARN de transfert, organisés par le ribosome qui coulisse le long de l'ARN messager, s'attachent puis se détachent rapidement de l'ARN messager. Seul le chapelet d'acides aminés reste compact. Les liaisons chimiques opérant entre les acides aminés déterminent la conformation de la protéine néosynthétisée. Sa fabrication s'achève avec une série de processus de maturation coordonnés par un autre ensemble de protéines, des enzymes qui catalysent des réactions de coupure, d'ajouts de nouveaux motifs chimiques (par exemple des sucres), qui vont littéralement sculpter la protéine et lui conférer ses propres propriétés physico-chimiques définitives. Ces enzymes, tels les ouvriers affairés à fignoler leur ouvrage, s'accrochent le long de la protéine pour y amarrer certains motifs chimiques, en retirer pour en ancrer d'autres, dans un tourbillonnement ordonné et précis. Les enzymes s'arriment au squelette de la protéine à des endroits bien définis, au niveau de sites de reconnaissance, comme des clés dans une serrure. La nature des acides aminés imprime ainsi une conformation particulière à la protéine sur toute sa longueur. La protéine ainsi « habillée » peut exercer pleinement sa fonction. Celle-ci sera prise en charge par d'autres acteurs protéiques, par exemple des microtubules, sorte de rails moléculaires, sur lesquels elle va coulisser vers sa destination. Les protéines constituent l'architecture de nos cellules, certaines agissent à l'intérieur de la cellule en tant qu'enzymes ou sous forme de complexes interagissant les uns avec les autres. Des centaines de voies métaboliques sont constituées, capables ainsi de réunir des molécules et des atomes pour fabriquer des lipides, des sucres ou transporter des ions pour organiser l'énergie nécessaire aux réactions chimiques. D'autres protéines agissent en cascade pour initier tel ou tel mécanisme, toujours par le biais de liaisons/détachements chimiques. D'autres encore sont destinées à baigner avec plus ou moins de flexibilité dans la membrane enveloppant la cellule, prêtes à lier et faire transiter des ions (notamment calcium, potassium, sodium ou chlorure) de l'intérieur vers l'extérieur de la cellule ou inversement, modifiant ses propriétés électriques, ou activant ou bloquant d'autres protéines par le biais de liaisons de ces ions avec elles. D'autres protéines membranaires ont vocation à capter d'autres protéines (par exemple des hormones ou des transmetteurs libérés par d'autres cellules). Les liaisons avec les hormones ou avec les transmetteurs (par exemple les neurotransmetteurs) provoquent de nouvelles cascades de réactions aptes à agir profondément sur le fonctionnement de la cellule. Des hormones peuvent être internalisées par la cellule, être dirigées vers le noyau et agir sur le fonctionnement de gènes. D'autres peuvent agir sur l'enchevêtrement de protéines et d'enzymes présentes dans la cellule. Cette complexité passe par le nombre et la nature des protéines codées par les gènes. Le nombre de réactions chimiques, qui individuellement prennent de l'ordre de la microseconde, est parfois tel que l'enchaînement des processus et des mouvements à l'échelle microscopique peut prendre plusieurs heures !

Mais cette complexité n'est qu'une fraction de la réalité. Comment s'articule le fonctionnement des gènes? Certains s'expriment en permanence. D'autres s'allument et s'éteignent en fonction d'événements et de besoins précis ou séquentiels. Combien de protéines sont en jeu? Et la reproduction cellulaire, comment s'opère-t-elle? Comment l'ADN peut-il être recopié à l'identique, sans erreurs? L'ADN humain est composé de 3 milliards de nucléotides organisés en 25000 gènes. Or, ils permettent la synthèse d'au moins 1 million de protéines différentes et en quantités variables, elles-mêmes programmées. Cette diversité protéique est rendue possible par une série de mécanismes complexes qui agissent notamment sur la fabrication de l'ARN messager. Impossible de détailler ces mécanismes en quelques lignes; on ne peut qu'en donner un aperçu.

Plus les espèces sont évoluées, plus grande est la diversité des protéines fabriquées. Ce principe est rendu possible grâce notamment à l'organisation du génome. Si l'on considère l'ADN comme une énorme encyclopédie de 3 milliards de lettres, et les gènes comme des chapitres de livres, l'être humain devrait s'incliner devant le grain de riz qui «pèse» 60000 gènes! Mais le génome du riz produit une diversité de protéines bien inférieure à l'homme. Le génome des espèces évoluées est plus complexe qu'une simple série de gènes. En réalité 1,5 % de notre ADN seulement contient des séquences codantes (celles qui sont retranscrites en ARN messager puis en protéines). Les gènes sont entrecoupés et espacés par d'énormes séquences non codantes. On a longtemps appelé cette fraction majoritaire «l'ADN poubelle», ne sachant pas trop à quoi il peut bien servir. Or, il ne faisait pas de doute que l'économie de la vie ne pouvait avoir engendré 98,5 % d'inutile. Les gènes sont donc organisés en une série de séquences codantes (appelées «exons») dont le nombre et la taille varient d'un gène à l'autre, entrecoupées donc de parties non codantes (les «introns»). La fabrication de la protéine correspondante passe par la copie de l'ADN en ARN. Dans un premier temps cet ARN est immature. Il correspond à la transcription littérale du brin d'ADN, exons + introns. Pour qu'il soit lu et traduits en protéines par les ribosomes, seuls les exons sont nécessaires et suffisants. Un ensemble d'événements séquentiels réalisé par une série de machineries protéiques (le spliceosome), dont les caractéristiques physico-chimiques leur permettent de se lier à l'ARN et entre elles puis de se détacher en un ballet bien ordonné, réalise sur cet ARN immature un processus très ciblé de reconnaissance de séquences relativement courtes mais bien précises de quelques nucléotides de part et d'autre des frontières introns-exons. Les liaisons protéines-ARN engendrent ensuite des réactions chimiques conduisant à la coupure des frontières intron-exon puis du raccordement des exons entre eux. Ainsi est produit un ARN messager, lequel sera transporté hors du noyau pour sa traduction en protéine.

Une complexité « astronomique »

Pour un organisme « simple », 1 ARN = 1 protéine. Mais la réalité est bien plus complexe. Les cellules doivent être capables de produire plus ou moins de la protéine. Cela est conditionné en partie par le nombre de copies d'ARN messager produites. Ce nombre est lui-même conditionné par des séquences plus ou moins proches et plus ou moins complexes en amont du gène (on les appelle des « promoteurs »). La capacité des promoteurs à fixer plus ou moins la machinerie protéique de la transcription varie en rapport. Il existe aussi des séquences régulatrices en aval du site d'initiation du gène et des séquences qui répondent à des stimuli hormonaux, ou des régulateurs de l'ouverture de l'ADN (un préalable à la transcription). Les protéines impliquées dans la transcription sont elles-mêmes régulées par de nombreux phénomènes chimiques organisés par d'autres protéines ou certains ions. L'ARN messager produit est lui-même plus ou moins stable. Un ARN messager plus pérenne sera pris en charge plus longtemps et donc plus souvent par le ribosome pour permettre la copie de quantité croissante de protéine. La stabilité de la protéine va également faire varier la quantité disponible à chaque instant dans la cellule.

Mais les introns et les exons recèlent des séquences qui peuvent largement compliquer la règle 1 gène = 1 protéine. Les excisions introns-exons sont souvent alternatives et produisent des ARN messagers plus ou moins courts, du plus complet (la totalité des exons correspondant au gène) au plus court (un ou quelques exons). Certains de ces ARN messagers « alternatifs » seront suffisamment stables pour être traduits en peptides ou en protéines, lesquels seront donc plus ou moins longs. Selon leur composition en acides aminés, leur forme et leur fonction pourront être très différentes et en plus ou moins grande quantité et stabilité. C'est ainsi que les êtres vivants évolués sont capables à partir d'un nombre limité de gènes de produire des centaines de milliers de protéines différentes. Chacune avec un rôle précis, gouverné par ses caractéristiques physico-chimiques propres mais souvent aussi inscrites dans d'autres fonctions lorsque liées à d'autres composants protéiques, glucidiques, ioniques ou lipidiques. Comment est décidée la stabilité de tous ces constituants? Sa réponse est multiple.

Une autre ronde effrénée vient compléter cet extraordinaire Meccano. Des protéines spécialisées sont chargées seules ou sous forme de complexes de détruire, qui des ADN, qui des ARN, des lipides, des sucres ou d'autres protéines, lesquels sont évidemment recyclés. Leurs quantités respectives et leur localisation dans la cellule sont des éléments régulateurs de ces processus. On découvre presque tous les jours de nouveaux acteurs de cette régulation. Par exemple, l'ADN poubelle recèle des séquences dont le rôle est de produire de petits ARN capables de se lier spécifiquement aux ARN messagers pour les réguler et notamment les détruire, moyennant le recrutement de toute une cascade d'événements et de machineries protéiques (on connaît une douzaine de familles de petits ARN, chacune constituée de centaines voire de milliers de membres). On se rend compte qu'il existe tout un ensemble de mécanismes aptes à réguler la synthèse et la stabilité de ces ARN régulateurs eux-mêmes ! Le tout dans une chorégraphie d'une intrication telle que même les systèmes informatiques les plus puissants ne peuvent que partiellement modéliser ! Mais cette horlogerie fine n'est pas uniquement déterminée génétiquement. Bien d'autres facteurs interviennent. Par exemple la température, modifiant les caractéristiques physico-chimiques des protéines, en métamorphose par conséquent les propriétés. Les enzymes agissent ainsi plus ou moins efficacement en fonction de la température. Les conséquences biologiques peuvent être beaucoup plus profondes. Par le biais de toute une cascade d'événements (l'activation ou l'extinction de promoteurs, d'enzymes ou de voies métaboliques entières), des larves d'espèces reptiliennes peuvent ainsi changer de sexe sous la seule impulsion de la température ! La pression, la gravité peuvent aussi orienter le fonctionnement de la machinerie cellulaire.

L'environnement en général impacte donc considérablement et parfois de manière pérenne l'horlogerie génétique. On appelle « épigénétique » l'ensemble des mécanismes impliqués dans cette influence et cette mémoire biologique. Les connaissances dans ce domaine n'en sont qu'à un stade très embryonnaire. Des modifications chimiques de l'ADN ou de la chromatine (l'ensemble constitué par l'ADN, l'ARN et les protéines à l'intérieur du noyau des cellules) activent ou inhibent les gènes. On s'aperçoit que ces caractères acquis peuvent se transmettre au cours des générations. Ainsi, l'organisme est-il capable d'évoluer au gré des mutations spontanées (le fait du hasard) ou induites (par l'environnement) qui s'opèrent sur l'ADN. Les mutations dans l'ADN se produisent au moment de la division cellulaire ou à la suite d'agressions chimiques ou des rayonnements (UV, radioactivité, rayons X...). L'ADN doit être recopié à l'identique avant d'être réparti dans les deux cellules filles. Cette phase de la division cellulaire est à elle seule un épisode fascinant, incroyablement organisé, et elle justifie que des ouvrages entiers lui soient consacrés. Toujours est-il que durant cette phase (mais aussi après) s'exécutent des opérations très précises de vérification de la séquence génétique. Tout un ensemble de protéines spécialisées intervient afin de vérifier la pertinence de l'enchaînement des nucléotides et littéralement « réparer » les séquences aberrantes. En dépit de la qualité de ces mécanismes de réparation, des erreurs passent au travers des mailles étroites du filet et s'inscrivent alors durablement dans le code (le patrimoine) génétique. Lorsque les cellules responsables de la reproduction sont concernées, ces variations génétiques peuvent se transmettre à la (ou aux) génération(s) suivante(s). Ces mutations peuvent être sans conséquences si le codon reste cohérent (par exemple un CGA devenant un CGG code toujours pour l'acide aminé arginine – six combinaisons de codons différentes codent pour cet acide aminé ; une seule, AUG, pour la méthionine). Il en est de même au sein des introns. Le génome humain renferme ainsi plusieurs millions de telles ou telles variations sans conséquences (on appelle cela des polymorphismes). D'autres variations peuvent influer complètement sur la fonction de protéines selon l'acide aminé ou les acides aminés concernés. Cela peut permettre, par une sorte de sélection naturelle, à des cellules et des organismes de s'adapter à leur environnement. Parfois l'impact biologique est tel que la cellule ou l'organisme sont profondément perturbés, jusqu'à être incapables de survivre. C'est le fondement des mécanismes génétiques de l'évolution mais aussi ceux des maladies héréditaires.

Parfois aussi des séquences génétiques complètes peuvent venir s'intégrer au génome de la cellule. C'est ainsi que notre propre ADN a accumulé durant l'évolution des milliers de séquences de virus intégratifs. Certaines d'entre elles peuvent se révéler utiles, d'autres dormantes à jamais ; d'autres nuisibles lorsqu'elles viennent à se « réveiller ». On trouve aussi dans toutes nos cellules de véritables mini-organismes importés, les mitochondries (la centrale énergétique de la cellule). Ces petits organites (en moyenne 2000 par cellule) portent leur propre petit génome (37 gènes chez l'homme) mais nécessitent aussi l'intervention de gènes de l'ADN du noyau cellulaire (près de 2000 gènes chez l'homme). On pense que les mitochondries sont une réminiscence d'une infection de cellules ancestrales par une archéobactérie.

On apprend aussi que l'ADN n'est pas une structure aussi figée qu'il n'y paraît. Des séquences particulières situées aux extrémités des chromosomes interviennent comme des horloges biologiques. Leur longueur s'érode avec le temps et la sénescence. Des enzymes, les télomérases, sont chargées de les restaurer. Elles sont surtout actives dans les cellules germinales et, malheureusement, aussi dans les cellules tumorales. On connaît aussi des introns mobiles, capables de sauter d'une zone de l'ADN à l'autre !

Le monde de l'ARN

Cet univers est absolument fascinant, et le voile qui le recouvrait ne fait qu'en livrer les tout premiers secrets. L'ARN est régulé extrêmement finement. Les spécialistes de la biologie moléculaire connaissent très bien les techniques telles que la RT-PCR ou les Northern blot. Ces méthodes permettent de visualiser l'ARN sous forme de bandes sur des gels synthétiques et dont la distance de migration sous l'effet de l'électricité dépend de la taille du fragment d'ARN. La technique est réussie quand les bandes bien distinctes se dégagent les unes des autres. L'interprétation est plus difficile quand, à la place de ces bandes individualisées, s'observent de gros pâtés et des *smears* (des taches dégoulinantes), surtout dans la zone basse du gel où migrent les petits poids moléculaires (c'est-à-dire de petits fragments d'ARN), indicibles taches parasitant l'ordonnancement géométrique linéaire auquel s'attendent les chercheurs. Ces gros pâtés sont considérés comme sans intérêt et essentiellement la conséquence de la dégradation des ARN durant sa manipulation, souvent le reflet d'une erreur technique, un biais expérimental, essentiellement dû à un manque de maîtrise de l'expérimentateur. N'en déplaise à son orgueil, c'est souvent le cas… Mais on ignorait ou plutôt on négligeait la possibilité qu'au milieu de ces petits fragments d'ARN dégradés pouvaient se trouver quantité de fragments d'ARN naturellement petits et possédant des fonctions biologiques précises. En scrutant ce que la plupart des biologistes considéraient comme sans valeur, des chercheurs américains ont ouvert la fenêtre sur un tout nouveau monde, celui des petits ARN. Ces recherches leur ont valu en très peu de temps plusieurs prix Nobel. Qui aurait l'idée de porter aux nues les fouilleurs de poubelle ?

L'effrénée valse biologique

On voit qu'à l'échelle d'une cellule, aussi rudimentaire soit-elle, la mécanique biologique procède selon un ordre, une cohérence, une logique, une créativité, une flexibilité que même les meilleurs modèles mathématiques sont encore incapables de calculer. La bio-informatique nous permet d'approcher les enchevêtrements de réseaux protéiques. Les protéines pour la plupart n'agissent pas seules mais de concert avec plusieurs autres protéines, elles-mêmes en réseau avec des dizaines, des centaines d'autres protéines. Se tisse ainsi une véritable toile d'araignée subtile et mouvante, où lorsqu'on agit sur un filin, une musique particulière se met en branle, elle-même en résonance avec d'autres entrelacs, d'autres voies métaboliques. Chaque molécule, de par ses caractéristiques physico-chimiques, est capable de se lier plus ou moins fortement et plus ou moins longtemps à d'autres composants de la cellule. Ces liaisons induisent des réactions chimiques qui vont modifier ces caractéristiques physico-chimiques et ainsi la forme et l'action de la protéine. De proche en proche, le réseau se met en harmonie et joue la musique qu'il est destiné à produire. Si la bio-informatique vient au secours des chercheurs, la matière est si âpre à étudier qu'il n'est pas rare qu'ils consacrent leur vie entière à l'étude minutieuse d'une seule protéine sans en faire le tour !

APPENDICE

2

Pourquoi il ne peut y avoir de vie sur Mars

●●● Cette anecdote n'a pas vraiment de rapport avec l'objet de ce livre, si ce n'est qu'elle traite d'un mécanisme génétique. Je n'ai pas résisté à l'envie de partager cette vision théorique lumineuse d'un collègue sur un mécanisme d'apparition de la vie sur notre planète.

Le point de départ du voyage dans le temps que je vous propose ici m'a été inspiré par la lecture de l'ouvrage *Les Mondes nouveaux de la biologie*, le tout dernier livre de François Gros, secrétaire perpétuel honoraire de l'Académie des sciences, et président d'honneur du conseil scientifique de l'AFM.

Les premiers chapitres de ce livre nous ramènent aux temps primordiaux de la naissance de la vie sur Terre et de l'apparition des premières molécules. Évidemment et par définition, personne n'y était et encore moins n'a témoigné de ce qu'il s'est réellement passé. Les scientifiques s'appuient donc sur des hypothèses qu'ils tentent de vérifier expérimentalement à la lumière des connaissances de la biologie, de la biochimie et de la biophysique actuelle et en analysant les fossiles et autres indicateurs des conditions terrestres il y a 4 milliards d'années. Ils inspectent aussi l'intérieur des météorites qui continuent de percuter notre planète et ont pu apporter les tout premiers chaînons biochimiques de la vie (les acides aminés et les acides nucléiques, comme l'ADN ou l'ARN). Selon une théorie de l'origine de la vie, ces macromolécules d'ADN ou d'ARN, sans lesquelles aucune vie n'est possible, sont apparues lorsque de petites molécules précurseurs, présentes dans la « soupe primitive » terrestre – un mélange renfermant de l'ammoniac, du méthane, de l'hydrogène et de l'eau – et soumises à l'action des ultraviolets ont produit notamment certaines bases intervenant dans la composition des acides nucléiques. D'autres théories proposent que ces structures auraient pu se former à partir de la cristallisation de minéraux. Quoi qu'il en soit, ces molécules ont dû ensuite polymériser en longs filaments d'ARN ou d'ADN. François Gros aborde ensuite l'apparition des premiers organismes et de structures plus complexes.

Il reste peut-être un chaînon manquant dans ce descriptif passionnant. C'est ce point qui m'a ramené à une théorie complémentaire publiée en 2004 par Richard Lathe[66], un biologiste moléculaire d'Edimbourg (et ancien scientifique attaché à Transgene). L'hypothèse de l'apparition des molécules d'ARN et d'ADN, qu'elles aient été générées dans la soupe primitive ou apportées par les météorites, se heurte à un obstacle clé : les molécules formées doivent être reproduites (amplifiées) à très grande échelle pour espérer générer des organismes complexes autoreproductifs. Pour ce faire, les brins d'ARN ou d'ADN initialement formés servent de matrices auxquelles s'agrafent d'autres bases pour compléter de nouveaux filaments. Les doubles brins ainsi formés doivent se dissocier pour servir de matrice à la formation de nouveaux brins et ainsi de suite. Et donc, toute la théorie ne peut se confirmer que si les conditions permettent de séparer les doubles brins, afin que le processus se poursuive. Seule une force externe peut dissocier les doubles brins. Cette force externe existait-elle sur Terre ?

L'intuition de Richard Lathe repose sur l'analogie avec la réaction PCR, la technique qui permet en laboratoire d'amplifier l'ADN à l'infini et d'obtenir à partir de très petits échantillons des quantités d'ADN suffisantes pour toutes sortes de recherches, y compris en médecine légale. La PCR est une succession de cycles au cours desquels, à la température d'environ 50 °C, les simples brins d'ADN servent de matrice pour la synthèse des brins complémentaires à partir des bases présentes dans le milieu ; puis on applique une température plus élevée d'environ 100 °C qui force les doubles brins à se séparer, doublant ainsi le nombre de brins de départ. On abaisse ensuite la température à 50 °C, et la synthèse démarre à nouveau. On réapplique une température de 100 °C, et les nouveaux doubles brins formés se séparent. En répétant ce processus, 40 cycles permettent de convertir une seule molécule d'ADN en un million de milliards de copies identiques.

66 Richard Lathe, « Fast Tidal Cycling and the Origin of Life », *Icarus*, 2004.

Il y a 4 milliards d'années, lorsque la vie a commencé, la Lune orbitait beaucoup plus près de nous et la rotation de la Terre était bien plus rapide qu'aujourd'hui, avec des cycles jours-nuits de quelques heures. Ces éléments provoquaient des marées massives (sur plusieurs centaines de kilomètres) et à forte fréquence (toutes les 2 à 6 heures). Ces données, vérifiées par la paléontologie, ont amené Richard Lathe à proposer sa théorie si originale et inventive. Du fait de ces fortes marées, successions de déshydratations et de condensations massives, les zones côtières ont subi des changements cycliques rapides de salinité (assèchements-réhydratation) et de température (jours-nuits). Ces conditions sont favorables à l'association répétée et la dissociation de molécules bicaténaires d'ADN. À marée haute, la concentration en sels était faible ; dans ces conditions les brins d'ADN se séparent car les charges électriques des groupes phosphates de chaque brin les forcent à se repousser. À marée basse, l'assèchement conduisait à concentrer les molécules précurseurs et évidemment le sel. Ces fortes concentrations en sel neutralisent les charges électriques, forçant ainsi la formation des doubles brins.

Ces cycles implacables ont donc pu amplifier des molécules comme l'ADN selon un processus similaire à la PCR. Cette force externe cruciale pour l'amplification de l'ADN a donc pu exister grâce aux marées primitives.

Ainsi, pour que la vie surgisse, il faut de l'eau, une soupe primitive et différentes formes d'énergie, dont la succession de marées massives et de changements cycliques de température. Ces conditions ont existé sur Terre. C'est pourquoi aussi, selon Richard Lathe, il ne peut y avoir de vie sur Mars. Phobos, la plus grande de ses deux lunes, est si petite que les forces de marées qu'elle génère ne représentent que 1 % de celles générées par notre Lune. *« Même s'il y avait eu de l'eau sur Mars, la vie n'aurait pu évoluer parce que ces polymères n'auraient pu se répliquer. »*

À l'heure où le présent ouvrage est écrit, on n'a toujours pas trouvé de preuve de l'existence d'une vie primitive sur la planète Mars.

Le conseil scientifique de l'AFM

●●● L'AFM est dirigée par des malades et des parents de malades, experts de leur maladie et seuls à même de décider de leur destin. Mais pour les aider dans leur vision stratégique et évaluer les programmes de recherche de manière pertinente, ils s'appuient sur un collège d'experts réunissant toutes les compétences nécessaires.

L'AFM s'est dotée très tôt d'un conseil scientifique très structuré, composé de scientifiques de haut niveau (François Gros, Jean Frézal, Michel Fardeau, Jean-Claude Kaplan, Jean-Pierre Changeux, Jacques Demaille, Jean Rosa, Arnold Munnich, Axel Kahn, Ketty Schwartz,...). Pour éviter les relations incestueuses et le clientélisme, il a organisé l'évaluation des projets par les pairs, qui a conduit à une véritable implication de la communauté internationale. Les conseils scientifiques de l'AFM, dont le renouvellement est périodique, se sont succédé et se sont enrichis de personnalités étrangères et de compétences multiples (chercheurs fondamentaux, cliniciens, vétérinaires, spécialistes de la production et du développement de médicaments, experts de maladies neuromusculaires ou non neuromusculaires), experts issus de public comme du privé ; tous bénévoles. Le conseil scientifique actuel est présidé par Naomi Taylor, une Américaine établie en France (oui, ça existe !), immunologiste reconnue, médaillée de l'Inserm, aussi sensible à la sauvegarde de la recherche académique française qu'à la recherche appliquée pour le compte des malades, jugée à tort moins « noble ». Des éclaireurs des premiers temps y ont toujours leur place. Le conseil scientifique comprend près de 100 membres organisés en commissions par thématiques ou par spécialités. Un comité restreint apte à apprécier les programmes scientifiques dans leur globalité accompagne et conseille les administrateurs et l'équipe scientifique permanente de l'association. Les grands programmes construits et soutenus sur le long terme sont suivis par des comités spécifiques dont la composition varie en fonction de l'avancement du projet.

Aucun projet, du plus modeste au plus coûteux, n'échappe aux fourches caudines du conseil scientifique. Tous auront été vus préalablement par des experts externes puisés dans une base de données de 6000 spécialistes. Les allers-retours sont incessants et les débats de fond comme les débats techniques sont féconds. Les critères d'évaluation dépassent ceux de l'excellence scientifique, comme le pratiquent les organismes de recherche, ou de l'intérêt économique tels qu'appliqués par les services marketing des entreprises. La question est toujours posée de l'intérêt de donner une chance à des projets risqués et novateurs et qui mériteraient d'être accompagnés. La transparence est totale : les porteurs de projet, que leur projet soit retenu ou non, reçoivent l'exhaustivité des avis des experts et des discussions en commissions. Les débats du comité restreint sont enregistrés et retranscrits dans des comptes rendus écrits (cette pratique n'existe pas dans les EPST). Les projets sont de natures extrêmement diverses et donnent lieu à des discussions passionnées autant que techniques. La bonne humeur agrémente parfois les échanges, surtout lorsque les projets s'y prêtent (je pense par exemple à ce laboratoire qui projetait de reproduire chez la souris un traitement déjà mis au point chez l'homme).

Dans le fond, le but des scientifiques qui accompagnent l'AFM, qu'ils bénéficient ou non de fonds de l'AFM, rejoint celui des malades et de l'association. Leurs avis sont pris en toute indépendance et restent des avis. La décision finale est l'apanage du conseil d'administration, étanche aux conflits d'intérêts éventuels et est déterminée par une stratégie définie et affichée par l'association et à laquelle contribue le conseil scientifique. Les décisions des administrateurs sont toutes enregistrées et tracées. Ceux qui ambitionnaient de substituer au conseil scientifique de l'AFM les pratiques des institutions publiques (sans doute pour mieux le contrôler) ne peuvent justifier d'une équivalente transparence.

Nous venons porter témoignage

●●● La communauté des chercheurs s'est regroupée en novembre 2010, une année de tous les dangers pour le Téléthon, dont la pérennité était en jeu. Cette pétition qui rappelait le rôle majeur de l'association en matière de recherche venait se joindre aux soutiens exprimés par l'immense majorité des associations de maladies rares françaises et étrangères et par nos députés toutes tendances politiques confondues.

Nous venons porter témoignage de la contribution déterminante de l'Association française contre les myopathies au succès de nos recherches biologiques et médicales.

Nous entendons depuis un an bien des choses sur l'AFM et sur ce qu'elle aurait fait, ou ne ferait pas de l'argent du Téléthon, sur l'opacité dont elle s'entourerait et sur ses choix que d'aucuns estimeraient discutables, voire ineptes. Responsables scientifiques investis dans les disciplines biologiques et biomédicales, nous pensons nécessaire aujourd'hui de rappeler à ceux qui l'auraient oublié, ou qui souhaiteraient l'ignorer, que nos recherches n'auraient pu atteindre nombre des objectifs auxquels nous sommes parvenus au cours des 23 années écoulées depuis le premier Téléthon sans l'apport des patients et des familles regroupés dans l'Association française contre les myopathies, sans leur dévouement, sans leurs choix et sans leur vision. La recherche biologique et biomédicale n'aurait pas atteint le niveau qui est le sien dans notre pays sans leur engagement militant qui, au travers du Téléthon, entraîne chaque année des millions de nos concitoyens. Les plus importantes parmi les infrastructures de notre recherche biologique n'auraient pas été construites sans leur esprit toujours novateur, parfois visionnaire, des opportunités offertes par l'alliance de la recherche fondamentale et de la technologie. Des recherches parmi les plus fructueuses n'auraient eu ni la puissance ni le retentissement qu'elles ont montrés sans leurs choix décisifs, souvent décriés mais souvent aussi, finalement, applaudis dans le monde entier.

Nous souhaitons simplement, dans les quelques lignes qui suivent, rappeler à tous quelques-unes des avancées scientifiques que nous, qui en avons bénéficié au quotidien dans nos laboratoires, devons à cet exceptionnel mouvement de solidarité populaire construit, autour des équipes de recherche de notre pays, par l'AFM.

L'AFM et la génétique médicale

Le premier Téléthon, en 1987, était marqué par la découverte toute récente du gène responsable de la myopathie de Duchenne, qui permettait enfin de diagnostiquer de façon certaine la maladie. En 23 ans, c'est sans doute plus de la moitié des gènes responsables des maladies génétiques qui ont été percés à jour, ou pour le moins précisément localisés dans le génome. Les parents de jeunes enfants atteints de l'une de ces maladies mystérieuses se souviennent encore du cruel marathon que représentait, il y a à peine 10 ou 20 ans, la recherche d'un diagnostic ou d'un avis éclairé, faute de compétences et de techniques adaptées. Aujourd'hui, l'organisation est nationale, les compétences nombreuses, les techniques performantes et le diagnostic, sans être toujours simple, est de plus en plus souvent assuré. De nombreux gènes ont été isolés et caractérisés et leur nombre augmente chaque jour, défrichant peu à peu un pan entier d'une génétique médicale enfin reconnue.

L'AFM a considérablement encouragé les recherches dans ce domaine, soutenant les efforts des laboratoires et promouvant l'ouverture des services hospitaliers de génétique humaine. Les soutiens financiers ont été engagés dès le tomber de rideau du premier Téléthon et poursuivis pendant plus de deux décennies, entraînant les politiques publiques vers la création, par exemple, du Centre de génotypage. Dans les derniers 10 ans, grâce au plan Maladies rares impulsé par l'AFM, plus de 130 centres de référence couvrant la plupart des affections dans un réseau national ont été créés. Personne ne pourra nier l'importance de ce soutien pionnier de l'AFM à l'élaboration d'une médecine génétique aujourd'hui partout présente. On sait moins dans le grand public – mais le monde scientifique, lui, connaît la valeur de ce travail – que l'AFM a été à l'origine des grandes collectes d'échantillons biologiques dans les familles affectées par les maladies génétiques, et de leur rassemblement dans des centres de ressources biologiques qui sont aujourd'hui des outils exceptionnels qu'utilisent en permanence des centaines de laboratoires de recherche dans le monde.

L'AFM et le génome de l'homme

Le rôle de l'AFM dans le déchiffrage du génome humain a été salué par l'ensemble de la communauté scientifique internationale. Dans les années 1980, quelques scientifiques audacieux avaient lancé l'idée – alors considérée comme un peu folle – d'identifier les 3 milliards de paires de bases du génome de l'homme. À cette époque, les techniques dites de « séquençage » étaient essentiellement manuelles, beaucoup trop laborieuses pour que ce projet paraisse crédible. Séquencer comme on le faisait alors la totalité de l'ADN humain aurait représenté un travail collectif de plusieurs décennies si on avait associé tous les laboratoires susceptibles d'y participer.

Il faut bien rappeler à tous ceux pour lesquels l'utilisation massive de robots en biologie paraît aujourd'hui une évidence qu'il n'en était pas du tout de même il y a 20 ans, et que c'est à Généthon, dans le laboratoire créé par l'AFM, que le changement d'échelle mondial de la recherche biologique a débuté. L'AFM a ainsi donné à des scientifiques français les moyens de relever ce défi en combinant des automates, en mettant en parallèle des dizaines d'appareils, en créant de toutes pièces une informatique de gestion, de stockage des données et de calcul adaptée. L'impact de ce petit groupe de patients et de parents sur la recherche génomique est loin de n'avoir été que financier. Bien au contraire, ces patients, ces familles ont alors démontré eux-mêmes une vision totalement innovante de la recherche en biologie, qu'ils ont choisi, sur la suggestion de quelques chercheurs, de marier à la technologie la plus sophistiquée pour créer de véritables usines de recherche.

C'est bien à cette collaboration entre les chercheurs et l'association de patients que l'on doit le démarrage de ce que l'on appelle aujourd'hui, sur toute la planète, la « biologie à grande échelle ». Et le coup de chapeau de la communauté scientifique internationale à l'AFM a été donné de la plus belle des façons par le prix Nobel James Watson, découvreur de l'ADN, qui est venu chercher sur le plateau du Téléthon la première carte du génome réalisée dans le laboratoire Généthon. Ces travaux avaient, à l'époque, positionné la France au tout premier rang des nations dans la génomique, ce nouveau domaine de recherche de la biologie. Le Centre national de séquençage que les pouvoirs publics ont créé dans les années qui ont suivi s'est nourri des équipes qui avaient fait Généthon, des concepts et des technologies qu'elles y avaient développés.

L'AFM et les biothérapies

Enfin, depuis maintenant plus de 10 ans, l'AFM porte dans notre pays – et au-delà – la plus large part des efforts dévolus à l'élaboration et à la mise en œuvre des biothérapies, thérapie génique d'abord, thérapie cellulaire appuyée sur les cellules-souches ensuite.

Le choix décisif de la thérapie génique que l'AFM a fait dès la fin des années 1990, et auquel elle se tient encore aujourd'hui, a été lourdement critiqué parce qu'il représentait un pari risqué, voire, pour certains, perdu d'avance. La patience, on pourrait dire l'obstination, dont ont fait preuve ces malades et leurs familles, conscients de se battre pour d'autres qu'eux-mêmes en soutenant des recherches longues et difficiles, a pourtant commencé de porter ses fruits. Sans cette puissante volonté, on ne pourrait sans doute pas se féliciter des succès (premières mondiales) qu'enregistrent aujourd'hui les équipes lancées dans la thérapie génique dans notre pays. Faut-il souligner que ces succès concernent une maladie du système immunitaire (DICS-X ou bébés-bulles), une pathologie du sang (bêta-thalassémie) et une maladie démyélinisante (l'adrénoleucodystrophie), trois pathologies hors du champ des myopathies. L'AFM a permis de construire les laboratoires spécialisés dans lesquels la modification de virus, nécessaire à la confection et à l'utilisation des outils thérapeutiques, était possible. Des milliers de lots de vecteurs de thérapie génique ont été produits par Généthon pour alimenter les recherches dans tous les laboratoires qui souhaitaient y participer. Des centaines de jeunes chercheurs ont bénéficié de bourses de formation, en France et à l'étranger. Et depuis quelques années, l'AFM consacre d'importants moyens à mettre au point les structures de production industrielles indispensables à la fabrication, enfin, des agents thérapeutiques spécifiquement préparés pour être utilisés chez l'homme. Les essais cliniques de thérapie génique, qui se multiplient à la suite des premiers succès, vont pouvoir s'appuyer sur cette nouvelle infrastructure, Généthon Bioprod. Et, bien entendu, ceci concerne toutes les maladies rares pour lesquelles la recherche est suffisamment avancée.

Comme l'indique le titre de ce message, nous sommes venus porter témoignage. Responsables scientifiques, nous avons tous vécu les événements que nous rapportons ici et qui ont profondément changé la face de nos disciplines. Nous avons eu la chance, pour nous aider à prendre une place dans cette œuvre collective d'échelle internationale, que se mobilisent les patients et les familles de l'AFM qui avaient décidé que la recherche scientifique était leur affaire, et qui ont réussi à y intéresser, grâce au Téléthon, des millions de nos concitoyens. Nous tenions à dire ici combien cette expérience unique au monde de cohésion sociale autour de la recherche scientifique est importante à nos yeux, et combien il nous paraît essentiel qu'elle soit préservée. Nous souhaitons les remercier publiquement et les assurer de notre solide soutien.

Éthique et thérapie génique

••• La thérapie génique suscite encore bien des fantasmes et cristallise bien des enjeux auxquels l'AFM n'hésite pas à se confronter. Il convient ici de rappeler quelques principes très factuels sur une question clé, l'éthique.

La thérapie génique est une nouvelle stratégie thérapeutique qui offre de grands espoirs, mais suscite en même temps de nombreuses appréhensions. Au-delà des considérations scientifiques, la dimension éthique alimente un débat passionné, dans lequel les concepteurs de cette médecine à naître n'ont pourtant qu'un droit limité à la parole. Peut-être parce que certains de ces concepteurs appartiennent au secteur privé, suspect *a priori* de ne considérer que ses intérêts particuliers. Peut-être aussi parce qu'on prête davantage l'oreille aux arguments négatifs fussent-ils fallacieux ; par principe de précaution. Pourtant, pour qu'un véritable débat puisse s'instaurer, pour que l'opinion publique dispose de tous les éléments pour fonder son jugement, il est indispensable, par tolérance et par esprit de rigueur, d'ouvrir cet espace de discussion ; d'accueillir le message sans dénigrer le messager.

La thérapie génique peut se définir comme l'introduction de matériel génétique ou gène(s) dans les cellules de l'organisme dans le but de produire la(les) protéine(s) codée(s) par ce(s) gène(s) pour corriger un défaut génétique ou stimuler ou abolir une fonction. L'administration du gène correctif (on l'appelle aussi « transgène ») dans les cellules cibles fait appel à des transporteurs biologiques, appelés vecteurs. Ces vecteurs constituent des constructions scientifiques complexes dérivées d'organismes connus tels que certains virus, ou de modèles synthétiques non viraux. La fonction biologique de la protéine codée par le gène correctif, les caractéristiques des vecteurs utilisés (capacité à intégrer ou non le gène dans le génome des cellules cibles ; capacité ou non à proliférer dans les cellules cibles ; aptitude à échapper aux mécanismes de rejet immunologique ou, au contraire à les stimuler ; persistance ou brièveté du fonctionnement du gène-médicament ; maintien plus ou moins prolongé du vecteur dans l'organisme) déterminent le champ d'applications de ces composés.

En transformant les cellules cibles en usines miniatures produisant des niveaux thérapeutiques réguliers de la protéine-médicament et sur une durée plus ou moins longue, la thérapie génique constitue par essence la méthode ultime de délivrance d'un médicament.

Le principe selon lequel on peut corriger les anomalies génétiques par administration du gène sain dans les cellules malades, en l'absence d'autres traitements efficaces, confère à la thérapie génique une image de simplicité quasi miraculeuse, donc caricaturale. La perspective de pouvoir soigner ou prévenir des maladies graves et très répandues a engendré autant d'excès dans les attentes que dans les craintes[67]. L'expérience de 20 ans de tâtonnements et de mises au point a permis de constater que cette entreprise est bien plus complexe et délicate. Aux espoirs affichés de bouleversement de la médecine humaine et au fantasme de l'amélioration artificielle de l'espèce humaine ont répondu parfois une angoisse et un rejet tout aussi irraisonnés.

Fantasme et sacré

Si la notion de risque est au cœur des considérations éthiques (le risque zéro n'existe pas, mais les différentes technologies engendrent différents types de risque), l'éthique présente aussi une dimension temporelle, en particulier lorsqu'un phénomène peut se révéler irréversible, ce que certaines thérapies géniques sont susceptibles de permettre. Il convient donc de rappeler trois distinctions majeures relevant de l'éthique dans ce domaine :

La première est celle qui sépare la thérapie génique *germinale* (visant les cellules sexuelles assurant la transmission des caractères génétiques dans la descendance) de la thérapie génique *somatique* (visant l'ensemble des cellules de l'organisme à l'exception des cellules de la lignée germinale).

67 Avis du groupe de conseillers pour l'éthique de la biotechnologie auprès de la Commission européenne. Avis n°4. 13.12.1994.

Le consensus est largement opposé à la thérapie génique germinale, qui viserait à modifier la descendance avec le patient. Ainsi, les interventions dans le patrimoine génétique de gamètes et d'embryons humains sont purement et simplement interdites.

La seconde distinction est celle qui sépare des interventions à but thérapeutique *stricto sensu,* et celles qui ont une visée « améliorative ». Il s'agit ici de considérer d'un côté des interventions dont le but est de rétablir le fonctionnement biologique normal d'un patient (autrement dit, rétablir la santé dans le sens littéral du terme) et de l'autre des interventions qui cherchent à améliorer la nature humaine par le biais de gènes. Ces dernières, assimilées à l'eugénisme, sont interdites par l'article 13 de la Convention européenne de bioéthique. De surcroît, les caractéristiques humaines même les plus simples comme la croissance, ne reposent pas sur l'expression d'un seul gène. Elles mettent en jeu une multiplicité d'interactions complexes impliquant de nombreux gènes et d'autres mécanismes moléculaires et biologiques, auxquels la connaissance scientifique n'aura un accès probablement que très partiel, donc improductif et en fin de compte inutile.

Si la connaissance et l'expertise technique n'ont pas permis d'améliorer certaines caractéristiques simples, il est d'autant plus irréaliste de rêver à d'éventuelles manipulations génétiques permettant d'agir sur des caractéristiques plus complexes, telle l'intelligence, la personnalité ou l'aptitude au combat. L'idée consistant à utiliser le génie génétique et la thérapie génique afin d'améliorer les individus et de contrôler l'évolution humaine n'a donc aucune base scientifique et relève davantage du mythe.

La troisième distinction s'appuie sur le caractère définitif ou transitoire de la thérapie génique. Certains vecteurs (par exemple ceux dérivés des rétrovirus) sont capables d'intégrer leur génome (et donc le gène médicament qu'ils transportent) dans l'ADN de la cellule hôte. De ce fait, le gène médicament demeurant définitivement dans l'organisme ainsi traité, la thérapie génique revêt un caractère permanent, pour lequel des précautions particulières de sécurité doivent être considérées (par exemple, les patients traités doivent être surveillés à vie). D'autres vecteurs pénètrent dans la cellule cible, mais n'intègrent pas leur génome dans celui de la cellule. Selon leur nature, ces vecteurs sont éliminés de l'organisme en quelques heures, quelques semaines ou quelques années. Le traitement est dans ce cas transitoire, à l'instar des médicaments traditionnels qui persistent dans l'organisme plus ou moins longtemps. Dans ce cas, les contraintes réglementaires sont moins lourdes.

Brevetabilité et sacralisation des gènes

On isole des éléments du corps, on les stocke, les congèle, les retraite : *«l'homme deviendrait son propre matériau»*[68]. L'insuline pour le diabète, l'érythropoïétine pour les anémies, les interférons pour certaines infections virales, la sclérose en plaque ou le cancer, ou les facteurs de coagulation du sang appliqués à l'hémophilie, sont des exemples de protéines issues des connaissances de la biologie et naturellement présentes dans le corps humain, qui ont permis de sauver des millions de vies humaines. Bien qu'il s'agisse de produits biologiques issus du vivant, ils ne sont pas considérés pour autant comme transformant l'homme en vulgaire matière première[69]. Sorties de leur contexte, ces substances ont perdu leur caractère sacré et sont entrées dans la pratique courante de la médecine, et les procédés d'obtention, les innovations impliquant leur utilisation peuvent faire l'objet de brevets.

Selon ce même principe, on peut se demander pourquoi soudainement, parce qu'un gène, alignement de combinaisons de 4 molécules chimiques de base, est introduit dans l'organisme, «l'homme naturel» serait transformé en «homme artificiel», faute de nous souvenir de sa dignité. *«Le génome n'est pas sacré, ce qui est sacré, ce sont les valeurs liées à l'idée que nous nous faisons de l'humanité»*[70], déclare la philosophe et psychiatre Anne Fagot-Largeault.

Le droit des brevets remonte au siècle des Lumières. Les brevets ont été conçus comme une forme de contrat social conclu entre l'inventeur et la société. La société protégeait l'inventeur en lui garantissant une rétribution pour la divulgation de son invention et, en retour, l'inventeur acceptait que l'on puisse faire usage librement de son invention. Par le brevet, l'inventeur partageait la connaissance de son invention avec le reste de la société.

---

68 F. Quere. «Thérapie génique et religion, ne me touche pas». *Journal international de bioéthique* (1994) 5 : 31-34.

69 « De la transgénèse animale à la biothérapie chez l'homme». Rapport de l'Académie des sciences, rst n° 14, février 2003.

70 Anne Fagot-Largeault, «Respect du patrimoine génétique et respect de la personne», *Esprit*, 1991.

Après Venise (statut de l'inventeur, 1474), les premiers pays à adopter des lois sur le brevet ont été l'Angleterre (statut des monopoles, 1623), les États-Unis en 1790 et la France en 1791. Depuis lors, tous les pays industrialisés et un grand nombre de pays en voie de développement ont adopté une législation sur le brevet. Dans son principe, le brevet permet donc de communiquer librement l'objet de l'invention et d'encadrer son exploitation commerciale.

Cependant, la capacité du génie génétique de donner à l'homme le formidable pouvoir de manipuler la matière vivante a suscité des craintes au point de mettre en doute la légitimité de la brevetabilité de la matière issue du vivant.

L'article 5 de la directive européenne de 1998 précise que le corps humain, aux différents stades de sa constitution et de son développement, ainsi que la simple découverte d'un de ses éléments, y compris la séquence ou la séquence partielle d'un gène, ne peuvent constituer des inventions brevetables. Un élément isolé du corps humain ou autrement produit par un procédé technique, y compris la séquence ou la séquence partielle d'un gène, ne peut constituer une invention brevetable, même si la structure de cet élément est identique à celle d'un élément naturel[71]. Ainsi aucun brevet ne peut être délivré sur le corps humain ou ses éléments. Ces dispositions s'inspirent du principe de non-commercialisation du corps humain et font écho aux engagements de la Déclaration universelle sur le génome humain et les droits de l'homme du 11 novembre 1997 (adoptée à l'unanimité des États membres de l'Unesco et par l'Assemblée générale des Nations unies le 9 décembre 1998).

Le principe éthique du consentement informé et libre de la personne sur laquelle des prélèvements sont opérés doit également être respecté. Ce principe exige que l'information de la personne soit complète et précise, en particulier sur l'éventualité du dépôt d'une demande de brevet concernant l'utilisation de ce prélèvement. Les gènes ne peuvent être brevetés sur la simple connaissance de leur séquence (assimilée à une *découverte*, par essence non brevetable). C'est l'identification d'une *fonction* rattachée à ce gène et son *application* (assimilée à une *invention*) qui peut donner lieu à brevet.

71 Directive 98/44/CE du Parlement européen et du Conseil du 6 juillet 1998 relative à la protection juridique des inventions biotechnologiques.

C'est ensuite la légitimité de l'utilisation des gènes chez l'homme qui est discutée. La question est posée de la ligne entre le traitement justifié d'une maladie ou d'une infirmité et celui d'un caprice individuel. *« La taille, grande ou petite, dans quelle catégorie la ranger ? »*[72] Sur ce point particulier, alors que leur finalité est commune, ce qui est pourtant admis de longue date pour l'hormone de croissance (un médicament visant à traiter certains retards de croissance) est sujet à polémique dès lors que serait utilisé le gène codant pour cette hormone. Aux différences de pharmacocinétique près, la finalité de l'introduction somatique d'un gène dans l'organisme est identique à l'administration de la protéine qu'il permet de produire. En la matière, il ne s'agit pas de manipulation génétique de l'individu, mais simplement de l'introduction d'une substance thérapeutique. Dans ce registre, on doit pouvoir appliquer à la thérapie génique les mêmes principes que pour les thérapeutiques conventionnelles.

Rapport bénéfice/risque

Le risque iatrogène

Bien que la frontière entre la notion de normal et de pathologique soit fluctuante, mais cela vaut pour toute forme de thérapie (chirurgie, pharmacologie classique, psychothérapie, etc.), le champ de la thérapie génique est donc clairement circonscrit aux actions médicales. Dans ces limites, l'application d'une thérapie génique somatique chez un sujet malade n'est pas considérée comme fondamentalement différente de la transplantation d'organes ou de la greffe de moelle osseuse.

La thérapie génique obéit donc aux règles communes régissant toute recherche clinique sur l'être humain et répondant au principe fondamental du rapport bénéfice/risque. Cette exigence n'a donc rien de spécifique au contexte de la thérapie génique, mais elle mérite sans doute d'être affirmée avec vigueur s'agissant de traitements qui ont acquis une image publique particulière teintée d'un mélange d'espoirs plus ou moins prématurés et de craintes irrationnelles.

---

72 F. Quere, « Thérapie génique et religion, ne me touche pas », *Journal international de bioéthique* (1994) 5 : 31-34.

Néanmoins, le risque iatrogène, dont la notion est admise pour les thérapeutiques classiques, est beaucoup plus difficilement accepté pour les thérapies géniques. Le risque iatrogène, c'est-à-dire le risque de survenue d'événements non désirés pour le patient et liés aux soins médicamenteux est un problème reconnu de santé publique. Les événements iatrogènes graves (décès, incapacité, prolongation du séjour hospitalier principalement ; directive 8000/38/CE de la Commission européenne du 5 juin 2000, modifiant le chapitre V bis, Pharmacovigilance) ont un lien de causalité avec le processus de soin sans qu'il s'agisse nécessairement d'une erreur.

Des données épidémiologiques globales sur les événements iatrogènes (États-Unis, Australie, Royaume-Uni, Danemark, Nouvelle-Zélande) montrent un taux d'incidence de 4 à 17 % des événements indésirables pris en charge dans des établissements de santé, 25 à 50 % d'entre eux étant considérés comme évitables ou conséquence d'une négligence. Ces événements seraient à l'origine d'un décès dans 10 % des cas. Les événements iatrogènes constituent la huitième cause de mortalité aux États-Unis (140000 décès par an).

Une étude française indique que le risque lié aux interventions chirurgicales et autres actes invasifs serait à l'origine de 50 % des événements iatrogènes (0,6 décès pour 100000 anesthésies en 1996, 2 % de décès liés aux complications de la réanimation), la seconde cause étant le risque lié aux médicaments (10 à 20 % des événements iatrogènes)[73]. Hors hôpital, le nombre de cas est estimé à environ 2,6 par médecin généraliste par an, soit un total de 123000 cas (pour l'année 1998 en France). Les médicaments incriminés sont principalement les anticancéreux et les anticoagulants[74]. Ils comptent pour 10 % de l'ensemble des séjours hospitaliers. L'iatrogénie médicamenteuse serait responsable de 128000 hospitalisations par an pour les seuls hôpitaux publics français. Ce risque est supérieur à celui des infections nosocomiales. Une étude de l'Inserm (SC-8) menée en 1997 en France sur la mortalité iatrogène à partir des certificats de décès estime à 10000 le nombre de décès iatrogènes.

---

73 L'estimation, du risque iatrogène grave dans les établissements de santé en France. Direction de la Recherche des études de l'évaluation et des statistiques, n° 219, février 2003.

74 Lacoste-Roussillon C., Pouyanne P., Haramburu F., Miremont G., Begaud B., *Incidence of serious adverse drug reactions in general practice : a prospective study*, Clin Pharmacol Ther. (2001) 69 : 458-462.

L'iatrogénie globale devrait augmenter car les progrès médicaux permettent des interventions sur des sujets de plus en plus âgés et fragiles dont le nombre s'accroît. Le risque est inhérent à tout acte thérapeutique ou préventif. Même en matière de vaccin, les outils les plus efficaces et les plus sûrs en médecine, il n'est pas nul. Le nombre d'événements indésirables graves varie de 1 sur 1 000 doses à 1 sur 1 000 000 de doses selon le type de vaccin.

En matière d'essais cliniques de nouveaux médicaments, on ne dispose pas de statistiques précises. On peut présupposer que, sachant que 90 % des molécules échouent dans les phases d'essais cliniques, en partie à cause d'effets secondaires inacceptables, le risque est encore plus élevé que pour les médicaments déjà approuvés.

Les risques iatrogènes liés à la thérapie génique

Compte tenu du fait que la thérapie génique n'en est encore qu'à un stade essentiellement expérimental, les principes éthiques à respecter doivent englober au minimum tous ceux régissant les bonnes pratiques cliniques en matière d'expérimentation sur des sujets humains (le consentement éclairé des patients, en tenant particulièrement compte des enfants et des personnes majeures vulnérables, l'agrément des protocoles de recherche par un organe indépendant et multidisciplinaire, tel qu'un comité d'éthique, la proportionnalité entre les risques et les bénéfices)[75].

S'ajoute à ces dispositions une réglementation spécifique, notamment en matière de production et de dissémination, relative aux organismes génétiquement modifiés, auxquels les produits de thérapie génique sont assimilés (directives 90/219/CEE et 90/220/CEE ainsi que la législation relative à la sécurité des produits).

Au stade actuel, la thérapie génique est généralement réservée aux maladies graves pour lesquelles il n'existe pas d'autre traitement efficace. Les indications thérapeutiques pourraient cependant être étendues à l'avenir.

Le premier exemple d'essai de thérapie génique sur les humains est la tentative de traitement en 1990 d'une fillette de 4 ans souffrant de déficience enzymatique héréditaire menant à un sévère déficit immunitaire, qui provoque la mort des

75 Avis du groupe de conseillers pour l'éthique de la biotechnologie auprès de la Commission européenne. Avis n° 4. 13.12.1994.

enfants à la suite de la moindre infection. L'étude n'a pas été jugée suffisamment probante, mais cet essai représentait un premier pas essentiel. Depuis, plus de 2300 essais cliniques sur près de 20000 sujets humains ont été entrepris ou sont en cours dans plus de 20 pays. Le développement de la thérapie génique dans les maladies héréditaires s'est trouvé confronté à des obstacles conceptuels, notamment à la difficulté technique de délivrer les gènes médicaments dans des organes entiers, autrement dit, dans une masse imposante de cellules, et de façon persistante.

Les efforts se sont intensifiés dans le domaine de certaines maladies acquises (non génétiques) notamment, car la preuve du concept pouvait y être fournie plus facilement et plus rapidement. Ainsi, 75 % des essais cliniques actuels de thérapie génique portent sur le cancer. Plusieurs méthodologies sont explorées :

- stimulation du système immunitaire par transfert dans la tumeur de gènes codants pour des protéines immunostimulantes telles que des interférons ou des interleukines. Produites au sein de la tumeur, elles peuvent induire une réponse immunologique à distance, en particulier contre les métastases, et ce, sans les effets secondaires rencontrés habituellement lorsque ces protéines sont injectées massivement dans la circulation sanguine;
- vaccination contre les tumeurs, par administration sous-cutanée, intramusculaire ou orale de gènes produisant des protéines présentes habituellement dans ou à la surface des cellules tumorales. La réponse vaccinale ainsi générée contre ces protéines se répercute contre les tumeurs et leurs métastases. Ces vaccins sont actuellement évalués chez l'homme pour leur pouvoir curatif et, idéalement, pourraient être un jour appliqués de manière préventive;
- introduction, dans les cellules tumorales, de gènes tueurs, de gènes inhibiteurs de la formation de réseaux vasculaires nécessaires à la croissance et à la survie des tumeurs, ou encore de vecteurs viraux capables de se multiplier sélectivement dans les cellules cancéreuses pour les détruire.

Ces approches peuvent être avantageusement utilisées en combinaison entre elles, mais aussi avec les thérapies conventionnelles comme la chimiothérapie ou la radiothérapie.

Le caractère transitoire de certains produits de thérapie génique convient aussi parfaitement au traitement préventif d'affections cardiovasculaires liées à un défaut d'irrigation sanguine, comme dans le cas des artérites des membres inférieurs ou de l'infarctus du myocarde, où l'on agit par transfert de gènes de facteurs de croissance angiogéniques (favorisant la formation de vaisseaux sanguins). De nombreux essais sont au stade des phases cliniques II et III, très proches de la mise sur le marché.

Le doute, voire le rejet, a été alimenté par plusieurs événements parfois dramatiques qui sont venus émailler cette recherche clinique en thérapie génique. On connaît à ce jour deux seuls cas avérés de décès liés directement à un protocole de thérapie génique. Le premier est survenu en septembre 1999, chez un patient de 18 ans, Jesse Gelsinger, souffrant d'une maladie métabolique rare, et qui s'était porté volontaire dans une étude d'administration dans le foie d'un vecteur thérapeutique viral. L'enquête diligentée par les NIH (l'Institut national de la santé américain) et la Food and Drug Administration – FDA (l'équivalent de l'Agence nationale de sécurité du médicament française) a identifié plusieurs violations du protocole par le principal investigateur, en particulier un surdosage dans le vecteur utilisé. L'erreur en l'occurrence était d'origine humaine et n'est malheureusement pas spécifique à la thérapie génique.

Une étude plus globale a révélé 6 autres cas mortels au cours d'essais de thérapie génique visant la régénération de vaisseaux sanguins. Cependant, ces cas ne sont pas liés à la thérapie elle-même ; ils se sont bien produits au cours de ces essais, mais ils étaient dus à l'état pathologique avancé des malades impliqués. Il a été reproché en revanche aux investigateurs le non-respect de l'obligation d'en informer les agences réglementaires.

Comme nous le rappelle l'histoire de la thérapie génique des enfants-bulles, la probabilité d'échec que l'on a donnée pour les thérapies conventionnelles (en l'occurrence les greffes de moelle osseuse) est refusée pour la thérapie génique.

Il convient de relativiser l'impact des complications observées en thérapie génique. Il n'en reste pas moins qu'elles mettent en lumière son caractère complexe et donc délicat.

Le moratoire sur la thérapie génique des enfants-bulles et sur toute thérapie génique utilisant les vecteurs rétroviraux, décidé dans un premier temps par certaines agences réglementaires, soulève un autre problème éthique, celui de l'accès aux soins. Les enfants pour lesquels il n'existe pas de donneur compatible n'ont pas d'autre recours que la thérapie génique, laquelle semble montrer une remarquable efficacité. Des parents d'enfants-bulles se sont élevés contre ce moratoire. De nouvelles générations de vecteurs intégratifs à la sécurité renforcée ont été mises au point. La FDA et le NIH ont finalement recommandé que la thérapie génique qui s'est avérée efficace contre la forme SCID puisse être utilisée, cependant, en dernière extrémité. L'Agence française de sécurité sanitaire des produits de santé (AFSSAPS, aujourd'hui l'ANSM) s'est finalement rangée à un avis similaire. Quant au potentiel cancérogène du vecteur, il a fait l'objet d'études approfondies afin d'en maîtriser le risque. Le principe de conduction des essais cliniques a ainsi été respecté : réduire les incertitudes en prévision de l'essai, conduire l'essai de manière prudente, répondre aux problèmes survenant durant l'essai, apprendre de ces problèmes afin de rendre l'essai plus sûr, et rapporter les problèmes auprès des agences afin que cette information puisse rendre les autres essais cliniques plus sûrs.[76]

À ce jour, les complications que nous venons de décrire constituent les seuls cas majeurs identifiés sur l'ensemble des essais cliniques de thérapie génique. Contrairement à l'opinion largement répandue, on convient que la plupart de ces essais ont fait preuve jusqu'ici d'un haut degré de sécurité[77].

À ce stade, on ne peut donc certainement pas affirmer que la thérapie génique comporte davantage de risques que les thérapies conventionnelles. Au contraire, dans le domaine du cancer par exemple, elle se distingue notablement des chimiothérapies par sa relative innocuité. Ceci est d'autant plus remarquable, s'agissant d'une nouvelle technologie pour laquelle les patients dont l'inclusion est autorisée dans les études cliniques sont le plus souvent des sujets en phase avancée de leur maladie (donc extrêmement fragilisés) et ayant résisté aux traitements antérieurs ou ne pouvant bénéficier de traitements classiques – une barrière supplémentaire pour la thérapie génique. Son caractère novateur exige néanmoins de la thérapie génique des garanties supérieures de sécurité.

L'ANSM définit le médicament de thérapie génique comme *« toute substance active qui contient ou constitue un acide nucléique recombinant administré à des personnes en vue de réguler, de réparer, de remplacer, d'ajouter ou de*

---

76 Michael Baram. « Making clinical trials safer for human subjects ». *American Journal of Law & Medicine*. 2001.

77 *L'observatoire de la génétique*. « La thérapie génique : sa complexité éthique et scientifique ». David Roy. N° 10, mars-avril 2003.

supprimer une séquence génétique ; et son effet thérapeutique, prophylactique ou diagnostique dépend directement de la séquence d'acide nucléique recombinant qu'il contient ou du produit de l'expression génétique de cette séquence». Le gène médicament n'est pas considéré en France comme une spécialité pharmaceutique qui relèverait du processus habituel d'autorisation de mise sur le marché (AMM), sa nature d'organisme génétiquement modifié lui conférant des caractères spéciaux. Une double autorisation est nécessaire. La première est celle d'un comité consultatif pour la protection des personnes se prêtant à une recherche biomédicale (CPP), saisi par l'investigateur et qui se prononce sur la conformité à la loi Huriet[78] du projet présenté, comme cela est obligatoire pour tout protocole de recherche médicale. Cependant, dans le cas de la thérapie génique, ce comité ne rend son avis définitif qu'après autorisation délivrée par l'ANSM après approbation par une commission de génie génétique qui se prononce sur la classe de risque et le niveau de confinement pour la manipulation de l'OGM, et par une commission d'étude de la dissémination des produits issus du génie biomoléculaire qui se prononce sur les conditions éventuelles de confinement des personnes traitées. L'ANSM sert de guichet unique. Cette agence dépend du ministère de la Santé alors que les commissions techniques dépendent du ministère de la Recherche et celui de l'Agriculture. Le dossier fournit des renseignements sur l'OGM (nature, construction et production, classement proposé), les locaux et le personnel relatifs au projet (conditions de confinement), les incidences sur l'environnement (transport et stockage de l'OGM, conditions de sortie de l'essai). Comme pour les candidats médicaments conventionnels, il doit détailler la base scientifique, les données précliniques, les bases scientifiques qui ont conduit à initier l'essai et son protocole, les conditions de suivi à court et à long terme. La durée de l'instruction du dossier, sans compter le temps d'examen par le CPP, est de plusieurs mois. Il n'est pas rare, par le jeu des allers-retours, que le processus excède 12, voire 18 mois. Ces délais ne sont pas sans conséquences éthiques.

Accessibilité/conflits d'intérêts ?

Comme l'illustre l'exemple de la maladie des enfants-bulles, l'accessibilité aux essais cliniques soulève des questions éthiques. Il est délicat d'un point

78 Loi n° 88-1138 du 20 décembre 1988 relative à la protection des personnes qui se prêtent à des recherches biomédicales.

de vue éthique de solliciter le consentement éclairé des sujets lorsque l'information est complexe et difficile à comprendre. Le formulaire de consentement éclairé doit être un document exhaustif capable de tempérer les attentes démesurées du malade ou de sa famille. Ceux-ci doivent être en mesure d'évaluer sereinement l'étendue des bénéfices et des complications liés à un traitement.

Le souci légitime de sécurité, lorsqu'il est poussé à l'extrême, conduit parfois à des situations contradictoires. Par exemple, le caractère irréversible du transfert de gène ne concerne que certaines familles de vecteurs ; la plupart des vecteurs de gènes ne sont ni intégratifs ni propagatifs ; ils ne transfèrent donc pas les gènes de manière irréversible et ne prolifèrent pas dans l'organisme. Dans le cas des vaccins de thérapie génique appliqués au traitement ou à la prévention des cancers ou de maladies infectieuses, le vecteur et le transgène ne s'expriment que pendant quelques heures à quelques jours. Les cellules ciblées sont rapidement éliminées par le système immunitaire du sujet vacciné. Il n'y a donc aucun caractère irréversible dans ce cas. Néanmoins, des règles particulièrement strictes sont parfois exigées pour les vecteurs de gènes à visée vaccinale ; elles visent notamment à s'assurer de l'absence d'intégration dans les cellules hôtes ou de dissémination dans l'environnement. C'est le cas par exemple pour le vecteur issu de souches hautement atténuées de poxvirus (famille dont est issu le virus de la vaccine, base du vaccin antivariolique appliqué à l'ensemble de la population mondiale). Ce vecteur, dont le parent est donc un virus vaccin classique dans lequel on insère un gène médicament, est un outil de choix pour les applications vaccinales de la thérapie génique. On pourrait donc être amené à s'interroger sur la contradiction qu'il y a à autoriser l'usage généralisé des vaccins conventionnels à virus sauvages vivants ou atténués sans surplus réglementaires depuis des générations, en regard de l'abondance de restrictions portant sur les vecteurs viraux vaccinaux autrement plus contrôlés et maîtrisés que les préparations de virus parental, mais suspects dès lors qu'ils sont considérés dans leur acceptation « thérapie génique ». Bien qu'il s'agisse de produits autrement plus sûrs que leurs parents vaccins classiques, une réglementation excessive compromettrait leur utilisation en médecine humaine.

La charge émotionnelle véhiculée par ces nouvelles thérapies[79], l'application stricte du principe de précaution, le poids administratif, les délais d'instruction et de réponse de la part des agences réglementaires sont autant de freins à l'émergence des thérapies géniques. Pendant ce temps, en octobre 2003, l'agence du médicament chinoise donnait, pour la première fois au monde, son approbation conditionnée pour un produit de thérapie génique, la Gendicine™, dans le traitement de certains cancers. La Gendicine™ est une copie du produit, mise au point par Rhône-Poulenc, puis cédée à la société américaine de biotechnologie Introgene, et toujours en phase d'études cliniques aux États-Unis (phase III). Des doutes, non vérifiés, sur la rigueur de la conduite des essais chinois et les conflits d'intérêts politiques ou financiers ont été avancés, mais il s'agit avant tout de doutes de principe. Cet événement donne en tous les cas à réfléchir sur la réactivité de la chaîne décisionnelle dans les pays occidentaux, et sur l'équilibre à trouver entre une réglementation sécuritaire et l'impérieuse nécessité du progrès médical.

La question plus large de l'égalité d'accès aux soins, des disparités entre Nord et Sud, riches et pauvres, hommes et femmes, jeunes ou vieux, constitue aussi des problèmes d'éthique pouvant s'appliquer à la thérapie génique. L'absence de recul ne permet pas encore de disposer d'évaluation fiable du coût de la thérapie génique. On estime à environ 1,7 milliard de dollars le coût de développement d'un médicament conventionnel[80]. Ce montant prend en compte notamment les efforts de recherche, les coûts de production et de distribution et le taux très élevé (90 %) des médicaments candidats échouant en phase clinique. Ces chiffres sont en augmentation constante, en particulier en raison du coût toujours plus élevé des technologies de pointe, mais aussi du fait de l'accroissement des contraintes réglementaires. Obéissant aux mêmes règles que les

79 Il arrive même qu'on attribue à la thérapie génique des accidents thérapeutiques dont elle n'est pas responsable. Ce fut le cas en 2007 avec le décès d'une patiente américaine traitée pour une polyarthrite rhumatoïde. Sa mort par infection fungique a fait la une des journaux suspectant la thérapie génique d'en être responsable. Après deux ans d'investigations, il s'avéra que son décès était consécutif au traitement concomitant standard, un immunosuppresseur connu pour de tels effets. Cette nouvelle ne fit pas la une des journaux et l'immunosuppresseur n'a pas été interdit pour autant…

80 Étude par les analystes Bain & Co publiée dans *Chemical & Engineering News* du 15 décembre 2003. Ces coûts augmentent de manière astronomique. De l'ordre de 4 millions de dollars en 1962 et 50 millions de dollars en 1979, ils sont passés de 350 millions de dollars en 1996 à 800 millions de dollars en 2001 (dernière étude publiée par le Tufts Center for the Study of Drug Development, Tufts University, Boston ; « The price of innovation : new estimates of drug development costs ». J.A. DiMasi *et al. Journal of Health Economics* (2003) 22 : 151-185).

médicaments conventionnels et devant répondre à des critères de sécurité supplémentaires en tant que technologie nouvelle, le coût de la thérapie génique devrait se situer à un niveau comparable. Le peu de probabilités d'amortir de tels coûts, lorsque les médicaments s'adressent aux maladies rares, amène l'industrie pharmaceutique à se désintéresser de ces marchés trop restreints – question de survie économique. Afin de respecter le principe d'égalité d'accès, les instances supranationales ont instauré un statut incitatif de *médicament orphelin* devant permettre de faciliter, accélérer et mieux valoriser les efforts consentis en matière de développement de traitements pour les maladies rares.

Les sources de conflits d'intérêts peuvent se situer autant sur les plans individuel, politique, universitaire, scientifique ou philosophique que sur le plan financier. La collaboration entre l'industrie et le milieu universitaire est un facteur important de survie pour la recherche académique, mais paradoxalement l'inquiétude demeure sur le risque de dépendance croissante de la recherche biomédicale vis-à-vis de l'industrie. La recherche du profit et le souci de protéger les investissements consentis au développement des thérapies géniques font craindre une atteinte de l'intégrité scientifique. Pourtant, il faut reconnaître que les échecs, les erreurs, ou les malveillances en matière de développement de nouvelles molécules imputées au secteur privé lui seraient très préjudiciables; davantage que pour le secteur public. Les pratiques tendancieuses ne sont donc évidemment pas de l'intérêt des entreprises biopharmaceutiques, car elles compromettent leur survie, leur croissance et leur valorisation (quelques exemples récents sont venus illustrer ce propos). Sans pour autant y voir une valeur diagnostique, on se rappellera que les accidents enregistrés dans les essais de thérapie génique impliquaient des institutions publiques, sans lien avec des industriels. On peut en revanche s'interroger sur les répercussions que de tels événements auraient eues si les responsables de l'étude avaient été des entreprises privées.

Progrès trop lents?

Une analyse rétrospective très sévère est trop souvent portée sur cette médecine à naître. Elle contraste en tous les cas avec l'exaltation nostalgique des expérimentations pionnières du passé, celles des Pasteur, des Jenner (les pères de la vaccination) ou des Flemming (le découvreur de la pénicilline), auxquelles pourtant les mesures d'éthique actuelles se seraient opposées. Les mêmes critiques adressées aujourd'hui à la thérapie génique avaient déjà été portées à l'encontre des premières tentatives de greffe de cœur ou de transfusions sanguines (dont le développement a été de surcroît jalonné de nombreux accidents). On exige trop et trop vite. Or les 20 ans écoulés depuis le premier essai de thérapie génique sont une échelle de temps très courte en comparaison des 150 ans nécessités par la pharmacologie classique, ou des 30 ans pour les transfusions sanguines et les thérapies protéiques (elles-mêmes décriées en leur temps) pour trouver leur place dans l'arsenal thérapeutique. Aujourd'hui, après 20 ans, les premières demandes d'autorisation de mise sur le marché de thérapies géniques sont déposées. Le premier produit de thérapie génique autorisé dans les pays occidentaux (le Glybera®, proposé dans une hyperlipidémie familiale rare) a obtenu le feu vert européen en octobre 2012. Bien d'autres suivront ; les essais de phase III se multiplient. Et pourtant, la barre est mise très haut puisqu'on réserve ces premiers développements à des indications pour lesquelles les autres thérapies ont échoué.

Parce qu'elle semble toucher à ce que nous considérons comme les fondements mêmes de la vie (les gènes), la thérapie génique véhicule une charge émotionnelle exacerbée. Il a été reproché l'absence de réelles perspectives scientifiques ou thérapeutiques de certains essais cliniques de thérapie génique, sous la pression médiatique ou à la seule fin de sauvegarder la valeur en Bourse des actions de certaines firmes. Ces thérapies, reconnues aujourd'hui, n'auraient sans doute pas vu le jour si les réglementations actuelles s'étaient appliquées alors. De même, l'aspirine n'aurait probablement jamais obtenu l'autorisation de mise sur le marché si les critères actuels lui avaient été imposés au moment de sa découverte.

Cette constatation illustre le fragile équilibre à trouver entre suspicions pesantes, souci légitime d'éthique et accès dans des délais les plus raisonnables possibles à des thérapeutiques prometteuses. *« Là où le savoir défaille, la horde des préjugés débarque*[81] *»*. Il est essentiel de laisser la possibilité à tous les intervenants de promouvoir librement l'information auprès du public afin qu'il puisse avoir une vision objective des possibilités et des limites de la thérapie génique et de ses développements futurs, et qu'il puisse participer étroitement à son émergence.

---

81 F. Quere, « Thérapie génique et religion, ne me touche pas ». *Journal international de bioéthique* (1994) 5 : 31-34.

Comme tout médicament, les produits biologiques, parce qu'ils exercent une action physiologique, comportent inévitablement des risques associés à cette action physiologique. *« Nous devons nous rappeler que l'évolution de la pratique médicale est dynamique. Lorsqu'un effet secondaire non prévu apparaît, une évaluation est systématiquement entreprise, et de ce processus émergent de nouvelles idées qui au bout du compte génèrent de nouvelles médecines utiles. »*[82]

Il est maintenant largement reconnu que les thérapies géniques ne soulèvent guère de dilemmes éthiques qui leur soient vraiment spécifiques. La recherche dans ce domaine relève pour l'essentiel des normes éthiques désormais bien établies qui régissent toute recherche clinique sur l'être humain. Ainsi, une thérapie génique transitoire s'apparente à l'administration d'un médicament, tandis qu'une thérapie génique au caractère permanent est assimilée à la greffe d'organes. L'application en routine de ces thérapies sera donc progressivement du ressort de l'éthique médicale générale[83].

La réalité scientifique conjuguée à la réflexion éthique, la modestie des premiers succès et la survenue d'échecs, de complications ou d'événements imprévus, et parfois tragiques, ont ramené la surenchère et l'optimisme initiaux à de plus modestes et plus justes proportions comme pour les autres thérapies. Ni plus, ni moins.

82 Philip Nogushi (FDA), « Risks and benefits of gene therapy ». *The New England Journal of Medicine* (2003) 348, 193-194.

83 A. Mauron, *Médecine et Hygiène*, 3.9.1997. « La thérapie génique sous l'angle de l'éthique et du droit ».

L'aspirine

●●● Ce morceau d'histoire scientifique devrait être une source de méditation sur la longueur et la complexité du chemin du médicament.

L'utilisation pharmaceutique de l'aspirine est millénaire. On la trouve dans deux plantes, le saule blanc et la reine-des-prés. Les décoctions de l'écorce de saule, utilisées pour leurs vertus analgésiques, sont mentionnées sur des tablettes sumériennes datant de 3200 av. J.-C. et sur un papyrus égyptien dès 1550 av. J.-C (papyrus Ebers). La Grèce (Hippocrate (460-377 av. J.-C.) et la Rome antiques (Galien, médecin de l'empereur Marc-Aurèle), recommandaient l'usage du saule blanc pour cicatriser les plaies fraîches, soulager les douleurs et fièvres, ou la goutte. Les Chinois utilisaient également le saule blanc pour soigner les rhumatismes et les fièvres.

Le pasteur anglais Edward Stone présente en 1763 un mémoire devant la Royal Medicine Society sur l'utilisation thérapeutique de décoctions de l'écorce du saule blanc contre la fièvre. Francesco Fontana, un pharmacien italien, isole en 1825 le principe actif du saule blanc, qu'il appellera salicine. En 1829, un pharmacien de Vitry-le-François, Pierre-Joseph Leroux, concentre sa préparation aqueuse bouillie et obtient des cristaux blancs, qu'il dénomme salicyline (de *salix*, le terme latin pour « saule »). Le produit est expérimenté à l'Hôtel-Dieu à Paris par le neurologue Magendie (1783-1855).

En 1835, Karl Löwig montre que l'acide spirique, extrait de la reine-des-prés, est chimiquement identique à l'acide salicylique. À partir des extraits naturels, on isole le salicylate de sodium, qui devient alors le médicament couramment employé contre la douleur, la fièvre et l'inflammation, mais qui provoque de graves brûlures d'estomac. En 1853, le chimiste strasbourgeois Charles Frédéric Gerhardt effectue la synthèse de l'acide acétylsalicylique, qu'il nomme acide acétosalicylique et dépose un brevet. Cependant, son composé est impur et thermolabile. Gerhardt meurt 3 ans plus tard et ses travaux tombent dans l'oubli. En 1877, le médecin français Germain Sée propose le salicylate de soude comme antipyrétique. Marceli Nencki, un chimiste et médecin polonais, présente en 1880 un dérivé de l'acide salicylique et du phénol appelé Salol, qui, contrairement aux autres médicaments existant, présente un goût plus agréable. Ce produit fait alors l'objet d'un grand engouement populaire.

C'est finalement Felix Hoffmann, chimiste allemand des laboratoires Bayer, qui en 1897, reprenant les travaux de Gerhardt, obtient de l'acide acétylsalicylique pur. Il transmet ses résultats à son patron Heinrich Dreser qui teste le produit sur le cœur de grenouille mais n'obtient aucun résultat probant. Hoffmann, persuadé de l'intérêt de la molécule (il s'en sert d'ailleurs pour soigner son père, qui souffrait de rhumatisme chronique et prenait jusque-là du salicylate de sodium), donne le médicament à des amis médecins et dentistes, qui le testent avec succès sur leurs patients pendant 2 ans. L'acide acétylsalicylique exerce ses effets antalgiques avec une toxicité gastrique moindre. Commence alors la production industrielle du médicament. Le brevet et la marque déposés par Bayer en 1899 portent le nom d'Aspirin (contraction des termes « acide » et « spir » pour « acide spirique », identique à l'acide salicylique et extrait de la reine-des-prés). C'est en 1900 que les premiers comprimés sont fabriqués. Le brevet est déposé en 1900 aux États-Unis et fait la fortune de Bayer. L'aspirine est commercialisée en France en 1908 par la Société chimique des usines du Rhône. Dreser ne se privera pas d'en revendiquer la paternité, soulevant une controverse qui ne se soldera jamais vraiment.

Durant la Première Guerre mondiale, les soldats possédaient tous de l'aspirine dans leurs bagages. Le produit faisait l'objet de beaucoup de publicité. En dépit des rivalités entre Bayer et les usines du Rhône, la firme Bayer garda le monopole de l'aspirine jusqu'à la fin de la Première Guerre mondiale. Le succès de l'aspirine fut tel qu'une clause du Traité de Versailles indiquait que, dans certains pays (notamment la France, les États-Unis et la Grande-Bretagne), le procédé de fabrication du médicament devait tomber dans le domaine public.

L'aspirine accompagnera même les astronautes sur la lune en 1969.

Le mécanisme d'action de la molécule n'est élucidé que bien plus tard. En 1971, les Anglais John Vane et Priscilla Piper découvrent l'action inhibitrice de l'aspirine sur les prostaglandines. Vane est récompensé par le prix Nobel de médecine en 1982 pour cette découverte. La cible précise de la molécule, la cyclo-oxygénase, a été isolée en 1976. Les propriétés physiologiques de l'aspirine sont multiples : propriétés anti-agrégantes plaquettaires (1967) via l'inhibition de la cyclo-oxygénase (1976), ce qui se traduit notamment par des effets bénéfiques dans les maladies cardiovasculaires (1978) de réduction du risque d'infarctus (du myocarde ou d'autres organes comme le cerveau), en évitant la formation de caillots (thrombose). L'acide acétylsalicylique pourrait avoir une action sur le système immunitaire en stimulant légèrement (à faible dose) ou au contraire en inhibant (à forte dose) la production des cytokines. On ne cesse de lui découvrir de nouvelles propriétés, comme la réduction de risque de cancer du sein ou du colon.

Ce médicament extraordinaire est l'un des plus consommés au monde, avec une production annuelle de l'ordre de 70 000 tonnes, soit l'équivalent de 210 milliards de comprimés de 300 mg. En France, 237 médicaments commercialisés contiennent de l'aspirine. Annuellement 1 500 tonnes d'aspirine sont consommées dans notre pays (60 comprimés par an et par Français).

Si elle avait été découverte de nos jours, avec les répercussions conjuguées du principe de précaution et des exigences toujours plus contraignantes des agences de santé qui recommandent de connaître le mécanisme d'action des nouveaux médicaments et se méfient des produits aux effets pléiotropes et aux nombreux effets secondaires, l'aspirine n'obtiendrait certainement pas le feu vert réglementaire. Un objet de méditation.

INSTITUT DES BIOTHÉRAPIES

GÉNÉTHON
Centre d'expertise pour la conception, le développement et la production de médicaments de thérapie génique pour les maladies rares.

INSTITUT DE MYOLOGIE
Centre de référence européen sur le muscle (essais - soins - recherche - enseignement).

I-STEM
1er centre français de recherche sur les cellules souches pour les maladies génétiques.

ATLANTIC GENE THERAPIES
Thérapie génique des maladies rares.

GENOSAFE
Prestataire de services pour l'évaluation de la qualité, la sécurité et l'efficacité des produits biologiques innovants.

LES MALADES AU CŒUR DU COMBA

AFMTÉLÉTHON
INNOVER POUR GUERIR

UN CONSEIL D'ADMINISTRATION

composé de 21 malades et parent de malades, élu par l'assemblée générale des adhérents

DES CONSEILLERS BÉNÉVOLES

→ **LE COMITÉ FINANCIER**
6 experts de la finance

→ **LE CONSEIL SCIENTIFIQUE**
92 experts internationaux

NOS PARTENAIRES DANS L'INNOVATION THÉRAPEUTIQUE

ACADÉMIQUES
Inserm, CNRS, AP-HP, CEA, universités, Institut Pasteur, ANR...

ASSOCIATIFS
Retina France, IRME, AIRG/Fondation du rein, Vaincre la mucoviscidose, SMA Europe, ARSEP...

INDUSTRIELS
Biotechs, Groupes pharmaceutiques nationaux et internationaux

RÉSEAUX INTERNATIONAUX
Alliance Treat-NMD, IRDiRC, ENMC

GENOPOLE® ÉVRY
Campus de recherche d'excellence en génomique et en post-génomique

NOS RÉSEAUX AUPRÈS DES FAMILLES

AFMTÉLÉTHON
INNOVER POUR GUÉRIR

25 SERVICES RÉGIONAUX
Des équipes de professionnels pour accompagner le projet de vie des malades.

68 DÉLÉGATIONS
Des bénévoles concernés par la maladie pour représenter l'AFM-Téléthon dans les départements.

8 GROUPES D'INTÉRÊT
Des bénévoles experts de leur maladie.

LIEUX DE SÉJOUR

Pôle Yolaine de Kepper

- Une maison d'accueil spécialisée avec soins renforcés ;
- Gâte-Argent, un concept innovant d'habitat-services ;
- Le Village Répit Familles® La Salamandre.

Les Maisons d'Étiolles et de la Hamonais

Un appartement à Paris

DES DIRECTIONS OPÉRATIONNELLES

pour mettre en œuvre la politique décidée par le conseil d'administration

- Scientifique
- Actions familles
- Actions médicales
- Secrétariat général
- Ressources et développement
- Actions revendicatives
- Communication et développement du partenariat
- Ressources humaines

GÉNOCENTRE

Un centre de conférence pour le rayonnement de Genopole® Évry

NOS PARTENAIRES DANS L'INNOVATION SOCIALE ET TECHNOLOGIQUE

- Industriels
- Associatifs
- Le réseau de consultations pluridisciplinaires
- Associations soutenues en régions d'outre-mer

TÉLÉTHON

AFMTÉLÉTHON
INNOVER POUR GUÉRIR

151 COORDINATIONS DÉPARTEMENTALES

Les équipes de bénévoles qui coordonnent l'organisation du Téléthon dans chaque département.

NOS PARTENAIRES POUR LE TÉLÉTHON

- France Télévisions, producteur de l'émission
- 60 partenaires nationaux : fédérations, entreprises, associations, organisations professionnelles...

AFM PRODUCTIONS

Des films pour diffuser les connaissances et sortir les malades de l'oubli

LA PLATEFORME MALADIES RARES

Centre de ressources unique pour les maladies rares

ALLIANCE MALADIES RARES
EURORDIS
MALADIES RARES INFO SERVICES
ORPHANET
FONDATION MALADIES RARES

Bibliographie

Yolaine de Kepper, *Les enfants myopathes : un pari sur l'espérance*, Fayard, 1988

Bernard Barataud, *Au nom de nos enfants,* Éditions n°1, 1992

Daniel Cohen, *Les gènes de l'espoir : à la découverte du génome humain,* Robert Laffont, 1993

Bernard Barataud, *L'effet Téléthon,* Milan, 1999

Michel Callon, Vololona Rabeharisoa, *Le pouvoir des malades, l'Association française contre les myopathies et la recherche,* Les Presses de l'École des mines, 1999

Paul Rabinow, *Le déchiffrage du génome humain. L'aventure française,* Odile Jacob, 2000

Pierre Birambeau, *Téléthon, le meilleur de nous-mêmes,* Balland, 2003

Michel Fardeau, *L'homme de chair,* Odile Jacob, 2005

Alain Froissart, *Le Téléthon, un combat à visages humains,* photographies : Jacques Grison et Jean-Érik Pasquier, Gallimard Jeunesse, 2006

Denis Guthleben, Odile Le Faou, *Une course pour la vie, L'AFM et la recherche biologique et médicale,* Armand Colin/Comité pour l'histoire du CNRS, 2011

Table des matières